貨幣とは何か?

支払決済システムと金融仲介

Yoji Shiro   *Kamino Mitsushiro*

楊枝嗣朗・神野光指郎 ［編著］

文眞堂

序　貨幣論から金融システム論へ

神野 光指郎

　筆者が学部と大学院時代を過ごした1990年代は，日本の国際通貨論におい
て，ドルが基軸通貨である理由を金との関係に求めない研究が市民権を得た時
代であった。しかしそれらの貨幣に対する認識は金属貨幣論とそれほど違わな
い。両者は物々交換の神話を受け入れている点で共通する。為替媒介通貨論に
とって，詰まるところドルは外国為替市場の取引コストを引き下げる存在でし
かない。

　未だに貨幣は物々交換の不便さを克服するために誕生したという説がまかり
通っているが，本書所収（第1章，第2章）のイネス論文は100年以上前にそ
れが神話であることを明らかにし，信用こそが貨幣であると主張した。債権債
務の概念が確立していなければ，モノやサービスは商品になることができな
い。信用こそ貨幣であるとすると，すでに商品が存在するところから貨幣の誕
生を説明するのは論理として成立しない。

　ただし貨幣を信用と定義するだけでは不十分である。債権債務関係は相対契
約で発生し，その債権を第三者に譲渡するのは容易ではない。信用力評価，債
務者と最終受益者の特定，債権回収などについて具体的な仕組みが必要にな
る。その仕組みは債権価値が数値化される社会で機能するものでなければなら
ない。数値化された経済的負債に社会的負債が回収されてきた歴史については
Graeber（2011）が描き出しているが，債権移転の具体的な仕組みの解明につ
いては金融研究者の役割であろう。

　そこで改めて人々が貨幣と呼ぶものを定義してみる。それは，債権金額を記
録し，その名義を変更するための仕組みにおいて利用される「何か」である。
それが何であれ，仕組みがなければ何ら用をなさない。そして，仕組み全体を
指すのでない限り，どの範囲を貨幣と呼ぼうが，それは仕組みの一部である。

　誰もが貨幣と見なす現金も特殊な仕組みの一部である。現金には債権金額が

ii 序 貨幣論から金融システム論へ

記載されており，それを持っている人間が権利者である。目の前の人間に渡せば，互いに本人確認は不要で，しかも渡した瞬間に名義が変更される。通信網がなくても情報を管理できる効率的な仕組みである。しかし，少額の対面取引という特殊な場面を少しでも離れると，その強みは弱みに変わる。

遠隔取引や比較的高額の支払いにおいて，アメリカでは長らく小切手の利用が大きかった。裏書きの連続で権利者を特定でき，善意の第三者取得が無効とされるため，郵送できる。これも現金と同じく受け取りに特別な端末やソフトを必要としない移転の方法である。Chakravorti and McHugh（2003）によると，消費者は支払いタイミングが選択でき，小切手帳での支出管理に慣れていたことで，なかなか電子的な支払い手段に移行しなかった。企業間取引では未だに小切手に頼る部分が大きいようである。

すべての取引で銀行口座間の移転が利用できれば現金や小切手は不要である。しかし，相手も銀行口座を持っている必要があり，送金時に口座番号などの情報が求められることで，用途によっては現金や小切手での支払いの方が便利である。そして現金と小切手は額面で銀行預金に転換できる。銀行券，小切手・手形，銀行預金の歴史的な発生順序はともかく，これらは併存し，用途に応じて使い分けられている。

各種支払い手段の関係性は歴史の中で変化してきた。川合（2002）およびEvans and Schmalensee（2005）によると，アメリカでは19世紀半ばまで各銀行の発行する銀行券の利用可能な範囲が狭く，遠隔地取引にもっぱら金融中心地の有名銀行宛為替が利用されていた。コルレス関係を利用した取立機構の整備とともに小切手利用が拡大し，国法銀行法の成立によってその仕組みが後押しされた。ただし，小切手が全面的に額面換金されるようになったのは，1913年に成立した中央銀行が額面換金を推進し始めてからかなりの時間が経った1980年頃である。

こうした歴史を経て，銀行を中心とする支払決済の仕組みが徐々に体系化されてきた。それに応じて，より多くの取引が集中決済の仕組みに取り込まれ，実現可能な取引の量と規模が飛躍的に拡大してきた。楊枝（2004）によれば，17世紀にロンドン商人の信用力を背景とした手形引受ネットワークが金匠銀行における口座振替と結びついたことで，現在のような決済システムの原型が

誕生した。つまり個別の要素が結合することによって新たなシステムが誕生した訳である。

現在では決済システムに中央銀行口座での集中決済が組み込まれている。野村総合研究所（2002）は，中央銀行によるネットワーク参加者の監視と，最後の貸し手機能提供が，信用力の異なる銀行負債の等価交換に多大な貢献をしていると指摘する。そしてこの閉じたネットワークに現金や小切手が接続されている。アメリカでは連邦準備銀行が安価な取立サービスで小切手利用を支えてきた。現金でもやはり連銀がロジスティックスに直接関わっている。加えて全国規模の ATM 網が，銀行預金との出し入れを容易にしている。銀行ネットワークの存在が，現金の利用を支えていると言っても過言ではない。

各種支払い手段の併存を強調すると，金属貨幣論者がファイナリティの問題を持ち出すかもしれない。しかしファイナリティの要件は，既存の負債から解放されることである。負債自体が契約である以上，何をもって終わりとするかについて普遍的な真実など存在しない。実践の積み上げが共通認識を生み，それを立法や司法判断が権威づけるだけである。現在では現金しか受け入れられない例は希であろう。

銀行預金での決済の場合，嶋（2007）はいつファイナルになるかに，各国のシステミックリスク対応や，破産法の内容が影響することを論じている。信用を利用すると支払い側の破綻が問題にならざるを得ない。そのため銀行間大口決済では中央銀行預け金の範囲に支払指図の処理を抑えるなどの対策が採られている。ここでは中央銀行負債が担保の役割を果たしている。中央銀行負債こそ貨幣であるとの見方もあるが，中央銀行がシステムの一部であることを忘れてはならない。中央銀行負債だけで，現在のように膨大な取引を実現できるとは到底考えられない。

以上のように，仕組みが「何か」を貨幣に転用するとの見方を採れば，貨幣論は不要になる。ただし，この見方から金融システム分析に進む上で注意すべきことがある。その 1 つが銀行の特殊性についてである。従来から銀行信用の役割に注目する議論はあったが，それらの論者は，銀行だけが与信と決済の両方を手掛けるとして，銀行の特殊性を過大評価する傾向がある。しかし信用と支払いはもともと表裏一体のものである。

大垣（2005）は，銀行口座と統一手形様式の組み合わせによって，日本では高度成長期の旺盛な信用需要の多くを企業間信用の拡大で満たすことが可能になったが，その結果，他の売掛債権金融手段が発達せず，バブル崩壊後に不動産担保金融の行き詰まりと手形利用縮小が重なり，激しい信用収縮が生じたと主張している。このように支払いの仕組みは信用の利用可能性に影響する。そして企業間信用を含む他の信用取引でも銀行信用を代替する可能性を持っている。

企業が一定期間の買い掛けを期日に一括支払いし，債権債務が双方向なら差額のみ支払うのは一般的な慣行である。売掛金を流動化する場合でも，沖中（1980）によると，アメリカではファクタリングの方が銀行の受取勘定金融より大きかった。非銀行金融機関は法律によって預金受け入れが禁止されているが，それでも与信とその資金手当がリアルタイムで対応しているとは限らない。銀行が介在しなくても，受け取りに対する支払いの先行は至る所で生じ得る。銀行ネットワークの存在はその可能性を高めるだけである。

もう１つはマーケットの位置づけである。銀行を特別視する論者は，極端な場合，マーケット活動の拡大を銀行による過剰な信用創造の結果と見なす。しかし，マーケットでは銀行の関与がなくても，取引に関連する債権債務が発生と消滅を繰り返している。その巨大さ故に，企業財務の需要から生じる取引の吸収が容易になる。マーケットの規模が大きいほど，そちらが銀行与信の動向への影響を強めると考えた方が自然であろう。

この点は基軸通貨ドルの位置づけにも関連する。ドルの地位を米銀の信用創造力で説明しようとすると，脱銀行仲介はドルの衰退を意味することになりかねない。神野（2011）が論じるように，1980年代に主要国通貨がいずれも自由に取引できるようになる中でドルが基軸通貨であり続けたのは，その巨大で多様なマーケットがあればこその話である。そのマーケットで生み出される価格が，多様な金融商品を評価する上での基準を提供しているのである。

イネスが信用こそ貨幣であるとの見方を打ち出してから，金融の世界は劇的な変貌を遂げた。しかし，我々はその素朴な信用理論からそれほど先に進むことができていない。本書が，現在までの金融の展開を包摂するような信用論の構築に向けて，少しでも議論を呼び起こすことができれば望外の喜びである。

参考文献

Chakravorti, Sujit and Timothy McHugh (2003), "Why do we use so many checks?" *Economic Perspectives*, 3Q, Federal Reserve Bank of Chicago, pp. 44-59.

Evans, David S. and Richard Schmalensee (2005), *Paying with Plastic*, 2nd ed., The MIT Press.

Graeber, David (2011), *Debt: The First 5,000 Years*, Melville House.（酒井隆史監訳／高祖岩三郎・佐々木夏子訳『負債論—貨幣と暴力の 5000 年』以文社，2016 年。）

大垣尚司（2005）『電子債権—経済インフラに革命が起きる』日本経済新聞社。

沖中恒幸（1980）「企業間信用について（上）」『月刊金融ジャーナル』11 月号，93-113 頁。

神野光指郎（2011）「1980 年代における金融革新とドル体制の展開」岡本悳也・楊枝嗣朗編著『なぜドル本位制は終わらないのか』文眞堂，65-97 頁。

川合研（2002）『アメリカ決済システムの展開』東洋経済新報社。

嶋拓哉（2007）「資金決済におけるファイナリティ概念について—ファイナリティ概念の多義性を巡る法的検証」金融庁『FSA リサーチ・レビュー』2006（第 3 号）。

野村総合研究所（2002）『変貌する米銀—オープン・アーキテクチャ化のインパクト』野村総合研究所。

楊枝嗣朗（2004）『近代初期イギリス金融革命—為替手形・多角的決済システム・商人資本』ミネルヴァ書房。

目　　次

序　貨幣論から金融システム論へ ……………………………… 神野 光指郎　*i*

第1章　A. Mitchell イネス著「貨幣とは何か？」…… 訳：楊枝 嗣朗　1

第2章　A. Mitchell イネス著「貨幣の信用理論」…… 訳：楊枝 嗣朗　44

第3章　マルクス・ケインズ・イネス──貨幣とは何か？──

　　　　……………………………………………………………… 楊枝 嗣朗　79

　　はじめに ………………………………………………………………… 79
　　第1節　マルクスの貨幣・信用制度論 ……………………………… 80
　　第2節　ケインズ「古代通貨草稿」の衝撃
　　　　　──債務・貨幣・国家の連関── ………………………… 86
　　第3節　イネスの国家貨幣と銀行貨幣の峻別 ……………………… 92

第4章　アムステルダム銀行バンク・マネーの不変性とアジオ
　　　　の安定性 …………………………………………… 橋本 理博　109

　　はじめに ……………………………………………………………… 109
　　第1節　アムステルダム銀行の設立と「グルデン・バンコ」の出現 …… 111
　　第2節　バンク・マネー取引と「預り証」の導入 ……………… 117
　　第3節　バンク・マネーの「不変性」とアジオの「安定性」……… 122
　　おわりに ……………………………………………………………… 126

第5章　アメリカにおけるリテール金融サービス生態系の進化
　　　　と大手銀行の事業モデル ………………………… 神野 光指郎　132

　　はじめに ……………………………………………………………… 132

viii 目　次

第1節　カード業界の分業構造と利害関係 …………………………… 132

第2節　新興勢力によるカード中心モデルへの攻撃とリテール金融
　　　　革新 ……………………………………………………………… 138

第3節　事業向け支払いサービスを軸とする各種サービスの連結 ……… 143

第4節　金融インフラの進化 …………………………………………… 147

第5節　大手銀行の事業モデル改革 …………………………………… 151

おわりに ………………………………………………………………… 156

第6章　インドにおける決済手段のデジタル化 ……… 西尾 圭一郎 160

はじめに ………………………………………………………………… 160

第1節　インドにおける決済をめぐる環境変化とキャッシュレス化 …… 161

第2節　フィンテック企業の興隆と決済のデジタル化 ………………… 165

第3節　公的部門による決済手段のデジタル化 ……………………… 171

おわりに ………………………………………………………………… 174

あとがき ……………………………………………… 楊枝 嗣朗 180

索引 ……………………………………………………………………… 187

第 1 章

A. Mitchell イネス著「貨幣とは何か？」

（A. Mitchell Innes, "What is Money?" in *The Banking Law Journal*, 1913）

訳：楊枝 嗣朗

　近代政治経済学は，以下に見る基本的な理論に立脚している。すなわち，原始の自然なままの状態では，人は物々交換によって生活し，暮らしていた。

　生活が複雑になるつれ，物々交換はもはや商品を交換する方法としてはうまく機能しなくなる。そこで，人々は合意に基づき，一般的に受領されるある特定の商品を選び出す。すると，すべての人は自ら生産した物や与えるサービスとの交換にその特定商品を受け取り，また，次に，それを他の人に手渡し，自分が欲する物やサービスを交換に受け取るのである。

　かくて，この商品が「交換手段や価値の尺度」になる。

　売買とは，「貨幣」と呼ばれるこの媒介する商品と商品の交換である。

　様々な多くの商品—家畜，鉄，塩，貝殻，干鱈，煙草，砂糖，釘等—が，様々な時代や場所で，交換手段の働きをしてきた。

　徐々に，金，銀，銅，とりわけ，金と銀の金属が，その固有の性質により他のいかなる商品よりもこの目的に適したものとみなされるようになり，これら金属は，間もなく人々の合意に基づき，唯一の交換手段となった。

　一般に認知された品位をもつこれら金属のある一定重量が価値の基準となり，この重量と品質を保証するために特別な刻印をもった金属片の発行が政府の責任とされるようになった。そして，この金属片を偽造することは，犯罪とされ，厳しく罰せられた。

　中世には皇帝，王，プリンスや高位の廷臣たちは，お互い競い合って悪鋳を行い，人々を騙していた。そのため，自分達の生産物の販売で一定重量の金や

銀を入手していると思った人たちは，実際には少なくしか受け取っておらず，こうした情況の下では，金属貨幣の質の悪化や重量の減少がますます進むので，貨幣価値の減価，その結果引き起こされる物価の上昇といった深刻な弊害がもたらされることになった。

　近代になると，金属の使用を節約し，不断の金属の引き渡しを避けるために，「信用（credit）」と呼ばれる方策が使われるようになってきた。この工夫によって取引の度に一定重量の金属を手渡す代わりに，その支払を約束する証書が与えられるようになり，取引が順調な場合には，その支払約束証が金属それ自体と同じ価値をもつことになる。信用は金の代替物と見なされるようになる。

　かくして，上記の理論は経済学者の間で広く受け入れられているため，何らの証明も必要としない，ほとんど公理であるかのごとく考えられるに至った。しかしながら，これらの事実を立証する歴史的証拠はほとんど存在もせず，また，実証に耐えうるものなのかといった批判的検証も全くなされてこなかったという点で，上記の公理ほど経済学説の中で奇妙なものはない。

　これらの学説は，大方はアダム・スミスの言説に依拠し，ホーマーやアリストテレスのいくつかの文言や未開の地域を旅した旅行者の著作で補強されたものだと言える。しかし，商業史や古銭学の領域での近代の研究，とりわけバビロニアでの最近の発掘によって，過去の経済学者には知りえなかった膨大な事実が明らかにされた。それらの証拠物件によると，上に見た学説は，どれひとつとして歴史的事実という確たる基礎をまったく持たず，まさに虚偽以外の何ものでもないことが明白となった。

　まず，近代に貨幣として商品が使われた事例として，もっともよく引用されるアダム・スミスが挙げた2つの事例の誤りから見ていこう。すなわち，スコットランドのある村での釘と，ニューファンドランドの干鱈が貨幣であったという事例であるが，前者の事例は早や1805年の昔に出版されたPlayfair版の『国富論』で，後者も1832年にフィラデルフィアで出版されたトーマス・スミス著 *An Essay on Currency and Banking* で，それぞれ誤りが指摘されている。ところが，これら著者がその誤りを明瞭に訂正しているにもかかわらず，奇妙なことにアダム・スミスの誤った見解が，今日に至るも，真実である

かの如く，相も変わらずくり返し語られている。

　スコットランドの村では，商人は釘製造業者に生活用品や食料を売り，代金に出来上がった釘を受け取り，支払を清算していた。

　ニューファンドランドの沿岸や大陸棚に頻繁に出かける漁民は，われわれ同様，貨幣の使用をよく知っているのだが，そこでは金属通貨を必要としないので，使われることはなかった。ニューファンドランドの漁業では，昔は定住するヨーロッパ人は居らず，漁業の時期だけ漁民がそこに出向いていた。漁業をしない人々は，漁民から鱈を買い取り，彼らに生活用品を売っていた。漁民は漁獲物を業者にポンド，シリング，ペンス建の市場価格で売却し，売上高を帳簿に記載し，その記載されている売上債権で購入した生活用品の代金を支払ったのである。未払いの債務残高は，イングランドやフランス宛の為替で支払われていた。すぐ分かるように，ステープル商品である鱈が貨幣として使われることなどありえなかった。なぜなら，仮説に従えば，交換手段というものは，社会の全メンバーによって等しく受領されるものだからである。したがって，もし漁民が購入したものに鱈で支払うというなら，業者も鱈の買い取りに鱈で支払うといった，明らかにばかげたことになろう。

　アダム・スミスが釘や鱈といった具体的な通貨を発見したと信じていたこれら2つの事例において，彼が実際に見ていたものは，ただ，信用（credit）にすぎなかったのである。

　したがって，穀物や煙草などを債務や税の支払いで受領させる様々な植民地の法律に関してもまた，これら商品は，すべての他の財の価値を尺度するタームとなる商品（商品貨幣―訳者）という経済的意味合いでの交換手段などでは決してなかったのである。それら商品は，貨幣で測られ，市場価格で受け取られていたのである。私の知る限り，このようにして受領される商品は言葉のいかなる意味においても，通常，一般的な交換手段であると言われるような仮説の正当な根拠になっていないのである。法律は，他により日常的な手段がないので，必要に迫られ，債務を清算する手段を債務者に与えたに過ぎないのである。おそらく，町から遠く離れ，通信手段も簡単に見つからないような田舎を除いては，そうした必要はそう度々起こるとは考えられないであろう。

　この問題についてこの種の誤解が生じたのは，貨幣の使用には必ずしも金属

通貨が実際に存在することも，さらには，価値の金属標準の存在すらも必要としない点を理解するのが難しいからであった。われわれは金の一定重量をもったドル貨やソヴリン金貨が貨幣の１ドルや１ポンドに相当するという制度に慣れ親しんでいるので，１ソヴリン金貨のない１ポンドや一定のよく知られた重量の１ドル金貨や銀貨のない１ドルが存在しうるといったことを容易に信じることができないのである。しかしながら，歴史の全体を通してみると，通常，「計算貨幣」と呼ばれている，商業貨幣単位に該当する価値の金属標準が存在しているといった証拠など存在しないばかりか，貨幣単位が１つの金属貨幣あるいは金属のある重量に左右されている貨幣単位なども，決して存在していなかったという証拠は，山積みされている。即ち，ごく近代に至るまで貨幣単位はいかなる金属とも固定された関係などもなかったのである。事実，価値の金属標準というような実体もなかった。本稿のような小論において，この主張が根拠を置く証拠を十分に提示することは不可能である。ここでは精々，この数年にわたる筆者の調査研究から導き出された結論の概要を提示することしかできないが，この問題を一層，追究したいと望まれる読者の方々には，詳細は遠からず出版する予定の著作を参照してもらいたい。

　西側世界で知られている最も初期の硬貨は，古代ギリシャのものであるが，そのうち最古の硬貨は小アジア沿岸の植民地のもので，B.C. ６−７世紀にまで遡る。金貨，銀貨，銅貨もあるが，最初期の硬貨はエレクトラムとして知られている金銀の合金で，これらの硬貨は，サイズや重量も様々で，１つとして同じものはなく，どのコインも額面をもってはいなかった。バークレー・ヘッド，ルノールマン（Lenormant），ヴァスケス・ケイポ（Vazquez Queipo），バベロン（Babelon）等の識者の多くは，ギリシャ各国の価値標準を発見しようと，これら硬貨を分類し試金したが，各国が採用している制度は異なっており，与えられている度衡量単位も若干の硬貨から計算された平均値にすぎず，またこれらの硬貨の度量衡もその平均値に近いといった程度であった。いかなる制度にも適応しようのないコインが多くみられる一方で，少額のコインの想定される度量衡もそれが属する制度での度量衡に照応していない。われわれが知る最古の硬貨であるエレクトラム・コインについても，合金の構成は驚くほど多様である。あるコインは金が 60％以上含有しているかと思うと，出所

が同じと思われるコインが銀を60％以上含んでいたりする。この幅に合金の様々な構成が見られ，おそらく，決まった内在価値をもっていたとは思えないのである。古代ギリシャの銅貨が補助貨である点は，識者のすべてが同意するところであるが，その価値は重量に左右されてはいないのである。

確実に知られていることのすべては，ギリシャや幾多の国家は同一の貨幣標準，すなわちスターテル（stater）やドラクマ（drachma）等を使いながらも，これら単位の価値はそれぞれで大きく異なっており，その相対的価値も一定ではなかったのである。近代の用語を使うなら，国家間の為替相場は，時期ごとに変わっていた。実際，古代ギリシャには金属本位制の理論が成立しうるようないかなる歴史的証拠も見られないのである。

ギリシャのコインと異なり，古代ローマのコインは額面価値の明確な刻印をもっていたが，しかし，驚くべきことにその重量は極端に不規則であった。最古のコインはアス貨とその少額貨であるが，アス貨の重量は元々銅1ポンドで，常に12オンスに分割されるという伝統があった。しかしながら，ローマン・ポンドの重さは約327 1/2グラムで，古代ローマ造幣局についての偉大な歴史家であるモムゼン（Mommsen）が言うには，多数の現存コインのどれひとつとしてこの重量に近いものはなく，その上，鉛が多く混ぜ合わされていた。そのため，最初期のもののうちの最も重いコインには，銅を2/3ポンド以上含有するものはなかったし，他方，アス貨の少額コインでは銅はより少なかった。B.C. 3世紀の時代になると，アス貨は4オンスを越えることはなく，B.C. 2世紀末までには半オンスあるいはそれ以下の重さとなっていた。

この数年のことであるが，新理論がハベラン（Haeberlin）博士により提起された。それによると，アス貨の元々の重量はローマン・ポンドではなく，約273グラムしかない「オスカン（Oscan）」ポンドで鋳造されていたという。博士は理論を証明するために，非常に多数の額面の違うコインの重量平均を取った。その結果，確かに平均重量は彼が想定した標準にかなり接近するものとなった。そこで平均値が得られたコインを見てみよう。1ポンドの重量があるはずのそれらアス貨の重量は，実際，208グラムから312グラムの開きの間に広がっている。136.5グラムあるはずの半アス貨は94グラムから173グラムの開きが見られ，91グラムあるはずの1/3アス貨は66グラムから113グラム

で，1/6 アス貨は 32 グラムから 62 グラムである。他のコインも同様な状態である。しかしながら，このことから，元々ありそうにもないことだったし，信用するにはあまりにも少ない歴史的証拠に依拠しているだけの博士の理論を受け入れることが難しいと言わねばならないだけではない。そのように幅広い雑多な数値を示すコインの平均標準などというものに意味があるのだろうか。だが，コインというものは，内在価値以下のレートでは流通できず，地金としての内在価値よりずっと高い名目レートで，流通するのである。もしそうでないなら，後の歴史が大いに証明しているように，コインは溶かされ地金として使われるであろう。一体全体，非常に大きな数値の幅がある標準コイン重量の用途とは，どういうことなのだろうか。メーカーの気まぐれで，1 ヤードの長さが，時には 2 フィート 6 インチであったり，3 フィート 6 インチであったりしたらどうだろうか。また，1 パイントが時には 2/3 パイントであったり 1 パイント半であったりしたら，どうだろう。

　最初は 1/2 オスカン・ポンドあったアス貨が時とともに次第に重量を減らしてきたと説明するハベランの独創的な仮説をここで論評する余裕はないが，これら 2 人の歴史家は，B.C. 268 年頃から銅貨が単なる代用貨幣になり，重いコインも軽いコインもともに区別なく流通していたことを認めている。

　この頃までに，アス貨の重量は相変わらず区々であったが，固定した貨幣単位となっていた。しかし，以降，幾つかの単位，すなわち計算貨幣が導入されることになって，状況は複雑化する。古いアス・アエリス・グラヴィス（As Aeris Gravis）貨，あるいは時にリブラル・アス（Libral As）貨と呼ばれたものと同価値の銀貨であるセステルティウス（Sesterce）貨，すなわちヌムス（Numus）が同時に使われたのである。この新しいアス貨の価値は古いアス貨の 2/5 に等しく，セステルティウス貨と同様に銀貨のデナリウス（Denarius）貨の価値は新しいアス貨の 10 個に等しく，したがって，リブラル・アス貨 4 枚と同等であった[1]。

　セステルティウス貨の打造は間もなく放棄され，ずっと後になって，青銅あるいは真鍮でできた代用硬貨として，断続的に打造された。しかし，セステルティウスは公定の計算単位として，A.D. 3 世紀のディオクレティアヌス帝の治世まで使われ続けた。かくて，計算単位は，幾百年にも亘って様々な変更を

被った打造硬貨とは違って，変わることはなかったという事実こそ注目される
べきである。

　全般的にみて，例外もあるが，デナリ銀貨は，その品位を10％にまで貶し
たネロ帝の時代までは良貨であった。その後の皇帝の下では，銀貨には混ぜ物
が増え続け，銀貨はほぼ銅貨に近く，銅の上に銀の薄い膜を張ったものや，あ
るいは銅貨に刻印することで他の銅貨と区別するだけの，それでいて銀貨と呼
ばれ続けるようなコインばかりであった。

　デナリ（Denarius）銀貨が内在的にその名目価値と等しいのか，そうでな
いのかという問いは，思弁に過ぎない。モムゼンによれば，50年後，デナリ
銀貨の公定価値は，その実際の金属価値より1/3大きく，初めて鋳造された金
貨の公定価値は，内在価値より遥かに高く定められた。

　とはいえ，コインの貶質にもかかわらず，デナリ貨は計算貨幣として，セル
テルティス貨と最初の価値関係を維持しており，セルテルティス貨が消滅して
からも，その計算単位はそのまま永く残っていた。

　金貨は帝政時代まではほとんど使われることはなかったが，しかし，通常，
金属の品位は健全でも，平均重量は時代とともに減少し，重量の低下は同じ皇
帝の治世においてさえ，他のコインと同様にかなり大きかった。例えば，ア
ウレリウス帝の治世において，金貨の重さは3.5グラムから9グラムの幅があ
り，ガリエヌス帝の治世では4/5グラムから6 3/4グラムの幅があった。どの
硬貨も同じもの同士では，重量の差は0.5グラム以上の差はなかった。

　以上の考察から断言できることは，貨幣標準とは，鋳貨の重量や，鋳貨がつ
くられる材料とはまったく関係がないということである。鋳貨の重量は絶えず
変化するが，貨幣単位は数世紀にわたって変わらないということである。

　古代ローマのコインに関連して銘記すべきことは，貶質したコインが明らか
に代用貨幣（トークン）になってしまっていても，それらがある一定重量の金
や銀に相当したことには何らの疑問もない。公衆は，コインと交換に金あるい
は銀を入手する権利など持っていなかった。そして，それらコインはすべて法
貨であったし，それらの受け取りを拒めば罰せられた。歴史的な証拠からも明
瞭なことは，政府は金の公定価格を維持しよう努めていたが，金はプレミアム
付きでしか入手できなかった。

8　第1章　A. Mitchell イネス著「貨幣とは何か？」

　古代のガリアやブリテンのコインは，形も内分も非常に区々であった。そして，それらはギリシャ，シシリー，スペインで流通していたものをモデルに作られたものなので，外国商人，たぶん，ユダヤ商人によって発行されたと思われる。ただ，いくらかは地元の部族長が発行したものと推測される。とにもかくにも，金属本位制など存在しなかったのである。多くのコインは，外国の金貨，銀貨を模倣したものであるため，収集家によって金貨や銀貨と分類されていても，たとえ金貨と呼ばれていても，わずかな金しか含まず，金貨と言えるほどのものではなく，銀貨もほとんど銀を含有していなかった。金銀鉛錫のすべてが含まれていた。またどれ1つとして，コインには額面が記されておらず，分類は全くの推測にしかすぎず，コインは標章貨幣（トークン）にすぎない点については何らの疑いもないのである。

　フランク族の王たちが統治した 300 年間（A.D. 457−751 年），コインの使用は大いに発展したが，形も品位もまったく区々であった。貨幣単位はソル（Sol），すなわちスー（Sou）であった。一般にコインはスーか，スーの 1/3 のトリアン（Triens）に相当し，計算のためスーは 12 デナリ（Denarii）に分割された。コインは，あらゆる種類の金と銀の合金で，ほとんど純金からほとんど純銀まであり，様々であった。若干の銀貨は金メッキされているものもあった。コインは，王自身によって，あるいは様々な行政官，宗教団体，町やお城や旅商，さらには商人，銀行家や宝石商らによって発行されていた。実際，この時代を通して，コインの発行は完全に自由で，いかなる公的な規制からも自由であった。さらにこの時代には通貨に関して一片の法律も見られず，それでいて，この自由からいかなる混乱も聞かれなかった。

　明らかに，あらゆるコインは代用貨幣（トークン）で，重量やあるいは品位が重要であるとは見なされていなかった。重要なのは，その上に見られる発行者の名前とそれを見分けるマークであった。

　以上，私はコイン製造技術発生の当初から，価値の金属標準といった証拠など存在しないことを示すために，古代からのコインの製造について概観してみた。しかし，その後の歴史，とりわけ，大革命に至るまでフランスのコイン製造について，一点の曇りもなく言えることは，価値の金属標準など存在せず，このことは全く根拠の欠いた科学的理論を主張しているのではないと，誇張な

しに言える。本稿では私はほぼもっぱらフランスの歴史に限定してはいるが，他国の歴史においても私の主張を論破するものは何ら見られない——実際，イングランド，ドイツ，イタリア，さらにはイスラムや中国の歴史について私が知るすべては，私の主張を詳細に立証している——が，貨幣問題の特徴的な現象は，フランスではとりわけ明瞭で，他国に比べ，古い記録の中に豊富な証拠がより多く見られる。その上，フランスの歴史家たちは，私の知る限り，他国の歴史家よりも貨幣の歴史により多くの注意を払ってきた。かくして，われわれはフランスの歴史から，貨幣単位と，商業とコイン製造の相互の関連について，とりわけ明瞭で的確な説明を得ることができる。しかも，貨幣の原理と商業の方法は世界中で異なっているわけではないので，したがって，研究のためにどこの国の歴史を選ぼうとも，われわれは同じ結論に到達するであろう。

　フランスの近代貨幣史は，8 世紀末のカロリング王朝の成立にまで遡らなければならない。スー（Sou）とその 12 分の 1 のデナリウス（Denarius）すなわちデニエ（Denir）は，計算貨幣として使われ続け，その後，20 スーからなるより大きな金額で最上位の単位であるリーブル（Livre）が付け加えられ，これらの貨幣単位は 1789 年の大革命に至るまで永く残ることとなった。20 シリングと 240 ペンスに等しいイングランドのポンドは，リーブルとその区分に照応するもので，イギリスの制度はフランスから由来したのである。

　フランスのコインに詳しい歴史家ル・ブラン（Le Blanc）は，貨幣名リーブルが元々銀 1 ポンドの重さであったと断言しており，後世の学識者も彼の主張に追随している。丁度同じように，イングランドの歴史家たちもイングランドの貨幣名ポンドが銀の 1 ポンド重量であるというのと同様である。彼は幾つかの事柄を引用することで自己の主張を証拠立てているが，それらの引用は必ずしも彼が付与した意味をもってはいないし，また，彼の主張を支える直接的証拠も存在しない。まずはじめに，1 リーブルに等しいコインは決して発行されることはなかっただけでなく，カロリング王朝時代以降も長期にわたって，1 スー（sou）に相当するコインもなかったのである[2]。われわれの知るかぎり，その当時の唯一のコインはデニエ（denier）貨で，デニエは固定された価値 1 デニエをもってはいたが，その通用価値は不明であった。デニエという語は，イングランドのペニーと同じように，コインに使われるとき，価値に言及さ

れることもなく，たびたび一般的にただコインを意味するにすぎず，多数の異なった価値のコインも，デニエと呼ばれていた。その上，当時のデニエ貨は重量が区々で，ある程度，品位もそうであった。当時の資料から明確に知りうることは，商業に使われる重量リーブルのタームは，いかなる意味でもただ1つの重量とさえ一致せず，様々な社会でいくつもの重さをもつ単位に過ぎなかった。貨幣名のリーブルと重量名のリーブルが同一であると立証したいという欲求が，根拠もないままによく知られた考えに結びつけられたのであろう。この点について，われわれは何も知ってはいないが，その後，知りえた確かな事実は，貨幣のリーブルやポンドは，銀のリーブル重量やポンド重量と決して等しいものではないということである。確実に言えることはフランスのソルやリーブル，イングランドのシリングやペニーは，リーブルやポンドが使用されるはるか以前から計算単位であったことである。したがって，それらを銀の重量に関連させることはできないのである。

　カロリング王朝のコインについて確実に分かっていることは，ただ2つのことに過ぎない。まず，造幣が発行者に利益をもたらしたことである。王が臣下の1人に造幣の特許状を与えた場合，それから生まれる利潤と報酬の権利が与えられたとはっきりと述べられていた。第2は，公衆にコインを受け入れさせるのは，様々な時点でかなりの困難に遭遇したのであり，そこである王様は彼がつくったコインを拒めば犯罪であることを明確にする方策を採用したことである。受領を拒まれたコインは赤くなるまで熱せられ，犯罪者の額に押し付けられたのである。「消し去ることのできないであろうから，人々は彼を見て，はっきりとその者の罪を認識する」ようにしたのである。貨幣単位名と同じ重量の金属でコインを造れば，利潤が出るよりも損失が発生する。とは言え，重量不足のコインを公衆に受け入れさせるために，おぞましいこのような刑罰が必要になったと考えることなどできない。コインが額面価値を下回っていたに違いないことは実際，確かであるし，それゆえに古代のコインと同様に，それらはトークンであった。とは言え，この王朝の王たちはコインの重量と品位には注意を払っていたことを示す証拠が残っている。そして，この事実は，コインの通用価値が重量と品位に依存しているという理論に，あたかも真実であるかのような装いを与えたのである。しかし，われわれは古代ローマの造幣所に

も重量と品位への同様な矜持を見出す。また，造幣に卑金属が使われるように
なった後の時代にも，コインの通用価値に何らの影響もないにもかかわらず，
重量や品位，さらにはデザインに注意深い配慮を払うように造幣局の長官から
同様に指示がなされていた。コインの品質が重要であったのは，他のいかなる
理由よりも，公衆が本物と偽物とを区別することができるようにするためで
あった。

　A.D. 987 年のカペー王朝成立以降，造幣や支払方法をめぐる情報は，常に
よく知られるようになった。貨幣問題の理解に絶対に必要不可欠な情報の宝庫
が，近代フランスの歴史家らの研究によってわれわれに提供されている。にも
かかわらず，残念なことには，経済学者らはこれらの知識を無視続けてきた。
その結果，彼らの議論は歪曲された歴史的事実に基づくこととなり，金属本位
制の実在という信念は，ただこれらの歴史の誤解によって維持されてきたので
ある。

　封建時代を通じて，造幣の権利はただ国王だけのものではなく，封建領主た
ちの特権でもあった。そのため，王が発行するもの以外に，王の直臣や高位の
聖職者によって，重量，額面，品位，形も違う 80 もの様々なコインが，互い
にまったくバラバラに発行されていた。そのため，同時に 20 以上にもなる貨
幣制度があった。それぞれすべてがリーブルとその下位単位のソルやデニエ
を使っていたのだが，それぞれのリーブルの価値はフランス各地で異なって
おり，したがって，各々のリーブルを区別するため，livre parisis とか，livre
tournois とか，livre estevenante といった別々の名前で呼ばれていた。そし
て，これら 20 以上のリーブルの価値はすべてお互いに異なっており，しかも
時とともに互いの価値関係も変化した。かくて，13 世紀前半に livre tournois
とほぼ同価値であった livre de tern の価値は，1265 年には livre tournois の
1.4，1409 年には 1.5，そして 1531 年以降から消滅するまでは 2 livre tournois
に等しかった。13 世紀初め，livre tournois の価値は，livre parisis の 0.68 で
あったが，50 年後，livre parisis の 0.8 であった。すなわち，5 livre tournois
は 4 livre parisis に等しく，このレートで固定されたようである。これら 2 つ
の単位は，政府勘定で共に使用されていたのである。

　ユーグ・カペー（Hugues Capet, 在位 987－996 年—訳注）の時代から 1638

年のルイ14世の時代まで，ほぼすべての鋳貨は卑金属からできており，ほとんど銀は半分以下しか含まれていなかった。1226年の聖ルイ王の即位以前の少なくとも2世紀もの間，おそらく，王国全体に良質な銀貨は1つとして存在しなかった。

　かくていまや封建時代のフランスの財政についての最も顕著な特質を知ることになる。そしてそれは，コインの貶質に関して歴史家たちによる根拠なき非難を引き起こした明白な事柄である。コインは額面価値をもたず，ただ Gros Tournois, Blanc a la Couronne, Petit Parisis といった様々な呼び名をもっていた。コインの発行価格は自由裁量で決められ，貨幣が払底すると，王は「貨幣を動かす」("mua sa monnaie") との言葉が意味するように，すなわち，コインの通用価格を引き下げる勅令を発布した。これは，人民に黙認された課税のまったく巧妙な方法であった。彼らは丁度，国王が他の課税方法を乱用した時と同じように，コインの通用価値の引き下げが頻繁に繰り返される時にのみ不満を口にした。この課税制度がいかに機能したかは，後に説明しよう。今のところ銘記すべき重要な点は，コインの通用価値の変更が価格に影響しなかったという事実である。この点は近代の学者によってたびたび立証されている。

　特にフィリップ秀麗王やジャン善良王等の幾人かの王たちは，絶えざる戦争で国庫を常に枯渇させていたので，繰り返しこの方法で貨幣の通用価値を切り下げ（crying down），新たなコインを発行し，さらにその通用価格を切り下げたりして，この制度を著しく乱用した。こうした状況では，コインには安定した価格など存在せず，時には，あるいは一般的には非常に頻繁に日々変動する市場価格で売り買いされていたのである。コインの通用価格は常に，その内在的価値を上回る名目価格で発行され，その差額は絶えず異なっていた。金貨の名目価格と銀貨の名目価格との間には固定したレートなどなかった。そこで与えられた通用価格から金銀比価を計算しようとした歴史家たちは，その結果に驚くのである。すなわち，比価は14か15対1，またはそれより大きかったり，また金貨と銀貨の通用価値がほとんど変わらなかった時もあった。

　事実，公的通用価値は，全く恣意的で，コインの内在価値と何ら関係がなかったのである。実際，王がコインを最低の名目価値にまで引き下げたかったら，勅令を出し，コインを地金価値でしか受け取らないとすればよかった。時

には，コインの通用価値の変更を告げる多数の勅令が発布されたので，専門家以外の誰一人として，いろんな時期に様々に発行されたコインの通用価値がいくらであるかを言うことすらできなかった。また，そのためコインは著しく投機的な商品になっていた。リーブル，ソル，デニエといった貨幣単位は，コインとはまったくの別もので，コインの通用価値の変動は，貨幣単位に何ら影響しなかった。ただ，通貨価値の変更（mutation）の制度を乱用するに至った状況は，以下で見るように，貨幣単位の価値低下を引き起こすこととなった。

　しかしながら，一般に国王がコインの重量や品位を減らすという意味でのコインの改悪を故意に行っていたと言われているようなことは，何ら根拠がない。反対に，13世紀末にかけて，財政の安定は幾分，造幣の均一性に依存しているとの意見が広がった。この考えは，当時，有名だったニコル・オルスム（Nicole Oresme）という人物の論説が公表されて以来，広がっていった。彼は内在価値通りではないにしても，少なくとも，それとあまりかけ離れていないレートで，金貨銀貨を適切な比率で発行する造幣制度を正しく運用することの重要性を立証するために執筆した。彼はコインの通用価格を固定することをとりわけ重視したのであった。

　賢明で慎重な財政家であった聖ルイ王（1226－1270年）の治世は非常に繁栄した時代であったが，その後の混乱した治世では，貨幣の購買力は急激に低下した。人々は価値低下した貨幣を“faible”（「弱体化した」）と言い，聖ルイ王の「強い通貨（fort monnaie）」を懐かしみ，騒ぎ立てた。造幣局によって払い出される時には銀価格は高騰し，あらゆる新しい貨幣の発行の度にコインの通用価格を以前より引き上げねばならなかった。恐らくオルスムの教義に影響されて，王の顧問たちは，一般的な物価上昇の秘密は，実は銀価格の上昇にあるのだと信じたのであろう。それゆえ，悲惨な状況が広がり無視できないほどになった時，「強い貨幣（fort monnaie）」に戻るべき施策が次から次に試みられた。すなわち，銀価格の引き上げ，含有銀量にくらべて低い通用価格のコインの発行，同様な比率で既存コインの名目価格の引き下げ等である。

　しかし，価格は依然上昇し続け，人々は自らコインに公定価格を越えるレート（"cours volontaire"）を与えたのであった。王たちは勅令を発し，現状へのいら立ちを露わにした。そこでは「強い貨幣」の再導入と，市場でのコイン

の通用価格の引き下げ，さらにはただ公的価格での通用を断固として命じたのである。商人たちは勅令を守らなければ，厳しい刑罰を課すと脅迫されたのであるが，王が脅かすと，混乱は一層悪化し，市場は沈滞した。

　意図が良くても誤った政策の遂行が不可能になると，国王らは勅令を廃するか，死文化するに任せる以外になかった。

　銀価格引き下げ策による「強い貨幣」への回帰の試みで最も有名なのは，財政問題でニコル・オルスムの弟子のシャルル5世が導入したものである。驚くべき程の熱意でもって，彼は上記の中心的政策を推し進め，高騰する地金価格を元の価格に引き戻そうとした。地金価格は名目価格よりも高騰したため，コインが流通から消え去ったので，王は，臣下らと共に，果断に銀器を造幣局に差し出した。他方，フランスでの流通を目論んで，彼のコインを偽造し，価値の低いコインを製造する近隣の諸侯を破門するように，法王に訴えた。彼は治世の16年もの間，執拗にこの政策を推し進めたが，試みは失敗に終わり，彼が亡くなると，政策は放棄され，大いに歓迎された。一般に，通貨改革の試みが人々に最大の抵抗を呼び起こしたということは，奇妙なことである[3]。実際，そうした貨幣改革は，パリで激しい暴動を引き起こし，その鎮圧に極めて困難を伴わねばならなかった。

　課税目的のために貨幣の通用価格を恣意的に変更する制度は，フランスに限られたことでなく，ドイツの至る所でも広く見られた。一方，われわれがフランスの通貨で見たその他の現象も，すべての商業国家や都市で見られる。すなわち，(1) 内在価値を上回るコインの恣意的な通用価値，(2) コインの安定した通用価値の欠如，(3) 貴金属の価格上昇を抑えようと，あるいは人々が政府の決めたコインの通用価格以上，あるいは以下の価格を与えることを止めさせようと奮闘する政府の努力，(4) その試みの失敗，(5) 現地通貨よりも価値の低い外国コインを国内で流通させない努力，(6) 政府の健全な意図の裏をかき，政府が発行した良貨が不思議にも消失し，常に貨幣の欠乏を引き起こすべく蠢く，何らかの秘密の悪のエージェンシーが存在するという信念，(7) 悪の実行者を探す無駄な努力と同様に，コインや地金の輸出を阻止せんと港で行われた無駄な監視。フランスだけでなく，イングランド，ドイツ諸国，ハンブルグ，アムステルダム，ヴェニスの歴史には，至る所でこうした様々なことが

見られた。これらの国や都市のすべてで（たとえ，貨幣単位がコインと同じ名称をもっていても），貨幣単位はコインとは別ものであり，コインの通用価格は，いかなる法令にとらわれることもなく，貨幣単位で価格が付けられ，貴金属価格の明らかに間断のない変化にかなり関連して変動していた。18 世紀のアムステルダムやハンブルグではコインの取引価格リストが短い周期ごとに公表され，取引所（Bourse）に貼り出された。取引所は各々の都市で流通する内外のコインの現在価格を，貨幣単位建て──アムステルダムではフローリン，ハンブルグではターレル。両者は純粋にイマジナリーな貨幣単位である──で与えていた。これらのコインの価値は日々変動しており，もっぱらその重量や品位にのみ依存していたわけでなかった。同様な重量や品位をもったコインも，それぞれが属する国ごとで，異なった価格で流通していた。

　ごく最近に至るまで，イングランドやフランスでは標準コインと，標準の加除部分を表す補助貨であるコインのようなものが存在するといった考えが決して見られなかったことを，銘記すべきである。まさに全く逆に，良貨であろうが悪貨であろうが，すべては法の規定通りに，等しく法定通貨（good tender）であった。まさに古代ローマ時代に於けるように，価値以上のコインに替わって金やあるいは銀を支払う義務はなかったし，誰にもそのような権利は与えられることはなかった。若干のコインの内在価値がその名目価値と同等かあるいは超える唯一の理由は，貴金属の価値が絶えず上昇するか，あるいは，（同じ結果になるのだが）貨幣単位の価値を絶えず引き下げるからである。

　封建時代のフランスと 18 世紀の北アメリカとの状況の違いほど大きな差異を想像するのは難しいかも知れないが，古いフランスと合衆国の植民地時代や独立後すぐの時期の新世界の貨幣状況をくらべると，ある面では非常によく似ていて興味深い。フランスではリーヴルが使われたように，アメリカではポンドが使われていた。ポンドは，すべての植民地やその後の時代でも，全米での貨幣単位であったが，しかしその価値はすべての場所で同一ではなかった。たとえば，1782 年にドル銀貨の通用価格は，ジョージアでは 5 シリング，ニューヨークでは 8 シリング，ニューイングランドでは 6 シリング，サウス・カロナイナでは 32 シリング 6 ペンスであった。

　しかし，これら様々なポンド貨のどれか 1 つのコインと固定した関係をもっ

たコインはどれ1つとしてなかったのである。その結果，アレキサンダー・ハミルトンが造幣局設立の報告書を認めた時，以下のように断言している。計算単位が何であるかを言うのは易しいが，「コインにおける単位として何が想定されているのかを明白に述べるのは，同様に容易いわけではない。」彼が言うように，この点については公式の規則がないので，ただその使用慣行から推測することができるだけであった。全体として，単位の性格にもっとも良く値するコインは，スペイン・ダラーであった。しかし，彼自身が認めているように，スペイン・ダラーに好意を示し述べた議論の意義は，以下のように説明することで失われてしまった。すなわち，「コインの金属内容はその重量や品位に従って定まった，あるいは標準的な価値をもっているのではなく，重量や品位に関係なく，個数で流通することを認められてきたのであった。」この流通のあり様に困惑し，実際，金が両金属のうち変動がより少ない金属であると見て，ハミルトンはどちらの貴金属を将来，合衆国の貨幣単位に結びつける（annexed）のがいいのかを決めかね，最終的には単一金属本位ではなく，金銀複本位制度の設立の結論に至った。しかしながら，複本位制はうまく機能しなかったのである。

いまひとつ，商業と関連して常識的に言われていることで間違っているのは，近代になって貨幣を節約する工夫として，信用と呼ばれる方法が導入され，この方法が導入されるまでは，あらゆる売り買いはキャッシュ，すなわちコインで行われていたというものである。注意深く調べてみれば，実際の慣行は真逆であった。昔は，現在と比べても，コインは商業では遥かに小さな役割しか演じていなかったのである。実際，コインの量はあまりにも少なく，王家や身分の高い人々の必要すら十分に満たすことはできなかった。そこで，彼らは少額の支払いをする目的で，一様に様々な種類の名目貨幣（tokens）を発行していたのである。そのように硬貨はそれほど重要ではなかったので，王は時々，造幣や再発行のために，コインを回収することを厭わなかった。そうしたからと言って，商業が停滞するということもなかったのである。公衆にコインを売却するといった近代のやり方は，昔はまったく知られていなかった。造幣局は金属を買い上げ，コインは王によって政府経費の支払いに支出されていたのである。その大部分は，当時の文書によると，王の兵士への支払いに充て

られていた。非常に理解しがたいことの1つは，貴金属に支払われるフランスの造幣局による価格は，たとえ同じ日であっても，極端に違っていたことである。何時でもというわけではないが，たびたび価格は金属の市場価格と関連がなかったという事実が，論者らによって記されてきた。それらの記録には，価格が何に基づいているのかを示すものは何もなかったのである。恐らく考えられる説明は，金銀の売買が国庫の大債権者である非常に少数の銀行家たちの手に握られており，造幣局が行う貴金属の売却が内に金融取引を伴っており，その取引によって，債務返済の一部が金属の法外な価格の偽装の下で行われていたというものである。

　イングランドやフランスでは（私が思うにはすべての国で），14世紀よりはるか以前より民間では大量の名目貨幣（tokens）が使われていた。政府は常にその使用を躍起になって止めようとしたが，成功することはなかった。その使用が抑制されたのは，イングランドや合衆国では19世紀もかなり経ってからであった。われわれは造幣硬貨を政府が独占する現在の制度に慣れてしまっているので，造幣は政府の主要な機能の1つとみなすようになり，もしこの独占が破られるならば，何らかのカタストロフィーが起こるだろうという教義をわれわれは信じ切ってしまっている。このような考えは，全く歴史的根拠を欠いている。中世の政府が造幣硬貨の独占を確立しようと繰り返し試みたのは，フランスでは臣民のためを思う親心からでは決してなく，一部は便利で，尚且つ一般に公衆から十分な信頼を得ている（何時もというわけではないが）と思われる民間のトークンを抑制することで，民衆が小売り取引に必要な手段として，たびたびの通用価格の変更で常に人気があるわけでもない政府コインを，より広範に使用せざるを得なくすることや，また，他方では，卑金属トークンの大量の流通が幾分，貴金属価格を上昇させ，あるいは，むしろ造幣硬貨の価値低下を引き起こしがちであると信じられていたからである。丁度，現代のエコノミストらが，今日のトークン貨の価値はその発行額を厳格に制限することによってのみ維持されると教えているのと同じである。

　近代において，民間のトークン貨の使用が消滅した理由は，法のより効果的な施行によるというよりも，ごく自然な事柄によるところが多い。財政の改善によりコインがかつてなかったほどの安定性を獲得し，公衆もコインを信頼す

るようになったからである。政府の広範囲にわたる努力の甲斐あって，政府発行のトークンは民間のトークンには見られないほど広く流通するようになり，かくして，政府トークンは公衆の評価において民間のものに取って代わったのである。少額の支払いのためのトークンを欲しがる人々は，政府からそれらを安心して買い入れることにしたのである。

　かくして，コインが安定した価値をもたず，時には数世紀にもわたって金や銀の造幣硬貨が見られず，ただ様々な品位の卑金属硬貨しかなく，硬貨の種々の変更は価格に影響せず，さらに硬貨が商取引でなんら大きな役割を果たさず，貨幣単位が硬貨とは別ものであり，金や銀の価格がその貨幣単位建で常に変動していたことが真実であるとするならば（こうした所説に誤りがないことは，歴史的な証拠によって大いに明らかにされているところであるが），貴金属が価値の標準ではありえなかったし，それらが交換手段にもなりえなかったということは明白である。すなわち，売買とは，商品と一定重量の普遍的に受け取られる金属との交換であるという理論は，事実とは言い難いのである。したがって，販売と購買の性格や，商品が明らかに交換されるものである貨幣の性格について，われわれはいまひとつ別な説明を求めなければならない。

　先史時代に人々が物々交換を行いながら暮らしていたと仮定するならば，その後，当然に生ずる発展はどのようなものだろうか。また，人々は商業の方法についてのいまある知識をどのようにして手に入れたのだろうか。アダム・スミスは，次のように説明している。

　「しかし，分業が発生しはじめた当初は，こうした交換の力はしばしばその作用を大いに妨害され阻止されたにちがいない。ある人がある商品を自分で必要とする以上にもっているのに，他の人はそれをもっていない，と仮定しよう。すると前者は，この余剰物の一部をよろこんで手放すだろうし，後者もそれをよろこんで購買するだろう。ところがもしこの後者が，前者が必要とするものをたまたま何ももっていないなら，かれらのあいだにはどんな交換も行われるはずはない。肉屋はその店に自分が消費する以上に多くの肉をもっており，酒屋とパン屋はその肉の一部をそれぞれ購買したいと思っている。ところが，かれらはそれぞれの職業の生産物のほかには，交換に提供

するものをもっていないし，また肉屋にはすでに，かれがさしあたり必要とするパンとビールはすべて手持ちがあるとしよう。この場合には，かれらのあいだにどんな交換も行われない。肉屋は，かれらの商人になることができないし，またかれらも肉屋の顧客になることができない。こういうわけで，すべておたがい相互の役に立つことが少ないのである。このような事態の不便を避けるために，社会のあらゆる時代の世事にたけた人たちは，分業がはじめて確立されたあと，おのずから事態を次のようなやり方で処理しようと努めていたに違いない。すなわち，世事にたけた人は，自分自身の勤労の特定の生産物のほかに，ほとんどの人がかれらの勤労の生産物と交換するのを拒否しないだろうと考えられるような，なんらかの特定の商品の一定量を，いつも手元にもっているというやり方である。」

「おそらくこの目的のために，さまざまな商品がつぎつぎと考えられ，また使用されてきたようだ。……しかしながら，どの国においても人々は，反対しようのない理由から，貨幣として用いるために，他のあらゆる商品に勝るものとして最終的に金属類を選ぶことにきめたように思われる。」（アダム・スミス著／大河内一男監訳『国富論 I』中央公論社，1976 年，40-41 頁）

アダム・スミスの見解は，もしパン屋あるいはビール醸造業者が肉屋から肉を買いたいと思っても，交換に何も与えるものがないなら（あるいは，肉屋が十分にパンやビールをもっているなら），彼らの間では交換は成り立たないという命題が真実であるかに係っている。もしこれが真実ならば，交換手段の教義は，おそらく正しいということになろう。しかし，真実であると言えるのだろうか。

パン屋と醸造業者が正直者であるとしよう。正直であることは近代の徳というわけではない。肉屋は，ある量の肉を買ったという証書を買手から受け取ることができるだろう。われわれが想定することのすべては，肉屋がその証書をパン屋等に呈示するときには何時でも，肉屋は村の市場でその時の値段でパンやビールを受け取り，証書に書かれた債権を返済してもらえ，社会がパン屋らの債務を承認していることである。さすれば，われわれは直ちに健全で資格の十分にある通貨をもっていることになる。この理論によれば，販売とは，商品

と交換手段と呼ばれる仲介的商品との交換ではなく，商品と信用（credit）との交換である。

　制度が非常に単純な時には，必要とされることのすべては交換手段といったようなややこしい工夫の存在など考える理由などはまったくないのである。われわれが証明しなければならないことは，金や銀を受け取るというこれまで知りもしなかった一般的な合意などではなく，債務が神聖な義務であるという普遍的な意識である。言い換えると，今日の理論は債務に関する古代からの法に基づいているのである。

　幸運なことには，われわれの見解はしっかりした歴史的事実に基づいている。歴史的記録が残っている最も古い時代から，われわれは債務（debt）の法の中にあるのであって，紀元前2000年のバビロニアの法典を編纂した偉大なハンムラビ王よりも古い時代にもそのような記録が存在するであろうし，確実にそうだと思われるが，さらにもっと古い時代にまでもそのような法の記録を辿ることができるだろうことは明白であろう。債務（obligation）を神聖とみなす意識は，実際，あらゆる時代のみならず，あらゆる段階の文明におけるすべての社会の土台となっている。そして，われわれが野蛮と呼び慣れている人々が信用（credit）など知らなかったし，ただ物々交換だけしか行っていなかったといった考えは，まったく根拠のないものである。中国の商人からアメリカ・インデアンまで，砂漠のアラブ人から南アフリカのホッテントットやニュージーランドのマオリ族に至るまで，債務や信用・債権（debts and credits）は等しく周知の事柄で，約束したことを破ること，すなわち，債務（obligation）の履行を拒むことは，等しく不名誉なことであった。

　ここで必要なことは，「債権」という言葉の原初的な，そして，商業的あるいは経済的な，ただ真に意味することを説明することである。債権は単純に言えば，債務の相関語である。AがBに借りているということは，AはBに債務を負っていることであり，BはAに対して債権をもっていることである。AはBの債務者であり，BはAの債権者である。「債権（credit）」と「債務（debt）」は，両者間の法的関係を表しており，それらは2つのそれぞれ反対側からみた同じ法的関係である。Aはこの関係を債務と言い，他方，Bはそれを債権と呼ぶ。この2つの用語は頻繁に使われるので，読者はこの概念に慣れて

いただく必要がある。銀行や金融専門家には非常に簡単なことであるが，普通の人は混乱することが多い。というのは，"credit" という言葉に関連していろんな意味が派生してくるからである。それゆえ，以下の頁で債権あるいは債務という言葉が使われている場合，話されていることは，どちらの場合も明らかに同じことである。どちらの言葉も，事柄を債権者，あるいは債務者という観点から見て，使われているということでる。

　第一級の債権（credit）とは最も価値ある種類の資産である。債権は物質的存在でもないので，重さもなく場所も取らない。たびたびいかなる正式の法の手続きもなしに簡単に振替られる。単なる指図によって郵便や電信費用だけで別の場所に空間的に移動させ得る。即座に実物の欠乏を補うことにも使われうるし，ほとんど費用もかけずに破壊や盗難からも守ることができる。あらゆる形態の資産の中で取り扱いが最も簡単であるし，最も耐久性があるものの1つである。債権は債務者とともにあり，債務者の富を請求しうるし，債務者が亡くなった場合，債権は遺産の相続人に引き継がれる。遺産がある限り，支払義務は継続し4，状況が好ましく，商業が健全な環境の下では，債権債務が劣化するようなことは起こりようもない。

　債権（credit）は，経済の著作で貨幣の主要な属性の1つであると非常にたびたび述べられているように，購買力である。後に明示するように，債権（credit），債権のみが貨幣である。金でもなく銀でもなく，債権こそが，すべての人が追い求めている1つの資産であり，その獲得が，すべての商業の目的であり対象である。

　債権（credit）という言葉は，一般的に言えば，債務の支払いを要求しうる権利であると，技術的には定義されるが，これが恐らく，今日，債権の法的側面であろう。ところが，少額の購入を頻繁にコインで支払うことに慣れてしまっているので，債務を支払ってもらうことに対する権利は，コインを法貨とする法律にも促され，コインあるいはその同等のもので支払ってもらう権利を意味すると考えられるようになっている。さらにまた，われわれの近代の造幣硬貨制度のために，コインでの支払いとは，ある一定量の金での支払いであると考えるまでになってしまっている。

　われわれは商業の原理を分かるようになる前にまず，上に見たこの誤った考

えを心の中から完全に払拭しなければならない。「支払う（to pay）」という動詞の語源は，「なだめる（to appease）」，「平和にする（to pacify）」，「満足させる（to satisfy）」という意味をもっている。他方，債務者は彼の債権者を満足させる（satisfy）位置にあるが，債権（credit）の実に大事な特徴は，債務の「支払い」を受ける権利ではなく，それでもって債務から自らを自由にすることを保有者に与える権利であり，それはすべての社会によって承認されているのである。われわれは買うことで債務者になり，売ることで債権者になる。買い手にも売り手にもなることで，われわれすべては，債務者にも債権者にもなる。債務者としてわれわれは，次に招来した同額の債務を認める債務証書を債権者に手渡すことで，自分に対する債務を清算するのである。例えば，Aが B から 100 ドルの価値ある商品を買うと，A は B に対して同額の債務者となる。A は，同額の品を C に売り，そして，C が B から受け取った債務証書で A に支払うならば，B に対する債務から解き放たれる。この債務証書を B に呈示することで，A は彼がもつ債務を清算しうるのである。A は彼の債務から自らを解き放とうとして，自分が持つ債権（credit）を使うのである。

これこそが商業の基本的な法則である。債権債務の絶えざる創造と，相互の決済による債権債務の消滅が，商業の全メカニズムを形作っているのであり，それは極めて単純のことであり，理解できないものは誰もいないであろう。

債権債務は，金や銀と関係はないし，これまでもいかなる関連もなかった。私の知る限り，債務者に債務支払いを金や銀，あるいは何らかの他の商品で支払うことを強制する法律は存在しないし，存在もしなかった。また，私の知る限り，これまでも債権者が債権の受領の際，金または銀地金の支払いを強制する法律も存在したことはなかった。さらにアメリカの植民地時代，債権者に煙草やその他の商品での受け取りを強制する法律の事例が見られたが，これは例外であって，特殊な状況に迫られてのことである。もちろん，法令は債務支払いに特定の方法を指定するために国家権力を使うことができるし，使いもしよう。しかし，われわれは，通貨や造幣硬貨あるいは法貨をめぐる制定法を，商業の原理の例証とすることには慎重でなければならない。

信用・債権の価値は，何らかの金や銀，あるいは信用・債権の背後にある何らかの資産の存在に依存しているのではなく，もっぱら債務者の支払能力に依

存しているのである。そして，信用は，債務支払いの期限が来た時，債務者が
その債務を相殺するに十分な債権を第三者にもっているかどうかに依存してい
るのである。もし債務者が彼の債務を相殺しうるだけの債権を保有していない
か獲得しえていないならば，その時，そのような債務は彼が支払わなければな
らない債権者に対して何の価値もないのである。われわれが債務から自らを解
き放つ債権を獲得するのは，販売である。繰り返して述べると，財の販売，あ
るいは自己の能力の使用権の販売，あるいは土地の販売等のみである。慎重な
銀行家が顧客に貸し付ける際に重視するのは，まさに彼の販売能力である。

　ある時点で支払われる債務は，その時点で持っている債権で相殺されること
によってのみ清算されうる。すなわち，債権者は自分が受け取る債務の支払い
に，彼自身が与え，後日にやっと支払期日が来る債務証書での支払いを強制さ
れることはない。ここから言えることは，直ちに支払わなければならない債務
に少なくとも見合う債権額を直ちに用意できるならば，人は支払い能力がある
ことになる。それゆえ，もしすぐに支払わなければならない債務額がすぐに受
け取れる債権額を上回る場合には，彼の債権者へ支払わなければならない債務
の実質価値は，彼が持つ債権額に等しくなる金額にまで下落するであろう。こ
れが商取引の最も重要な原理の１つである。

　いまひとつ忘れてならない重要な点は，売り手が買ってもらった商品を手渡
し，購買者から債務自認の証書を受け取ったら，それで取引は完了し，売り買
いは完成する。そして，次に売り手と買い手の間に生じる債権者と債務者とい
う新しい関係は，売買とははっきりと区別されるということである。

　幾世紀にもわたり，商取引の主要な手段はコインでもなく，民間のトークン
貨でもなく，タリー[5]であった。それは購入額，すなわち債務額を記すために
一定の方法で刻み目を入れられた四角に切られたハシバミの木の棒であった。
一体，われわれはどれほど多くのことを知らないままであろうか[6]。タリーに
は，債務者の名前と取引が行われた日時が，棒の両側に書き入れられ，刻み目
の真ん中から二分され，それらを合わせると，名前と日時が現れるようになっ
ている。タリーの一方の棒は，下から１インチの所で切り取られているため，
片側は，もう一方より短くなっていた。棒の一方の側はストック（stock）[7]と
呼ばれ，売り手，すなわち債権者に手渡され，もう一方は，スタッブ（stub），

またはカウンター・ストック（counter-stock）と呼ばれ，買い手，すなわち債務者に持たれていた。かくて，これら2つに割られた棒は，債権債務の完全な記録であり，債務者はスタッブを持っていることにより，タリーの模造や不正な変更といった詐欺に罹らないようにできているのである。

　近代の考古学者による成果によって，非常に古い時代の多数の文物に光が当てられ，古代の時代にもタリーと同様な性格をもった手段が確実に存在していたことが明らかにされた。かくして，古代の遥かに遠い昔から商取引が信用という手段で，何らの交換手段も使わないで行われていたことはほとんど疑いのないところである。

　イタリアの財宝の貯蔵庫には，一般に鉄を多く含んだ銅製のタリーが多数，見つかっている。最古のものは B.C. 2000 年から B.C. 1000 年にまで遡り，aes rude と呼ばれており，無定型な鋳塊であったり，平円盤のものやあるいは長方形の形に作れていた。それはコインが導入されるよりも 1000 年も昔のことである。後の aes signatum と呼ばれるものになると，すべて板状のものに形作られ，幾つかの工夫も見られた。これらの金属片は貨幣として使われていたことが知られており，それらはコインが導入された後も，かなり長い期間，使われ続けたのである。

　Aes rude や aes signatum に関する特徴的なことは，ほとんど例外なく，すべての金属片は，製造時の金属がまだ熱く砕きやすい時に，技術的には砕けやすい（"short"）と呼ばれる時に，目的に合わせて切断された。金属の上に鏨が置かれ，軽く一撃された。鏨を動かすと，金属はハンマーの一撃で簡単にふたつに割れた。通常，一方はもう一方よりずっと小さかった。これらが古代のタリーであることに，合理的な疑いを挟む余地はない。砕かれた金属によって，後の時代の切り裂かれたハシバミの棒と同様，債務者は先に見たように保護されたのである。

　古代ローマ初期の造幣硬貨の状態から，コインの断片を割り取る慣行は，コインの造幣がそれらを打ち出して作る，より完全は方法に取って代わられた時までは普通によく見られた。したがって，コインはトークンと見なされていたことがよくわかる。

　古代ギリシャの植民地タラント（古代名タレントゥム。イタリア南部の港町

—訳注）で，ある埋蔵物が最近，発見されたが，その中に幾つもの銀製の断片（純銀か混ぜ物かは述べられていない）が含まれており，それらは初期ギリシャのコイン上に見られるものと類似した刻印が捺されていた。それらすべては，意図して割られた一片である。薄い板状のものも見つかっており，それぞれの金属片は端が不規則で，のこぎり状になるように，切られたり割られたりしている。

ドイツの埋蔵物の中には，イタリアの銅製の板状のものと同じ時代の，銀合金製の棒状のものがいくつか見出されている。これらのいくつかは手を加えられていないが，残りは一方の端が切り込まれている。

古代バビロニアで最近，発掘された埋蔵物の中で，最もよく知られた商業ドキュメントと言えば，契約書字板（contract tablets），あるいは "shubati tablets" と呼ばれるものである——それらの文言のほぼすべてに見られる *shubati* という語は，「受領した "received"」という意味である——。これらの書字版は最も古いもので B.C. 3000 年から 2000 年まで使われており，焼成されたかあるいは日干しの粘土である。形や大きさもトイレの通常の石鹸に似ており，イタリアの銅製の板状のものと非常に似ている。大多数のものは，考古学者によるとある種の穀物と考えられている "*she*" という単位での取引の単なる記録である。

書字版には，次のようなことが記載されている。すなわち，穀物の量，受領済み（"shubati"）の語句，誰から受け取ったかという人物の名前，日時，受領者を示す印章，もしくは王が受取人の場合は彼の書記や家臣の印章。

これらの書字版が見つかるその頻度から，それらが作られた材質の耐久性から，さらに銀行の役割を果たしていると知られている寺院にそれらが保存されていたことから，さらにまた特に記述内容の性格からも，これらは中世のタリーや近代の為替手形に相当するものと考えられるであろう。すなわち，これらは売買の際に買手が売手に与えた債務の簡単な承諾証であり，通常の取引手段であった。

しかし，これらの性格についての一層確実な証拠は，書字版の幾枚かはぴったりと収まる粘土製の封筒，すなわちケースの中にきちんと保管されており，書字版それ自体を調べるためには，その前にケースそれ自体を壊さなければな

らないという事実のなかに見いだされる。これら "case tablets" と呼ばれるものの表面には，中に収められている書字版の記述の２つの注目すべきこと，すなわち，内部の書字版に書かれた受取人の名前とその印章を除いて，くり返し記述されている。ケースを壊さない限り知ることができない，収められている書字版に書かれた取引の内容のエッセンスがくり返し記されたことは，丁度，他の事柄と同様に，書字版が邪な人間の手にわたり，詐欺的な改竄が行われかも知れない危険から，債務者を保護するためのものであることは明らかである。これらケース・タブレットがとりわけ重要なことは，それらが債務者の単なる情報の記録として作られたものではなく，それらが署名され，印章が捺され，債権者に発行されたドキュメントであり，恐らく，タリーや為替手形のように転々と流通したという事実にある。債務が支払われると，書字版は通常，破棄されたと言われている。

　勿論，われわれは遥かに遠い時代の商業についてはほとんど何も知らないわけだが，確かなことは，古代バビロニアにおいても，今日と同様に，遠隔地貿易が行われ，人から人へ，さらに都市から都市への信用の振替が行われていたことである。丁度，中世においてジェノアやフロレンスの大銀行が行ったように，また，今日の銀行が行うように，そこには国家財政や国家の徴税に関わる大商人や銀行の勘定が存在していたのである。

　古代バビロニア帝国の時代と同じくらい昔の中国においても，コインが現れるより遥か昔に，銀行や信用証書が見られる。そして，私が学びえたかぎりにおいて，実際，中国の歴史のあらゆる時代において，コインは常に単なるトークンに過ぎなかった。

　信用がキャッシュよりもはるかに古いということは，疑問を挟む余地はない。

　はるか遠い時代への考察はこれで終え，信用が遥かに古い時代から存在したことを訝しく感じる読者に分かっていただくために，現代に近い時代や，それより古い時代の取引方法に戻ってみよう。

　タリーは，為替手形や銀行券，あるいはコインと同様，譲渡される流通手段であった。（イングランドや少なくともアメリカ植民地では）民間のトークンは，１ペニーやハーフ・ペニーといった非常に少額の支払に主に使われてお

り，あらゆる業種の商工業者によって発行されていた。一般的な言い方をすれば，あらゆる商取引は何世紀にも長きに亘って，真実のところ，まったくタリーで行われていたと言える。財のあらゆる売買，貨幣のあらゆる貸借はこの手段で行われており，あらゆる債務もそれで清算されていたのである。

　古い時代には，定期的に開かれる大市はその時代の手形交換所であった。大小の商人が大市に彼ら相互の債権債務を決済するためにタリーを持ち寄ったのである。大市が開かれている間，商業上の紛争を処理し，「原告が望むなら商法に基づき，タリーが本物かを調べるために，司法官（Justiciaries）」が派遣されたのである。イングランドで最大の大市は，ウィンチェスターのセント・ジャイル大市であるが，ヨーロッパ中ではもっとも有名なのは，恐らく，フランスのシャンパーニュ大市やブリの大市であろう。そして，これら大市には，あらゆる国々から商人や銀行家らがやって来た。為替手形のためのブースが作られ，膨大な金額の債権債務が，一銭の現金を使うことのもなく清算されていたのであった。

　私がいま述べた大市の起源は，霧の彼方の遥か昔にある。大市を開く権利を与えたのは領主である。記録が残っている特許状の大部分によれば，大市の古くからの慣習が維持されるように規則が決められていた。したがって，領主の地位を承認し，大市開設の独占権を領主に与える特許状が発行されるよりも以前から，大市が存在していたことがわかる。これらの大市は非常に重要であったので，大市に出入りする商人や彼らの資産があらゆる所で尊重された。戦争中も行動の安全が，彼らが通過する領域の諸王によって保障され，街道で彼らに暴力を行使した者には厳しい刑罰が与えられた。あちこちの大市で債務を支払うことができるようにすることは，契約締結の非常に一般的な慣行となっていた。そして，債務が支払われる一般的清算は pagamentum という用語で呼ばれた。大市開設の慣行は中世ヨーロッパに限られたわけではない。大市は古代ギリシャでも panegyris という名前で開かれており，古代ローマでは nundinae と呼ばれていた。この名前は，中世でも頻繁に使われていた。大市はメソポタミアやインドでも開設されていたことが知られている。メキシコでも征服についての歴史家らが記録している。エジプトの大市は遠い昔は記録されていないが，その慣行はヘロドトスには知られていたように思われる。

幾つかの大市では債権債務の支払決済のみの取引しか行われなかったが，大概の大市では，活気のある小売り取引も行われていた。徐々に政府が郵便制度を発展させ，強力な銀行企業が成長してくると，決済中心地としての大市の意義は次第に低下し，人々はそういった目的のために大市に出かけることは無くなり，終には，何とか持ちこたえているわずかな大市も，いまではただお祭りのために人が集まる場所になってしまい，かつての黄金時代の名残りをわずかに留めるに過ぎなくなった。

宗教と金融の関係も重要である。すべてでないにしても，大部分の商業文書が発見されるのはバビロニアの神殿である。エレサレムの神殿も部分的には金融，すなわち銀行機関であった。このことはデルフィのアポロ神殿にも言えることである。ヨーロッパの大市は教会の正面で開かれ，聖者の名前で呼ばれており，聖者のお祭りの時期に行われる。アムステルダムでは，取引所（Bourse）は教会に面した広場で開かれ，天候が悪い時には，取引は教会の内部に移された。

これら昔からの大市は，金融と貿易と宗教とお祭り騒ぎとの奇妙なごちゃまぜであった。そして，このお祭り騒ぎは，聖者の神聖な名前を著しく冒涜したために天罰が下されることを恐れた敬虔な司祭の小さくはないスキャンダルに対する教会儀式と，たびたび切っても切れないほどに結び付いていた。

あらゆる大市の起源は，宗教上の祝祭と債務決済とにあり，そこで行われる商取引がそれから発展したものであったことは，何ら疑問のないところである。もしこのことが真実であるならば，宗教と債務支払いの結びつきは，たとえまだ何か必要であっても，信用が遥か古代にまで遡るほど古くからの事象であることを示すものであろう。

政府が債務や債権といった手段でファイナンスを行う方法は，とりわけ興味深い。丁度，あらゆる民間人と同様に，政府も，国庫や政府の他の部局あるいは政府の銀行宛に振り出された債務受認の証書を渡すことで支払を行っている。この点は，中世イングランドでもよく見られる。そこでの債権者への支払に政府が使った通常の方法は，税関やあるいは歳入を取り立てる他の部局宛の「タリーで支払う（raising a tally）」というものである。すなわち，木製のタリーを債務の受認の記しとして債権者に与えるのである。国庫の勘定は，以

下のような記述の書き込みで溢れている。「トーマス・デ・ベロ・カンポへ。ウォーリック伯は，本日，同伯爵に手渡された500マルクに対し，同額となる複数のタリーを発行した。」「何某へ。本日，ロンドン港の少額関税の歳入取立人の名義で，タリーを発行し，£40を借入れた。」この制度が最終的に廃止されたのは，やっと19世紀初頭になってからである。

　すでに私はそのような債務承諾が民間人の場合，如何にして価値をもったのかを説明した。われわれはすべて売買に関わり，販売するため商品を製造し，土地を耕し，農産物を売り，さらに労働力やあるいは知恵を使って作った製品や不動産の使用権を売る。そして，われわれが納めたサービスに対して支払ってもらう唯一の方法は，われわれが他人から受け取った同様なサービスにわれわれ自身が支払いに充てたタリーを購入者から受け戻すことによってである。

　しかし，政府は売ることのできるものを何ももっていないし，ほとんど資産らしきものをもっていない。それでは政府の債権者に手渡されたこれらタリーは，いかなる価値を持つのだろうか。以下のようにして，政府のタリーは価値を獲得する。政府は法律でもって，人々を選び，政府に対する債務者にする。政府は，海外から物品を輸入する人々に対して輸入した品々に応じて，政府に対して何がしかの金額の支払を課す。また土地をもつ人々に対しても1エーカー当たりにつき，お金の支払いを命じる。この措置は税の徴収と呼ばれるものであるが，政府に対する債務者の立場に立たされた人々は，理論的には，政府が債務支払を認めて発行したタリーやその他の証書の保有者を探し出し，彼らに商品を売ったり，サービスを提供したりして，その対価にタリーを譲渡してもらうことで，タリーを獲得しなければならない。これらのタリーが国庫に還流してくると，税が支払われるのである。このことが文字通りどれほど真実であるかは，昔の州知事（sheriffs）の帳簿を調べてみれば，一目瞭然である。彼らシェリフは内国税を徴収し，周期的に徴収したものをロンドンに送らねばならなかった。徴税額の大半は常に国庫発行のタリーであった。もちろん，しばしばコインも確かに含まれてもいたが，大抵，タリーが大部分を占めていた。

　国庫が金銀を受領し，蓄え，それらを払い出す場所だというのは，全くの偽りである。実際，イングランドの国庫の全業務は，タリーの発行と受領，一

般にタリーの2つの片割れの名前をストックとスタッブと呼んでいた部分の比較，そして，政府の債権者・債務者勘定の記帳と，国庫に戻ってきたタリーの廃棄から成っていた。国庫は，事実上，政府債権・債務決済の大きな手形交換所であった。

　かくていまや，われわれがフランスの王たちの財政手段の1つであると述べてきた「貨幣の改変（mutations de la monnaie）」の効果を理解できるのである。兵士や船乗りの日給のような少額の支払のために王が発行したコインは，債務のトークンであった。王が彼らのトークンであるコインの通用価値を恣意的に引き下げると，コインを保有している人たちが持つ政府に対する債権の価値も同じだけ切り下げられたのである。単純にはこれは荒っぽくて，手っ取り早い課税方法の1つであった。コインは多数の人々の間に出回っているので，この方法は，乱用されない限り，不公平というわけではなかった。

　昔も実際，納税者は，今日，イングランド銀行宛の手形保有者を探さねばならない以上に，タリーの所有者を探し出さねばならないことはもちろんない。これは，昔から政府の金融代理人であった銀行家を通じて行われた。バビロニアでは the Son of Egibi や the Son of Marashu は銀行であり，中世のヨーロッパでは，名前が歴史に残るほどのユダヤ人やフロレンス人やジェノア人は銀行家であった。銀行業がバビロニアのユダヤ人によってヨーロッパにもたらされたことは明白である。彼らは小アジアのギリシャ植民地に広がり，キリスト時代のずっと以前にギリシャ本土や北アフリカの沿岸の諸都市に定住した。キリスト時代の以前や以降に，西方には移住したユダヤ人はイタリア，ガリア，スペインに定住した。ただ歴史家に依れば，ローマに征服される以前には，ユダヤ人はまだイギリスには渡っておらず，恐らくは，ガリアに定住していたユダヤ人がガリア対岸のイギリス側に代理人を置いていたと思われる。そして，初期のイギリスのコインは主に彼らに取り扱うかわれていた。

　貨幣単位はただ任意の建値だった。それらを使って，商品価格は信用の用語を使って付けられており，したがって，あらゆる商品価値はそれでもって多かれ少なかれ正確に測られていたのである。ポンド，シリング，ペンスは代数学のa, b, cにすぎず，a=20，b=240だった。使われていたタームの起源が何であるかは，今では知る由もない。それらはかつて，ある商品の一定の量か重さ

を表していたかもしれない。そうだとしても，これらの単位がいまやいかなる商品も表していないし，数えきれないくらい長い間，表してはこなかったというのが，事実であろう。その単位がかつてはある１つの商品を表していたとしよう。例えば，物事の始めに，ある商人が，古代に大いに使われていた単位であるシェケルと呼ばれる銀のある一定量で測って，彼の顧客の勘定を付けるのがいいと考えたとしよう。銀はもちろん，他のもろもろと同様，１つの商品であった。法貨も存在せず，誰も銀で債務を支払う権限もなかったし，ましてや銀で債務を支払うのを受け入れる義務もなかった。債務（debts）と債権（credits）は今日と同様，お互いに相殺されていた。100ブッシェルの穀物が銀１シェケルと同価値と仮定してみよう。そこで，それらの価格が変わらない限り，すべてはいいということになろう。重量１シェケルの銀か，100ブッシェルの穀物を商人のもとに持参する者は，同様に１シェケルの債権を商人の帳簿上に受け取ることになろう。しかし，何らかの理由で銀の価値が下落したとすると，100ブッシェルの穀物は１シェケルの銀と交換できず，１ 1/10 シェケルが求められよう。その場合，何が起こるだろうか。商人のすべての債権者は突然，債権が銀のシェケルと同様に切下げられることで，損を被るだろうか。そして，商人の債務者は逆に，取引が銀と一切，係わりがないにも関わらず，同じ割合で得をするのだろうか。明らかにそのようなことは起こらない。商人がシェケル建てで勘定の記入を行なうのは都合がいいというだけで，債権者が彼らの貨幣の10分の１を失うことに同意するようなことは起こりようもない。むしろ以下のようなことが生じよう。値打ちが落ちた銀１シェケルの持ち主は，銀の値打ちが下がったので，今後，銀１シェケルには 9/10 シェケルの債権しか受け取れないと，商人から言われるであろう。債権１シェケルと１シェケル重量の銀とはもはや同等ではなくなるであろう。すなわち，シェケルと呼ばれる貨幣単位は以降，同じ名前をもつ金属の重量と固定した関係を持たなくなるであろう。商人と顧客との債権債務は，銀の価値の変動によって影響を受けなくなろう。最近，ある論者が，勘定がビーバーの毛皮建てで記帳されている場合についての事例を説明している。勘定のビーバー皮は固定されており，２シリングに等しく，皮の実際の価値が変動しても，実際のビーバー皮はイマジナリーなビーバー勘定で値付けされている。

金価格を固定する近代のあらゆる法令は，単に中世後期の理論の残滓に過ぎない。あの時代には貨幣単位の無茶苦茶な変動が貴金属の価格と奇妙な関係を持っており，そのため，貴金属価格が管理され普遍的に維持されさえすれば，貨幣単位もまた固定され続けると考えられたのであった。われわれには当時の状況を認識することは困難である。人々は生活必需品の価格がたびたび急騰するのを見て来たため，自分たちの所得が商品で測って日々，どれくらいになるのか誰も分からなかった。同時に貴金属の価格が上昇し，高品位の金貨あるいは銀貨はプレミアムをもち，他方，従来の額面で通用していた金属通貨は削り取られ，重量が減っていった。人々はこれ等の現象には明白な関係があると見て，至極当然だが，貨幣価値の下落を，金属価値の上昇やその結果である惨め金属貨幣の状況の所為にした。（しかし，）因果関係は逆さまであった，そしてわれわれもまた彼らの誤解を（永く）引き継いできた。貴金属価格を規制する様々な試みがなされたが，19世紀になるまで，それらは常に成功することはなかったのである。

　中世の金属貨幣の混乱は，貴金属価格の上昇ではなく，戦争，疫病，飢餓の猛威による信用単位（the credit unit）の価値下落が大きな原因であった。われわれは次々とこれら3つの要因が襲い掛かり，ヨーロッパが余儀なく陥った惨状を最早，今日ではほとんど想像もできない。かくて，ある歴史家は14，5世紀のフランスの状況を以下のように記述している。

　　「イングランド軍の敵地フランスでの暴虐は凄まじいものであったが，フランスの軍隊自体が自国でなした破壊の猛威も軽微なものであったわけでない。元々，ほとんどが泥棒で，規律もなく，うろつきまわる兵隊らによる破壊略奪は一層残酷で，イングランドやフランスの軍隊よりも凄まじいものであった。すなわち，これら傭兵軍団（the free companies）は，あらゆる悪逆非道をやってのけるため監獄から解き放された犯罪者集団であったり，姿を隠せる森や洞窟から出撃し，慌ただしい進軍で破壊されずに残ったものに火をつけて回り，家を奪われ怒りにかられた農民の一団であった。身分，年齢，性などに関わりなく，敵か味方かの違いしかなかった。フランスの歴史で，これほどの災いが普遍的で桁外れであった時代は他には見られなかっ

た。ソーム川からドイツ国境まで300マイルもある全地域は，山査子と茂み
など物音も聞こえない灌木地帯となった。武装した連中の容赦のない狼藉
から逃れるため，人々はすべて消え失せるか，隠れ家から街へと逃れて行っ
た。彼らはほとんど求める避難所を見つけられなかった。町も田舎と同様に
疲弊していた。森林には食料が枯渇し，狼の群れが町にまで出没し，街路で
餌を漁る始末であった。都市の壁の外での戦争は，その内側でもより獰猛な
戦いを引き起こしていた。飢餓が戦争の足音にぴったりと迫っていた。この
時代の年代記を記す人たちが〔黒死病〕や〔疫病〕と概括した奇妙な形の病
弊は飢えから生まれ，非常に高い城壁を跳び越え，頑強な壁を通り抜け，人
口過密な都市で暴動を引き起こした。戦争，疫病，飢餓の恐ろしい苦しみの
為だけに，フランスの人口の2/3が減少したと計測されている。」

　「ランカスターの城壁やマージー川の川岸，ヨークの城壁の入り口やハン
バーの河口[8]その他に至る北部諸州はスコットランド人によって破壊され，
フランス，フランドル，スコットランドやその他の海賊は東部，西部，イン
グランドの南部沿岸の住民を殺戮して回り，あるいは奴隷として連れ去っ
た。疫病や飢餓という苦しみもこの国イングランドに襲いかかったのであ
る。戦争の所産たる飢餓と疫病は，ありとあらゆるものを破壊しつくした。」

　再三再四，この国は飢餓と悪疫の辛酸を舐め，伝染病は大量の鳥獣や家畜を
殺戮した。こうした恐ろしい災害が起こったのは，この時代の初期だけではな
かった。30年戦争（1618−1648年）の終わりのドイツの惨状は，14世紀の英
仏とほとんど変わらなかった。
　買いは売りで支払われる。言い換えると，債務は債権で支払われるのであ
る。先に述べたように，債権の価値は，債権者にもなる債務者に依存している
のである。上述したような状況では（比較的な繁栄の時がなかったと考えては
ならないけれど），商業は実際，停滞し，信用（credits）は何の価値も持たな
かった。同時に政府は軍隊を維持し，絶えざる軍事行動を遂行するために，膨
大な債務を累積しており，受け取るべき税を徴収することができなかった。こ
のような状況下では，債権の価値（別言すれば，貨幣単位の価値）は低落しな

いではおかなかった。この状況を説明しようとして，金属貨幣の思い描かれる恣意的な貶質を探し求めることは，まったく不必要である。

　読者は此処で，古い時代にどのような慣行が見られようが，科学的理論がどのようなものであろうが，今日，われわれは信用の道具を使いながらも支払を為すため，実際，金を使っているではないかと反論されるかもしれない。1ドルや1ポンドは金の一定重量であり，われわれはそれらでもって債務を清算する資格を法的に与えられていると言われるであろう。

　しかし，これらの事実は何を意味しているのだろうか？　ここ合衆国での状況を取り上げてみよう。政府は標準品位の総ての金を受け入れ，代わりにそれに応じた金貨や，そうした金属貨幣を表す金証券を払い出すであろう。さて，金を金属貨幣に転換する趣旨は，金をある一定重量の金属貨幣に切り分け，その上に重量と品位を保証する政府の印を刻印することであるというのが，一般的な受け止め方です。しかし，このことは実際，行われたことのすべてでしょうか。決してそうではありません。実際に起こったことは，政府がこれら金属貨幣を税金あるいは政府に対する債務の支払で受け取るという約束の印証を金属貨幣の上に記したということである。金属貨幣を発行することによって政府は，あたかももし政府が購入を行ったら，債務を負うのと同じよう，その保有者に対して債務を負うのである。すなわち，政府は，金属貨幣を回収のため，徴税やその他で債権を提供すべき債務を負ったのである。かくて，金属貨幣の所有者は彼の貨幣に価値を与えることができるのである。

　金属貨幣に記された印証のお陰で，金貨は単なる商品という性格から，債務の印という性格に変化させるのである。イングランドではイングランド銀行は金を購入すると，交換に金貨あるいは銀行券，あるいは帳簿上で信用を与える。合衆国では金は造幣局に預託され，預託者はドル貨か金証券を代わり受取る。金の売り手も預託者も同様に信用を受取る。一方は公立銀行宛の，他方は対政府財務省宛ての信用をもつ。どちらの場合も，その意味するところは同じだということは明白である。硬貨も金証券も銀行券も銀行口座の貸方（credit）も，形やそのもの自体の価値がどんなに異なっていようと，すべてその性格は全く同じである。受取った方もそれを何に使えるかを承知しており，与えたほうも所持者がそれを払い戻し，債務の清算にあてることを認めるかぎり，高価

な金属であろうと無価値な紙片であろうと，それらは共に等しく提供者の債務の印（トークン）である。

したがって，貨幣とは債権・信用（credit）である。債権・信用以外の何物でもない。Aの貨幣は，Aに対するBの債務である。そして，Bが彼の債務を払うと，Aの貨幣は消え去る。これが貨幣の理論のすべてである。

債務と債権は，お互いに絶え間なく接触しようとしている。そこでそれらは互いに清算されるのであって，それらを集中集積し合うのが銀行の仕事である。そのやり方は2つあって，手形を割引くか，貸付を行うことによってである。手形割引はより旧式の方法であるが，ヨーロッパでは銀行業務の大部分は手形割引から成っているが，合衆国ではより通常のやり方は貸付による。

手形割引は次のような手順で行われる。AはB，C，Dに商品を売却し，彼らはAの債務者になり，Aに債務を認める証書を渡す。それは実務上，為替手形と，より短く手形と呼ばれている。つまり，AはB，C，Dに対して債権を得た。AはE，F，Gから商品を購入しそれぞれへの支払に彼の手形を手渡した。つまり，E，F，GはAに対して債権を得た。もしB，C，DがE，F，Gに商品を売却し，Aからもらった手形で支払をすることができたとするなら，彼らはこれ等の手形をAに呈示し，そうすることで自らを債務から解き放つことができよう。交易が小さな範囲，例えば1つの村の中に於て，あるいは近隣の村々の小グループ内で行われているなら，B，C，Dは，E，F，Gがもつ手形を受け取ることができるであろう。しかし商業が広がるようになり，様々な債権者，債務者が遠く離れて暮らしていて，お互いを知らないかぎり，債権債務を集中する制度がなければ，商業が立ち行かなくなることは明らかである。そこで商人や銀行家が現れることになる。銀行は商人よりも専門的な業者である。銀行はAからB，C，D宛の手形を買い取り，Aはいまや銀行の債権者となり，今度は銀行がB，C，Dの債権者となる。Aの銀行宛債権は預金と呼ばれ，彼は預金者と呼ばれる。E，F，Gもまた彼らがもつA宛の手形を銀行に売却し，そして手形が満期になると，銀行はAの勘定に借方記入し，先のAの貸方残高と突き合わされ，清算される。Aの債権債務は相殺され，Aの名前は消え去り，銀行への債務者であるB，C，Dと，同銀行への債権者E，F，Gが残る。他方，B，C，Dは交易を続け，彼らが行った販売の支払を

36 第1章 A. Mitchell イネス著「貨幣とは何か?」

H，I，K 宛の手形で受け取る。銀行が持っていた彼らの元の手形が満期になると，彼らは H，I，K が彼らに与えた手形を銀行に売却し，そして彼らの債務の帳尻が合わされる。かくて，彼らの債権債務は順次，清算され，彼らの名前が消え去る。そして，H，I，K が銀行の債務者として，E，F，G は債権者として，次々と残るのである。現代の手形は，中世のタリーの，さらに古代バビロニアのクレイ・タブレット（clay tablet）の直系の末裔である。

　それでは，掛売で手形を貰い，銀行家に手形それ自体を売却する代わりに，貸付という方法でも同じ結果が得られること見てみよう。この場合，銀行業務は，販売・購入に追随する代わりに以下のことを先んじて行う。B，C，D は A から財を購入する前に，その事を銀行に知らせ，同時に銀行からの借り入れを取り決める。この取り決めをすると，B，C，D は A から商品を購入し，銀行に売却する手形を A に手渡す代わりに，銀行宛に直接振り出した手形を与える。これらの銀行宛為替手形は小切手あるいはドラフトと呼ばれている。こうして生じた事態は，明らかに，かつて行われたやり方と結果は同じである。債務と債権は同じように清算される。手続きには多少の違いはあるが，それだけのことである。

　銀行を介して債権と債務が絶えず行き来し，銀行はそれらを自らの下に集め，債務が満期になったら清算決済するのである。これが銀行の行っている事柄の核心（the science of banking）であり，キリスト以前の 3000 年前も今日も，銀行がすることは同じである。エコノミストたちの間に見られる共通した誤解は，元々，銀行が金銀の安全な保管所であって，預託者が必要な時には何時でも引き出すことが出来ると考えることである。この考えはまったくの間違いであり，古代の銀行を調べれば，すぐ分かることである。

　われわれが検討する商業取引であろうが金融取引であろうが，それが市場での 1 ペンスの野菜の購入であろうが，政府による 10 億ドルのローンの発行であろうが，取引の原則はどれも同じである。古い信用が譲渡されるか，新しい信用が創造されるか，国家が，銀行が，あるいは農民が繁栄するか破産するかは，原則が守られるか守られないかによる。すなわち，債務は，支払期日が来たら，同時に手元に持つ債権で清算決済されねばならないということである。

　あらゆる健全な銀行家が為さねばならないことは，日々の営業の終わりに，

他行宛てに負う債務が債権を超過していないかどうかと，加えて，保有している法貨すなわち政府宛の債権を見ることである。この必要事は，銀行に「貸し付け」ねばならぬ貨幣量を制限させるのである。銀行家は他行に支払を求めて提示すべき小切手の金額と，自行に支払いを求めて提示されてくる小切手の金額を経験上，かなり正確に承知しており，そこで，もし手形割引や貸付を行うとすると，ある日，自行が支払わなければ債務が自行が求める支払債権を超えるリスクをもつことから，そうした与信を拒否するのである。すなわち，彼は将来の支払となる今日の債務を与えることを拒否するのである。将来の時点で受け取る債権で他行に支払わなければならない債務を直ちに清算できるかどうかを覚えておかなければならない。互いに支払期日の来た債権債務は同時に決済されねばならないのである。

イングランドでは手許現金（cash in hand），合衆国では準備金（reserves）と呼ばれるもの，すなわち，銀行が保有している法貨の量に，当たり前の如く，余りにも過度な重要性が与えられている。これは，物事の当然な道理として，銀行の貸付能力や銀行の支払能力は銀行の準備量にかかっていると，一般に考えられているからである。しかしながら，実際には，このことはあまりにも明白に，断固として宣言し得るものではない。これらの「法貨（lawful money）」の準備は，科学的な観点から述べるならば，他の銀行資産よりもとりわけ重要というわけではない。法貨準備は，他の資産と同様に単に債権（credits）である。準備が預金額の25％，10％，1％，あるいは1/4％であろうと，銀行の支払能力に少しも影響しない。残念なことに，合衆国は法令で銀行がそれ以下に下回ってはならない準備の大きさを規定している。恐らく，そのような法令は，預金者が金あるいは「法貨」で預金を払ってもらう権利を持っているという近代に起こった誤った見解から派生したものである。私はそのような権利を預金者に与えている如何なる法律も知らないし，正常な状況下ではいずれにしても預金者はそのような権利をもってはいないであろう。預金者は誰かほかの者に対する権利を銀行に売るのであって，的確に言うならば，銀行が健全である限り，彼の唯一の権利は受け取りが選択されるならば，誰かほかの者に彼の債権を譲渡することである[9]。しかしながら，ほとんどの国が採用した法貨規定の法は，元々予想し意図していたのではない副次的な成り行

きを生むこととなった[10]。そのような法の目的は金や銀を支払いの標準にすることではなく，債権者は債権をどのような金属で作られていようが決められた価値で国が発行した硬貨で支払わられるのを拒否すべきでないことが求められたということである。これらの法律の根拠は，決して債務支払に法定手段を提供することではなく，硬貨の価値を支えることであった。すでに説明したように，硬貨の価値は，政府がある価値で発行し，別の価値で受け取ることを原因に，あるいは過大な借金を積み上げた政府の支払い不能の為に，絶えず変動に晒されていた。

　われわれはそのような法律がどのような法的効果を持ったのかということは法律家に委ね，公衆の心にどのような実際的影響を与えたのかがここでのわれわれの関心のすべてである。イングランドやアメリカでのように，標準硬貨が一定の金重量であるような国では，債権者が債務決済で満足して硬貨や金券ノートの受け入れを規定し，債務決済の他の手段に言及しない法律は，人々の心の中に，上記のやり方こそ債務決済の唯一の方法であり，それゆえ，債権者は金貨を要求する権利があるのだという観念を生み出したであろう。

　このような心情の影響は，取りわけ残念なことである。預金者の心に疑惑が生まれると，彼らは直ちに硬貨で，あるいは国立銀行宛の債権でか，あるいは「法貨」での預金の払い戻しを要求する。このような要求は応じられないこともあり得て，その結果，銀行が支払い不能になるといった噂で，パニックを拡大することになる。したがって，信用逼迫が始まると，すべての銀行は債務者に硬貨か政府宛の債権で債務を返済するように催促し，順次，彼ら銀行の債務者も同じく自分たちの債務者に同じように返済を求める。かくて，すべてが自らを守ろうとするので，皆，出来る限り，支出の削減を強いられることになる。このような事態が一般化すれば，売り買いは相対的に狭い範囲内に制限されることになって，ただ購入によっても買掛が減らされ，販売によっても債務支払いが要求されるので，全ての者が自分らの満期のきた債務支払いに騒ぎ立てることなり，結局，誰も売ることができなくなり，誰もが債務を支払えなくなる。かくて，悪循環のなかでパニックが蔓延することになる。

　法貨規定を廃止し，一旦，銀行の預金者となり，自行に債権を売却し，支払で硬貨や政府債権を要求する権利のなくなることを人々に認めさせると，上に

見た事態を改善させるのに大いに役立つであろう。一般的な状況では，銀行家はキャッシュを欲しがる顧客の要求を満たすだけの硬貨や政府債権を十分に持っているであろう。丁度，革靴職人が商売の一般的な状態に十分な様々な種類の靴の在庫を持っているのと同じである。もし顧客のすべてから突然一種類の靴だけの注文が大量にきたなら，靴屋は対処できないように，銀行家たちも預金者総てにキャッシュで支払うことなどできないであろう。もし銀行家が通常求められる以上のキャッシュを持ち続けるなら，それは合衆国でのように彼らにそうすることを強いる法律があるからか，あるいは貸付のための「金属的基礎」の必要といった観念が生じたがために，大きなキャッシュの供給が銀行の支払能力について公衆の信頼を増すためであるか，あるいはさらにこのような観念の広がりのために，このような形での預金の支払に対する異常な要求が突然発生したからであろう。

　おそらく法貨規定が硬貨あるいは銀行券の実際の，または明白な価値の維持にどれほど役立つかを述べるのは困難であろう。植民地時代には役に立ったとは思えないし，実際，最高裁判事チェース（Chase）は，1872年の有名な法貨裁判での異議申し立てにおいて，法貨規定の効果が意図されたものとは逆であったという見解を表明している。すなわち，それが政府紙幣の価値を高めたというよりは，反対に，事実上，価値を低下させる結果になったと。しかしながら，そうかもしれないけれども，私はチェース氏に賛同するつもりはない。私に言える確かなことは，財政が適切に行われている国では，法貨規定のような法律は貨幣単位の維持にとって不必要であると思われる。最高裁判事チェース氏の表現を用いるならば，不換銀行券に比べ，「政府債務が受領される」のは，通貨に実際のサポートがあるからであって，法貨規定という法律ではない。

　しかし，政府が何らかの標準となる「貨幣」を提供するのは少なくとも必要であると論じられるかもしれない。債権者が債務支払いを受ける際，その満足の度合いについて論争を避けるために，債務支払にはそうした標準貨幣を受取らねばならないであろうと。しかし，実際にはこの点については何等の困難も経験しないであろう。債権者が債務の支払いを求める時，通常，債務者の交代を求めているのである。即ち，彼は銀行宛の債権を求めるのである。そうすれ

ば，債権者は容易にそれを使うことができるし，あるいは銀行に安全に使わないまま置いておけるのである。それ故，債権者は，あらゆる債務者が債務の満期が来たら，名声のある銀行家宛ての債権を自分に振り替えてくれるように主張する。そうすれば，あらゆる支払能力のある債務者は，こうしたやり方で彼の債権者を満足させることが出来る。何らの法律もいらないのである。すべての取引は自ら自動的に調整するのである。

1797 年から 1820 年まで 20 年以上もの正貨支払を停止した時代，イングランドでは金貨はまったく流通しておらず，その場所は法貨でもなかったイングランド銀行券によって埋められており，銀行券の価値は金で測って絶えず変動していた。しかし，上に見た支払問題に何らの支障も認められなかった。商業は依然同様に公正に進行したのである。もし法貨規定が極めて重要なものであったというのであれば，法貨規定のような法のない中国（やその他アジア諸国）は商業をほとんど続けることができなかったであろう。

銀行業についての問題のなかで，銀行券の本質についての議論以上に理解に混乱が見られるものはない。銀行券は一般的に金の代替物であると考えられている。それゆえに発券を厳格に規制することは銀行券の安全性にとって必要であると考えられている。合衆国では発券は政府債が「基礎になっている」と言われているし，イングランドでは発券は金に「基づいている」と言われる。銀行券の価値はそれらが金に兌換されるという事実に依存していると信じられている。しかし，ここでも再び，そのような理論は歴史によって論破されている。上記の時代に，イングランド銀行券の金による支払いは停止され，有名な地金委員会は金本位制がもはや存在せず，イングランドの銀行券の価値はもはや金本位に影響されていないと認めざるを得なかった。このことは大きな事業に携わっていた証人の多くによって事実として受けいれられた。金がプレミアムを持つようになり，すべてのイングランドの貨幣と一緒にイングランドの銀行券の交換価値が低下すれば，トーマス・ツークが名著『物価史』において詳細に明らかにしているように，それはイギリスが軍事行動と諸外国への援助金のために海外で膨大な出費を行ったことにより，他国に対する債権を大きく超過する巨額の債務を背負い込んだからであった。他国の貨幣に対するイングランドのポンド価値低下は，その当然の結果であった。債務が大いに清算され，

イングランドの債権が平常に戻った時，ポンド建て金価格は勿論，下落した。

　さらに，長年，ギリシャの通貨が外貨に対しディスカウントしていた時，それは諸外国に対して同国の債務が超過していたためであった。そして，徐々に平価を回復させることで何より効果のあったのは，合衆国のギリシャ移民の貯蓄からギリシャの銀行に払い込まれた預金が絶えず増加していたからであった。これらの預金は合衆国がギリシャに対する債務を積み上げることになり，ギリシャが対外債務に対してなさねばならない周期的な利子支払いの埋め合わせをすることとなった。

　合衆国では反対に，米国法定紙幣グリンバックスが下落した折，グリンバックスは自国民に対する合衆国政府の過剰債務のために，合衆国自身で価値低下した。

　銀行券は銀行の預金口座へのエントリーと本質的に何ら異ならない。口座記入と丁度同じように，銀行券は銀行家の債務の承認である。それはあらゆる債務承認と同様に，1つの「支払約束」である。預金記入と銀行券との唯一の違いは，一方は銀行帳簿に書き込まれるのに対して，他方は一片の用紙の上に書かれていることである。一方は預金者の名前の口座に書かれた債務承認であって，他方は「持参人（the bearer）」の名前を持った債務の認容である。銀行の債務を記録するこれらの方法は共に特別な用途を持っている。一方の預金，またその一部は小切手で振替えられ，他方の銀行券またはその一定部分は，手から手へと受領書そのものが手渡されてゆく。

　貨幣数量説は，「貨幣」の過剰発行を防ぐため発券規制をすべての政府に促す。しかしながら，銀行券にはある特別な危険が潜んでいるという観念は何等根拠のないものである。銀行券の保有者は単に銀行の預金者にすぎず，銀行券は単に預金者の便宜のために発行されるに過ぎない。銀行券発行を規制する法律は何の効果も生まないほどその制限措置をあまり厳しくしていないので，規制は役に立たない。商業活動に実際的な不便を齎すほど発券が規制されるなら，有害なだけである。発券を制限することで銀行業を規制しようとするのは，銀行業の問題全体を全く誤解しており，間違った結果に終わるだけである。危険は銀行券にあるのではなく，慎重さを欠いたいい加減な銀行業にある。銀行業が債権債務の原理の適切な理解の下で，正直な人々によって運営さ

れることが保証されるならば，そうすれば，銀行券は自ら適切に処理するであろう。

　繰り返すが，商業は貴金属と何ら関係なく行われている。そして，世界中のあらゆる金銀の一片まで世の中から消えてしまったとしても，商業は以前と同様に進行し，大きな価値ある金属資産がなくなった以外，何らの影響も見られないであろう。

　金神話は，法貨規定と併せもって，中央銀行をあがめる感情を鼓舞した。一国の金準備を守ることが重要な機能であるかのごとく考えられている。金銀両金属の価格を固定するという数世紀にわたり成功することのなかった努力の末，やっとヨーロッパの諸政府が金価格を固定することに成功し，あるいは少なくとも価格変動幅を狭い範囲に留めることが出来た時に，実際成し遂げられたことは何であるかを説明するのには，恐らくここが如何なるところよりも適切であろう。

　イングランドで金価格が，当時，市場価格よりわずかに高い価格で，今日の価値で固定されたのは 1717 年であった。しかし，金価格が国の決めた値に長期間留まることは，ナポレオン戦争の終結後しばらく後まで見られなかった。そしてそうなったのは，2 つの理由があった。すなわち，信用の価値が大いに安定したことと，19 世紀に金の産出量が大いに増大したことである。第 1 の要因は，疫病や飢餓が消滅し，これまでの戦争に伴った災害が和らぎ，政府の特に財政面での体制が改善したことの結果であった。これ等の変化は，かつては見られなかった繁栄と信用の価値，とりわけ政府の信用の安定を生み出した。第 2 の要因は，金の市場価格のいかなる高騰をも防いだことである。そして固定価格で金をいくらでも買い上げ，そしてまた実際，同じ価格で売却するという政府とイングランド銀行が引き受けた義務が，金価格の下落を招くことを防いだのである。もし彼らがそのようにしなかったらば，金の市場価格は，1 オンス当り £3. 17s. 10 1/2d. という価格に留まっていなかったと言うことができるだろう。事実，イングランドの正貨支払再開後，しばらくの間，金価格は 1 オンス当り £3. 17s. 6d. に下落していた。

　世界中の政府は，実際，一団となって金を買い占め，極端にまで高い値段に吊り上げ，鉱山所有者を大儲けさせ，その他の人々に大損をさせてきた。この

政策の結果，数十億ドルもの金が銀行や政府の奥まった金庫に貯めこまれ，少しは道理をわきまえた政策が取られるようになるまで，決して顔を見せることはないであろう。

　紙幅の関係から本稿はここで終わり，貨幣の信用理論が提起する多くの興味ある論点のさらなる考察を止めなければならない。恐らく最も重要な問題は，現在の通貨制度と価格上昇の緊密な関係であろう。

　将来の世代は，高邁な経済法則を遵守し，世界の富と繁栄をいや増すとの信念から，ただ地下室の奥に留め置くだけのため金を大量に買い上げてきた19世紀，20世紀の祖先を嘲笑するであろう。

　賢明な諸兄よ！　経済と金融財政の知識を自ら誇る世代の奇妙な錯覚，それらがいつまでも生き永らえないことを願わざるを得ない。一旦，われわれの時代の恥ずべき法律の枷から貴金属が解き放たれるとき，全世界に資するため，金を貯めこまず，どのように使われるのかを，誰が教えてくれるだろう。

註
1　複数の計算単位の同時使用という現象は，後の時代にはよく見られる。
2　13世紀のグロ・ツルノワ貨（Gros Tournois）があるが，これすらスーと同じ価値を長く留めることはなかった。
3　奇妙というのは，すなわち，貨幣金属説を信奉している人々にとってという意味である。ここで説明する余裕はないが，事実は単純なことである。
4　近代になって，債権の持続性に一定の制限を課す法令が制定されたが，しかし，そのことで本文に述べた原理が揺るがされることはなく，反対に，かえって強められた。
5　tally，ラテン語では talea，フランス語では taille，ドイツ語では Kerbholz。
6　その使用は19世紀初めまでにすべて放棄された。
7　資本（capital）を意味するストック（stock）という近代の用語は，ここから生まれた。
8　イングランド東北部トレント川とウーズ川の合流河口。
9　この契約はローマ法では「消費貸借契約」（"mutuum"）と呼ばれた。
10　偉大な商業国である中国はこのような法を持たない。それはヨーロッパ人の発明であろう。

第 2 章

A. Mitchell イネス著「貨幣の信用理論」

（A. Mitchell Innes, "The Credit Theory of Money", in *The Banking Law Journal*, 1914）

訳：楊枝 嗣朗

【編集者覚え書】

「貨幣」に関してはこれまで大いに論じられてきたが，イネス氏のように系統立てて論じる者は，誤解されがちである。エコノミストや大学の学者諸氏の多数が彼の第 1 論文（"What is money?" *Banking Law Journal*, May 1913）に異を唱えたが，彼の主張に反証できた者はいないように見受けられる。上記論文が本誌に掲載されることで，おそらく彼の第 1 論文への批判が，応答も含め現れるであろう。われわれはこの第 2 論文への批判と応答をも心より歓迎している。

貨幣金属説（Metallic Theory）は，従来ほぼすべての歴史家が真実であると信じ，貨幣を論じる事実上すべての経済学者の教義の基礎を形作ってきたものである。本誌 1913 年 5 月号に「貨幣とは何か？」というタイトルで掲載された論文は，「貨幣の信用理論」の概説であり，上記金属説に反対するものであった。

アダム・スミス以前の時代は，貨幣は貴金属と同一視されていただけでなく，唯一の実質的富を形成するものと一般に考えられていた。しかしながら，然るべき論者の全てがこの通俗的な誤解に満ちた見解を抱いていたと考えてはならない。富は貴金属に帰すのではないという原理を最終的に且つ明確に確立した功績は，アダム・スミスのものである。

しかし，貨幣の性質について問うことになると，アダム・スミスの洞察は，力足らずであり，これは彼の矛盾する記述から窺い知ることができる。これは変えようのない事実である。今日でさえも，貨幣に関する歴史的事実について，正確な情報は入手しがたい。況んやアダム・スミスの時代においては，正しい貨幣の理論を確立すべき資料は，たとえ彼がそれを使うだけの知識を持っていたとしても，容易に入手できるものではなかった。ステュアートは，貨幣単位が造幣硬貨と必ずしも同一ではないことに気づいていたし，マンも金銀が外国貿易の基礎でないことを認識していた。ボアギュベール（Pierre Le Pesant de Boisguillebert, 1646－1714 年―訳注）も紙券が銀によって遂行されるすべての貨幣機能を行っていると断言している。しかし，こうした生半可ないくつかの考えを別にすれば，スミスの著書『諸国民の富』のこの部分の問題を解き明かす試みにおいて，彼を導くことができるものは何もなかった。そして，スミスも富は金銀ではないという彼の主張が真実であることを確信していたので，二者択一を迫られることになった。貨幣が金銀でないのか，貨幣は富ではないのかである。そして，スミスは必然的に後者を選択した。しかしながら，ここからアダム・スミスは世間一般の誤解ではなく，人類の普遍的な経験から知られたこの世の事実と対立することとなった。もし貨幣が富ではない，つまり，ただ真実の富を形作るあの神秘的な「購買力」を意味するものでないというのであれば，人類の商業の全体は誤謬に基づいているということになろう。すなわち貨幣は富ではなく，「富を循環させる車輪」であるというスミスの貨幣の定義では，貨幣を得んと世間で見られる奮闘，すなわち貨幣をため込まんとする欲求を説明できない。もし貨幣がただの車輪であるなら，なぜわれわれはその車輪そのものを貯めこもうとするのだろうか。なぜ 100 万の車輪はただ 1 つの車輪よりも有用なのだろうか。あるいは，もし貨幣をすべて 1 つの車輪とみなすことができるなら，なぜ巨大な車輪の方が小さな車輪，あるいはいずれの中程度の車輪よりも役に立つのだろうか。結局，スミスのあのアナロジーは誤りであると言わざるを得ない。

　アダム・スミスの時代以降，貨幣については多くのことが語られてきたし，非常に有用な考察がなされてきたが，しかし，いまだわれわれは金銀が唯一の実在する貨幣であって，すべて他の貨幣形態はただ単に金銀の代替物である

という旧来の考えに執着している。この根本的な誤謬の必然的な結果，アダム・スミス以来公認の諸権威の著作に見られる「富」，「貨幣」，「資本」，「利子」，さらには「所得」といった諸章を比較参照するならば，政治経済学のこの領域において目に余る混乱の蔓延が見られる。どれを取り上げても，一致できる点が見出すことはほとんどない。

　日常生活と経済学者の教義との間の分断が如何に著しいかは，例えば，マーシャルの資本の章を一読すれば，すぐに理解できる。資本の章は，国民資本，社会資本，人的資本等々の項目に複雑に分かれている。銀行家や商人の誰もが，資本にはただ一種類しかなく，それは貨幣であることを知っている。あらゆる商取引も金融取引もこのことを前提に行われており，すべての貸借対照表も，この当たり前の事実に従って作成されている。にもかかわらず，いまだすべての経済学者は，資本が貨幣ではないという仮定に，教義の基礎を置いている。

　われわれは科学が日常生活のよく知られた事実と如何に完全に調和するかを見るのは，ただ（貨幣の）信用理論が理解され，受け入れられる場合のみである。

　信用理論というのは簡単に言えば，以下のとおりである。売買というのは商品と信用の交換である。この重要な理論から以下の理論が派生する。信用，すなわち貨幣の価値は，如何なる金属や諸金属の価値に立脚しているのではなく，債権者が「支払い」を受ける権利，すなわち，債務弁済義務を果たしてもらうこと，「債務」を支払うという債務者の義務に依存しており，逆の方から見ると，債権者が負う同額の債務を債務者が支払うことにより債務から自らを解き放つ権利に，さらには，債権者が彼の債権の弁済を受けることにおいてこれを受け入れる義務に依存しているのである[1]。

　これが基本の理論であるが，しかし，実際には債務者が同一の債権者に対して，今度は逆に債権者になるということは必ずしも必要ではない。われわれはすべて買い手でもあり売り手でもあり，だからわれわれは同時にお互いに債務者にも債権者にもなる。かくてわれわれが自らの債権を売却し，かくて商業の手形交換所になる銀行の素晴らしく効率的な機構によって，社会全体の債権と債務が集中集積され，相互に清算決済される。それゆえに，実際問題として，

すべての健全な債権はいかなる債務をも清算するのである。

　いま一度，理論的には，われわれは買えばいつでも債務を招き，売ればいつでも債権を手に入れる。しかし，実際上は，この理論は，少なくとも先進的な商業社会ではまた修正されることになる。われわれがビジネスで成功すると，銀行家の下に債権（credit）を蓄積する。そうすれば，われわれは新たな債務を作ることなく，われわれの蓄積した債権の一部をわれわれへの売り手に単に振り替えることによって買うことができる。あるいはまた，われわれが買いたいという時点に，何らの蓄積された債権を持たないならば，われわれはわれわれの買い手の債務者にならないで，銀行家から彼の勘定の上で信用を「借り入れ」させてもらい，この借り入れた信用をわれわれの買い手に振り替えることができる。そして，その後，われわれが売り手になったときに入手する同額の債権（あるいは幾ばくか多く）を銀行に返済すればいい。さらに再び，国内で財やサービスの最大の買い手である政府が行う購買[2]の支払いに際して，徴税メカニズムによって償還される硬貨や紙幣と呼ばれる低額面のトークンが大量に発行される。そして，われわれは政府に対するこれら債権を，われわれ自ら宛の債権に使ったり，われわれの銀行にその債権を振替えるよりもむしろ，少額の購入の支払に使うことができる。

　過去数世紀にわたり，これら政府発行のトークンは非常に大量に発行され，日常生活で広範に使われ，他の種類の貨幣をはるかに上回っていたので，われわれは特にそれらを「貨幣」という言葉に結び付けるようになっている。しかし，それら政府トークンは，すべての他のトークンより以上の権限，すなわち債務の承認であること以上を要求するものではない。為替手形で購入代金を支払うすべての商人も，銀行券を発行し，自行宛にドラフトの振り出しを認めるあらゆる銀行家も，財務省宛てにドラフトを振出し，あるいは一片の金属や一枚の紙片の上に印章を押す政府が行うのとまさに同じように，貨幣を発行するのである。そして，貨幣について現在流布しているすべての誤った考えのなかで，貨幣発行を独占する特別な機能は政府に帰するのだという考えほど有害なものはない。もし銀行が貨幣を発行することができなければ，銀行は銀行業務を行うことができないであろう。そして，政府がある種の貨幣形態の発行の上に障害を置くならば，公衆は他の恐らく不便な貨幣形態の使用を強いられるこ

とになろう。

　歴史を注意深く学ぶならば明瞭に証明しうることだが，ドルやポンドやあるいは他のいかなる貨幣単位も，よく知られた大きさや重さの固定されたものでも，確定された価値でもないし，政府貨幣がほとんどの国で今日享受している卓越した地位を常に持っていたわけでも決してなかった。

　フランスではそれほど遠い昔ではないが，すべて同じリーブルという名前で呼ばれていた多様な貨幣単位が見られただけでなく，それらのリーブルのいくつかは政府によっても使われていたが，それらはまた度々，「強い貨幣」（'forte monnaie'）と「弱い貨幣」（'faible monnaie'）とに分類されていた。そして，政府貨幣は *faible* であった。その意味するところは，政府貨幣は銀行貨幣よりも価値が低いということである。すなわち，専門用語で言えば，政府貨幣は銀行貨幣建では減価していた。そのため，法貨規定の法にもかかわらず，銀行家等は政府宛の信用の1リーブルを銀行宛の信用の1リーブルの等価としては受け取ることを拒んだのである。

　王達や彼等の顧問らは，この現象やそこから派生する諸結果に度々困惑した。彼らが 'forte' であると信じて貨幣を発行し，法律においてもそのように宣言しているのであるが，その都度，しばらくすると何か神秘的なやり方で，政府貨幣が弱体化（'devenu faible'）することを認めなければならなかった。

　イングランドでも政府貨幣の価値下落はかなりの大きかったのだが，大陸よりははるかに小さく，明らかに例外であった。政府貨幣の価値下落という状況は，ヨーロッパ中に一般的に見られる現象であった。アムステルダムやハンブルグやヴェニスといった有力な銀行が存在した諸国では，価値のより高い標準貨幣は「銀行貨幣（bank money）」として有名で，より低い標準貨幣は「流通貨幣（currency money）」として知られていた。この状況からいま1つの興味深く重要な現象が現れた。すなわち，銀行家らと取引する卸売業は銀行貨幣標準を使い，大部分政府コインを使って取引する小売業は当然，概ね政府貨幣標準[3]を使い，価格は，標準の価値が下がれば上昇した。ドイツの諸国家では文字通り数百の貨幣標準が存在し，すべてマルク（Mark）[4]という同じ名前で呼ばれていた。貨幣の歴史は複雑で，小売業者は常に卸売業者と

違ってより低い標準で取引していたという事実から，歴史家らは，卸売業者は純銀の重量マルクを標準とし，小売業者はコインに使われている貶質した銀の重量マルクを標準としていたと考えるに至った。しかし，この考えは結論から言えば，誤りであると言わねばならない。「プフェーニッヒ銀マルク（mark of pfennigsilver)」はコインの重量ではなく，貨幣マルクを作り上げるのに必要な（中世の長期にわたってドイツで知られたただ１つの硬貨であった）プフェーニッヒ・コインの数量を示すものであった。

　容易に想像しうるように，貨幣問題には何時でも多くの混乱が見られた。債務がどの貨幣標準で支払われるべきなのか，契約とりわけ地代契約がどの標準で遂行されるべきかといった決済に伴う著しい困難がみられたことから，たびたび深刻な不信が広がっていた。この事態を改善するために，フランスの王たちは，多分ほとんど成功しなかったが，提起される様々な裁判に適用すべき貨幣標準に関して，ある種の規則を法に依り導入しようと試みた。

　われわれ，平和で長閑な時代や繁栄と政府の安定した時代に長く慣れ親しんできた者にとっては，貨幣単位といった事柄が如何に不安定なものであったかをほとんど理解することはない。合衆国に住むわれわれは銀行券やあるいは外国政府の貨幣の価値低下を聞き，それらがドル建でディスカウントされているのを見ると，ドルは不変の単位であり，減価した貨幣はわれわれの不変の標準からみて減価したと考えがちである。しかし，われわれが貨幣の歴史を紐解くならば，アメリカ政府のドルもイギリス政府のポンドも，いまわれわれが考えているほど安定したものであったとは決して言えないことが分かるだろう。イギリスのポンドはアメリカ植民地全土で使われており，しかもその価値は各地でそれぞれ違っていたし，さらに植民地のポンドも本国のポンドとも違っていた。アメリカ同盟（the American Union）の初期の時代には，様々な公的貨幣はビジネスで使われている標準とは異なっており，後者の標準からみて大きくディスカウントしていた。

　今日，われわれすべてがもつ観念，すなわち政府コインはただ１つドルだけであり，すべて他の貨幣形態はそのドルで支払われる約束であるといった理解は，かつてはまったく逆であったという明白な歴史的証拠に直面すると，もはやその通りだというわけにはいかない。政府のドルはすべての他の貨幣と同様

に、「支払い（pay）」約束，「満足させる（satisfy）」約束，「債務を償還する（redeem）」約束である。貨幣の全ての形態はその性質において全く同一である。この根本的な原理を一般的に理解してもらうことは非常に困難であるが，このことの確実な理解なしには，いかなる貨幣現象の把握も不可能である。さらにまた，様々なドルが様々な場所で使われているといったことを，今日のアメリカで理解することも非常に難しい。なぜならそういった事実はわれわれの時代にはかつての時代ほど明白でないからである。私が例えばニューオリンズの取引銀行に金額が同じの数枚の一覧払手形，一枚は財務省分局宛，一枚は同市の有名銀行宛，一枚は郊外のあまり知られていない業者宛，一枚はニューヨークの有名な銀行宛，そして一枚はシカゴの名高い商人宛の手形を持参したとしよう。財務省分局宛や都会の銀行宛の手形に対しては，銀行は額面と同額の信用を供与してくれるだろうが，他の手形に対しては同額の金額と交換してくれないであろう。ニューヨークの銀行宛の手形には額面以上の金額を貰えるかもしれないが，ニューヨークの商人宛ての手形なら幾分少ない金額になるかもしれない。他方，それほど知られていない業者の場合には私が裏書でもしない限り一銭も与えられないかもしれないであろう。その場合ですら，額面金額より少なくしか受け取れないであろう。すべてのこれらの手形は，額面が同じでも同じ金額を意味しているわけではなかった。何故なら銀行はそれらの手形が幾らになるのかをその都度判断して買い取るのである。誰のドルを買うかで，銀行家は自分自身の価値判断に基づいてこれらすべての様々なドルに価格を付けるのである。一流の銀行家のドルは一般に言えば，信用の最高水準にある。ただロンドンやニューヨークのような都市の第一級の銀行家の価値標準は，地方銀行家には自分のドル貨幣よりも幾分高い価値が付けられる。アメリカ政府貨幣のドルは，われわれが政府の信用に抱くようになった信頼のゆえに銀行貨幣のドルと等価である。そして，政府貨幣のドルは通常，いかなる都市でも都市の外で営業する銀行家の貨幣よりもわずかに高くランク付けされている。というのはそれが金に相当するからでは決してなく，単に政府の金融取引が非常に広範に及んでいるので，政府貨幣は政府への税やその他債務の支払に至る所で求められるからに過ぎない。債務を負う者はすべて，他人の貨幣のドルと等価かそうでないかを問わず，自分自身のドルを振出す。この奇妙な事実

を理解するのは少し困難を伴う。なぜなら実際，流通する唯一のドルは政府の
ドルか銀行のドルだけで，両者は共に，最高の信用をもち，最も便利な形態で
あるので，それらの相対的価値は，何時もというわけではないが，ほぼ同等で
ある。今日，政府貨幣の価値は明白に安定しているので，われわれの先人によ
く知られた現象が忘れ去られている。誰に発行されようと，すべての貨幣の安
定性を支えるひとつの必須条件は，先の論文で明らかにしたように，貨幣がし
かるべき時に金属の一片でではなく，債権によって償還されうることである。
特定の法令やあるいは特別な契約上の利点でもない限り，債務を償却するのは
債権であって，そのほかの何ものでもない。

　貨幣の本質についてのより真なる見解の採用を妨げている大きな障害は，
「物事の真実の姿は目に見えているままではないこと」や，日常的な現象を単
純で明白に説明できると思われることが，手に取って確かめ実証できうる諸事
実と相容れないということを，皆に納得してもらうのが困難であることだ。あ
たかも地球が太陽の周りを回っているのではなく，太陽が地球の周りを回って
いると見て信じている人に，そうではないのだと悟らせることが困難であるの
と丁度同じことである。われわれの感覚から明白な証拠と思われることを信じ
ないでいるのは難しいものである。

　われわれは合衆国で金の決まった重量と一定に品位をもった「標準ドル
(standard dollar)」を決めた法律や，債権者への債務証書の支払にこれらのコ
インで受領することを認める法律を見ている。さらにわれわれはあらゆる商取
引がドル建で行われているのを見ているし，決定的にはわれわれは至る所でド
ルやその倍数や端数で呼ばれるコイン（あるいは金証券）でもって，数えきれ
ないほどの売買や債務の清算が遂行されているのを見ている。これらすべての
事柄を見ているので，法律がある種のコインを標準ドルと宣言する時，それが
実際にもそうであるし，われわれが「ドル」という言葉を発音する時，それは
この標準コインのことであり，さらにわれわれが商取引を行う際，理論的には
少なくともわれわれが慣れ親しんでいるこれらコインで行われうるものである
と信じること以上に自然なことはない。

　さらにわれわれが幾ばくかの「支払い約束」を授受する時，それはその支払
に金貨あるいはその代替物を支払うということを意味していることもより明白

であろう。

　ところが突然，われわれの長く抱いてきた考えがまったくの間違いだと告げられる。すなわち，法律には標準ドルを作り上げる力などないし，売買が行われるときに使われている標準は，一片の金ではなく抽象的で実体のない無形の何かであり，「支払い約束」がなされるときには，何も金貨を支払うとこを意図しているわけでもなく，ただ単にわれわれが言うところの抽象的な実体のない貨幣標準建ての債権（credit）で同額の債務を償却することを意図しただけで，政府コインは，民間の手形やノートとまさに同じように「支払い約束書」だというのである。新奇な原理を唱える教師が疑惑の目で見られるのに何の不思議があろうか。人々は地球が太陽の周りを回っていると直ちに納得することなど出来ないのは当然であろう。

　しかしながら，実はそうなのである。ドルというものは決して目には見えないし，手で触ることもできないのである。われわれが触ることができ，見ることができるのは，ドル建ての金額の支払約束であり，満期日に債務が完済されることである。われわれが扱っているのは，ドルの証書であり，ドルのノートであり，ドルのコインと呼ばれているものである。それにはドルを支払うとか，金あるいは銀のドルコインとの交換を約束した文言が記載されている。あるいは，それは単にドルという言葉が書かれているだけである。1ポンドの価値あるイギリスのソヴリン金貨の場合には，ただ王様の頭以外，何も記されていない。コインや銀行券の表面にスタンプされているのは，何ら重要なことではない。一体，何が問題なのだろう。意味することはただ1つのことだけである。コインや銀行券の発行者が実際に約束している義務（obligation）とは何なのか。それが何であろうと，発行者はその約束を果たし得るのだろうか。

　抽象的標準の理論は，初めて現れた時には驚かされたであろうが，それほど意外なものではない。その理論について議論し，系統立てて考えられる方々には，貨幣標準の抽象性を理解することはそれほど難しいことではない。尺度はすべて同じことである。誰一人として，1オンスも1フィートも1時間を見たことがない。1フィートは2つの決まった地点間の長さであって，その長さも場所も有形の存在ではない。いわば，われわれは一定の長さあるいは広さを任意の大きさに分割し，具体的な存在を持つものに当てはめる時には，そうした

部分の測定を多かれ少なかれ正確に行えるように工夫するのである。重さはわれわれの周りにある物との関連で示される重力を表し，われわれは重さをある物に関わるこの力をすでに周知の他の物と比較して測定するのである。しかし，この力は何処でも等しく表れないので，最善でもこの測定はあくまで近似でしかない。

　時間の測定にしても，それはなんら具体的な標準を適用しえない事柄である。1時間は決して完全な正確さをもって計ることは決して出来ないのである。太陽の運行で時間を計っている国々では，1時間は日没から日没までの時間の24分の1であるので，標準は極めてラフなものである。しかし，夏と冬の1日の長さの差がずっと北の国ほど大きくないような国に住んでいる人々はこの不正確さにそれほど不便を感じていないし，習慣の力が強いこともあって，実際，その不正確さを意識すらしていないようである。

　債権（credit）と債務（debt）は抽象的な概念であって，具体的なものからなる標準によってそれらを測定することは，したいと思ってもできることではない。われわれはいわば，無数の債権債務をドルやポンドと呼ばれる任意の部分に分割し，長い習慣からこれらの尺度を固定された正確な何ものかと考えるようになったのである。それゆえ，実はそれらは変動を免れないのである。

　さて，貨幣理論には受ける必要のあるただ1つのテストがあり，それに合格しなければならない。それは歴史のテストである。われわれの推論が正確かどうかを判定し得るものは歴史以外にない。もしわれわれの理論が歴史のテストに耐えられないならば，そこには何らの真実も見られないことになる。われわれの感覚という根拠に訴えても詮無いことであるし，理論を支持するため法律を引用しても意味がない。法律は科学的真実というわけではない。法律は，金属のある一片が標準ドルであることを確認してくれようが，それが真実であると確認してくれるものでもない。法律は太陽が地球の周りを回っていると確認してくれるかもしれないが，しかし，そうだと言って，それが自然の諸力に何の影響も与えないだろう。

　同様の原因が同様の結果をもたらす。もし政府が貨幣単位で固定した価値を持った標準コインをかつて創設できていたならば，世界の貨幣史はいまある物とは異なったものとなっていたであろう。近代の歴史家たちは金属貨幣の無原

則な貶質によるあらゆる種類の弊害を自らの民にもたらした中世の君主らの不正を明らかにしたとはいえ，かなり健全な審判者であったと思われる王自身はそれらの災難を，コインにやすりを掛けて削ったり，さらに貴金属を公的価格，すなわち王の布告が述べる「適切な価格」以上に吊り上げ，利益を貪る臣民の不正の所為にした。それらコインの削り取りや公定価格以外でのコインの授受は，厳しい刑罰が科せられる犯罪であった。

　フランスのエクー金貨や，公的には20シリングで発行されたにもかかわらず30シリングの高さまで高騰したイングランドのギニー金貨の価格上昇は，金ではなく銀が「価値の標準」であり，金はその他の商品と同様に銀建てで価格変動するのが完全に自然であるという理論で説明されている。しかし，良質の銀貨であるグロ・ツルノワ貨は，王がその価格上昇を止めようとあらゆる努力を為し，また徐々にその重量を減らしていたにもかかわらず，その価格が絶えず上昇していた事実は如何に説明しうるのだろうか。また，15世紀にドイツの貨幣単位でもともと使われていたものの1つはグルデン（gulden）であったが，グルデン金貨（グルデンという名の銀貨はなかった）は商取引では貨幣単位グルデンより価値は大きかったことをどのように説明するのか。とりわけ，上に指摘したようにギニー金貨はシリング建てで価格が高騰したが，シリング銀貨自身も価格上昇していた事実を如何に説明すればいいのか。造幣局から発行されたばかりのウィリアム3世の完全重量のシリング貨——硬貨貶質の責任は決して彼にはなかったが——は，商取引ではシリング以上の価格が付き，地金業者たちによって直ちに買い取られ，オランダに向け輸出された。識者の言うところによると，「諸君は，造幣それ自体は決して惨めな状態にないにもかかわらず，この国に完全重量のコインが無くなるまで，流通しているシリング貨のすべては，削り取られやすりを掛けられたことを忘れている。何としたことか！」しかしながら，もし金貨や完全重量の銀貨の価格上昇が盗削による貶質に基因するものであると認められるならば，価値の標準は盗削されたコインが果たしており，政府発行の完全重量のコインではないということを認めねばならない。しかし，もしそうであるなら，貨幣標準は造幣を通じて政府によって決められるという理論はどうなるのか。そして，もし貨幣標準が国家による造幣を介して定められないのであれば——実際のところ，その通りなの

だが――，シリングと呼ばれる一定の金属量を誰が決めるというのか。商人なのか。彼らがそうはしていなことは確かである。反対に，商人たちは完全重量の銀貨を輸出して利益を得ている悪人らを取り締まり，銀貨の保護を政府に訴えている。良貨の盗削を密に行っているのは商人たちなのか。もしそうであるなら，これらの悪人の貨幣標準への影響力は，王や議会や大商人集団らの合同の力量を上回っていたことになる。この考えは議論するに値しないだろう。そのうえ，盗削コインは貨幣標準ではない。盗削貨につけられた価格は，売り手買い手間の押し問答で決められているし，度々，混乱を来たしている。実のところ，中世においても，しょっちゅう見られたことであるが，誰一人として，ポケットにあるコインの価値がいくらになるのかを正確に知っている者はいなかった。しかも，勝ち誇ったように識者は以下のように述べる。「盗削貨を回収し，政府は膨大な費用を掛けて，それらを新たに発行された完全重量のコインと交換した1696年の大改鋳法によって，シリング貨の価値が再度確定される結果になったことは，誰も否定しないであろう。さらに，わが国の貨幣の価値の復活がこの慈善心に富んだ奇特な政策の直接の結果であることをも否定されることもないだろう。」そして，論者は歴史家の一致した判断を指摘している。すべての歴史家が標準シリングの価値低下の原因を硬貨の哀れな状態に，そしてその回復を改鋳法に求めていることは真実である。しかしこの点についてはただマコーレー（Macaulay）に従っているだけである。彼の歴史は英語で書かれた偉大な小説として機知に富んでいるとは言え，彼が貨幣問題を特に研究したことがないのは確かである。

　それではいま少し事実をじっくり見てみよう。

　貨幣を貶質させたのはジョン王でもフィリップ王でもエドワード王でもまたヘンリー王でもない。それは，副官に助けられ膨大な債務を積み上げた戦争王King War（ウィリアム3世）と天災，疫病と凶作であった。何はともあれ，期日どおりに債務を支払うことは不可能であった。貨幣価値を回復させたのは改鋳法ではなく，まさに信用の偉大な創始者である平和であった。貨幣の信用理論において，信用はこの不変の真実に大いに立脚しなければならない。さて，1690年から1697年までの7年間，イングランドはこれまでの歴史のなかでも最大の戦費を費やす戦争に明け暮れていた。同盟諸国の軍隊は概ね，イン

グランドからの援助で維持されており，議会は新たに獲得した強さを自覚しながらも，イングランドのその他の人たち同様に，議会への奉仕に自ら捧げるオランダから来た王の名声を高く評価することができないまま，戦費の出し惜しみをした。同時に，長雨と寒波の悲惨な一連の天災が農業に致命的な凶作をもたらした。ジャコバイトたちはこれを王権簒奪者への神の呪いの所為にした。受領すべき関税収入は半減し，人々は納税したにもかかわず，イングランドは借金まみれの状態になった。

　この状態が逆転したのである。1694年にはすでに戦闘員の補給もままならず，始まった和平交渉にも行き詰まっていた。1695年中，戦争は膠着状態に陥り，和平が絶対的に必要なことは明白であった。1696年には戦闘は事実上停止し，1697年には和平条約が締結された。新たに設立されたイングランド銀行を代理店にして短期の資金が調達され，さらに対外債権を獲得させる外国貿易がいまや再び拡大することとなった。イングランドの貨幣価値の回復はこれらの3要因によって十二分に説明される。そしてもしその時点で貨幣の本質を理解する者が1人でもいたなら，その者は膨大な流動負債の起債が貨幣価値に対する悲惨な影響を絶対確実に予言できたであろうし，和平や資金調達や農業の繁栄回復の治癒的効果をも予告することができたであろう。さらに政府が支出しなければならなかった改鋳法に要した全く不必要な経費をも節約することができたはずである。たとえその経費が借金総額から見ればわずかであっても，事態を改善するに一切貢献することなく，改鋳法はただ危機を一層悪化させただけであった。しかし，それにもかかわらず，改鋳法の結果ではないにしても，イングランドの財政は徐々に正常に戻ったのである。

　ここでしばらく債務ファンディングの本質を説明しなければならない。先の論文（「貨幣とは何か？」1913年）で以下のように述べた。「ここから言えることは，直ちに支払わなければならない債務に少なくとも見合う債権額を直ちに用意できるならば，人は支払い能力があることになる。それゆえ，もしすぐに支払わなければならない債務額がすぐに受け取れる債権額を上回る場合には，彼の債権者へ支払わなければならない債務の実質価値は，彼が持つ債権額に等しくなる金額まで低下するであろう。」このことは一国の借金にも勿論，当てはまる。

貨幣単位の価値低下に関わるのは，返済の準備もないまま契約された債務や，カレンシーノートの場合には一覧払の債務か，あるいは満期の短い債務，さらには債務から解き放してくれる債権の不足のため絶えず更新しなければならない債務である。ウィリアムが背負い込んだ借金は，イングランドの軍隊の維持と同盟国への援助金の支払のためであった。1694 年に戦費支払の貨幣を供給する緊急の目的のため，イングランド銀行と自ら名付けた富裕な商人たちの連合が形成された。彼らが王に提供したのは大量の金ではなく，直ちに利用できる債権であった。すなわち，本国でも海外でも大きな債権を所有し，掻き集めることのできる商人らは政府が積み上げた債務を彼らの持つ債権で消し去ろうとしたのであった。そして，同時に，政府が年々彼らに利子を支払うという条件で，商人たちが所有することになった対政府債権の支払をすぐには求めないこととにした。これが債務のファンディング，すなわち資金調達の意味するところである。政府に関するかぎり，直ちに支払わなければならない債務は無くなり，その結果，貨幣単位の価値への影響は消え去ったのである。騒がしく叫ばれた債務返済に替わって，ただ債務金額に対する利払いだけが要求されたに過ぎない。おそらく元本の 5−6％ほどの利払いなら，通常の状況では国は何等支払いに困ることはなかったのである。

　私が 1696 年の金融財政事情について長々と論じてきたのは，それが金属標準の理論の支持者たちの主張の誤りを，知るかぎりどの事例よりもよく明らかにしていると考えるからである。彼等にとっては，標準とは金属の一片であり，そして誰かが（明らかに誰もが）金属貨幣の重量を減らしたり，混ぜ物をしたり，削り取ったりしない限り，その標準は変わることはないとされるが，それは政府が紙の手形を強制的に貨幣としない場合においてのみであり，紙券通貨はエコノミストによれば，あくまでも標準貨幣に兌換するという約束手形であって，それゆえ，この約束が順守されない場合は暴落すると主張されている。

　さて，1810 年の地金委員会がポンド価値の低落の原因をイングランド銀行券の過剰発行に求めたとはいえ，上に見た 1696 年の事例では，そうとは言えないのである。なぜなら，イングランド銀行は発足したばかりで，銀行券の過大な発行はあり得なかったからである。また政府紙幣流通の強制の所為にもす

ることもできなかった。なぜなら当時イングランドでは、アメリカの独立戦争やあるいは南北戦争の場合のように、政府紙幣は流通していなかった。その結果、経済動向の諸事実が無視され、ポンド価値の下落は金属貨幣の盗削の所為にされたのである。

　金属貨幣の誤魔化しによる貨幣単位の恣意的な価値下落についてあれこれ語っている論者は、人々が長く使い慣れてきた標準という尺度を変更することがどれほど困難であるかを認識していない。たとえ政府貨幣が長らく貶質され、低い価値水準にとどまっていたとしても、銀行家たちは、歴史が示すように、新しい標準をすぐには採用しなかったのである。

　最強の政府でさえも既存の度量衡の制度を変更するという困難な課題に着手することに躊躇した。イングランドやアメリカのあらゆる学者が度量衡のメートル法の導入や、（イングランドでは）貨幣の10進法の導入に賛成し、その変更を長年、説得し擁護してきたにもかかわらず、いまだ導入に成功することはない。まして盗削者にわが国の貨幣標準を変更する力があるかのように信じることは、まったくの馬鹿げたことである。上に見たような貨幣の貶質よりずっと小さな変更でさえも、非常に大きな困難を伴ったのである。イングランドでは度量衡は法定されてきたが、依然、各地の、地方独自の尺度が廃れておらず、日々使用されている。フランスではこれら標準を変更するには大きな革命が必要であった。地方の小売業は国が決めたフランやサンチームを使わないで、相変わらずスー（sous）で計算している。エジプトでは、ファッダ（Faddah）は公的にはとっくの昔に無くなり、十進法のミリアム（milliem）に代わっているはずであるのに、農民は依然40ファッダに等しい小銭のピアストル（piastre）を使っている。

　私は、本誌1913年5月号に掲載すべく執筆した「貨幣の信用理論」の簡潔な描写と、同号と本号でその理論を支える証拠を提示した要約を、歴史のあれこれの領域で学ぶ学生諸君が一読してくれることを期待する。さしあたりは、これで十分であろう。われわれは言うところの新理論への転換が急激に起こるとは期待していないが、しかし、貨幣・通貨・銀行業の諸問題がさらに真剣に研究されるならば、貨幣の金属理論がそれほど遠くない将来に捨て去られることはより一層確実であろう。旧理論が説明しえた問題は、文字通りどれ1つと

して存在していない。深く厳密に考察し精査すれば，金属標準の理論を支持する証拠は一切存在しない。貨幣単位が造幣硬貨とは全くの別物であるという事実は何等新たな発見というわけではない。アダム・スミス以前には著名なエコノミストであるサー・ジェームズ・ステュアートによって指摘されているし，近代の著者ではジェヴォンズがこの事象に注意を促している。古い文献で「計算貨幣（money of account）」や「観念的な貨幣（ideal money）」といった表現がたびたび使われていることからみて，そうした考え方は多くの人々によく知られていたことが分かる。中世において時の経過とともに，政府支出の拡大につれて，コインの発行量が大きく増加すると，当然のことだが，貨幣はコインと同一視されるようになった。取引が順調だとその流通量も増えたが，売買が少なくなる不況期にはコインは消え去った。ここからコインが潤沢なのは繁栄を意味し，その欠乏は貧窮の原因であるといった錯覚が広く行き渡ったのである。王がコイン不足を新たな造幣で補っても，新しいコインは状況が悪いと，古いコインと同様に消え去った。そしてそうした現象は，ただ悪意に満ちた連中が自らの利益を狙って，それらを輸出したり溶解したりあるいは退蔵するから起こるのだと説明された。そこでそうした行為によって国を貧窮させる犯罪者を厳しく罰する法令が制定された。全体から見てわずかではあるが，フランスでは monnaie blanche（「白いお金」）と呼ばれていた内在価値の大きいコインは，価値が公定価格より高くなると，明らかに一定量のコインの輸出や溶解が起こった。しかし，より多くのコインを求めるよく知られた怒りの声の馬鹿さ加減は，あの優秀なエコノミストのボアギユベール氏（the Sieur de Boisguillebert）によって十分に明らかにされている。彼の指摘するところによれば，コインの過多は人を誤らせやすく，造幣の分量はどちらの場合も同じで，違いは，ただ取引が活発ならコインの流通速度が速まり，相対的にわずかなコインでも多いと思われ，一方，中世には稀にしか起こらなかったわけではないが，取引がほとんど停滞する金融危機の時期には，コインは希少になったと見えただけである。

　「貨幣の信用理論」は私が初めて提唱したわけではない。その栄誉はかの著名なエコノミストである H. D. マクロードのものである。もちろん，多くの論者がある種の信用手段が「貨幣」というタームに含められねばならないと主張

してるが，しかし，私には銀行業と信用を科学的に取り扱ったほとんど唯一の
エコノミスト[5]と思われるマクロードひとりが，貨幣を信用と同一視したので
あって，私の2つの論文はまさにマクロードの教義に寄り添い，理論的に発展
させたものである。マクロードは彼の時代に先立って信用学説を著したが，正
確な歴史的知識の不足から，信用が金属貨幣の最も初期の使用よりもはるかに
古代にまで遡ることを認識できなかった。それゆえに彼の考えはそれ自体必ず
しも明晰でない部分もあり，売買とは商品と金属の一片あるいは何か他の具体
的な資産との交換ではなく，商品と信用の交換であるという基礎的理論の定式
化に到達することが出来なかった。この点にこそ貨幣のすべての科学の本質が
ある。

　しかしながら，われわれはこの真実を把握した時でさえも，われわれの現代
の知識では，完全に排除できない曖昧さが残る。

　一体，貨幣単位とは何なのか？　ドルとは何なのか？

　われわれは分かってはいない。確実にわかっていることはただ，ドルがすべ
ての商品の価値の尺度であり，それ自体は商品ではなく，如何なる商品におい
ても形を与えられないということだ。わかっているのはこれがすべてである。
この点について拙稿で簡潔に提示しえた証拠は明瞭であるし，議論の余地がな
いことを私は繰り返し強調したい。貨幣単位ドルは触れることができず，実体
もなく，抽象的である。それは債権と債務によって表される尺度である。正常
な状況の下では，それは長期にわたって，尺度としての正確さを維持する力を
持つように思われる。その他の状況では急激な速さでその力を失う。過大な債
務で容易く価値下落するし，一旦，そうなると，元の状況に戻るは非常に難し
く，おそらく不可能であろう。その下落は（あるいはほんの少しでも）永続的
なものになってしまいがちである。ただ，外貨と比べた尺度の価値下落と，自
分自身の国での信用単位の購買力の下落との間にはこの点，違いが見られる。

　しかし，貨幣単位は価値下落し得るが，価値上昇することは決してないよう
である。時間的に急激な価格の一般的上昇と緩慢な進行が，あらゆる貨幣史で
は共通して見られる特徴である。急激な上昇の後に下落が続くが，その下落は
均衡状態への復帰以上の何ものでもないと思われる。上昇以前に見られた価格
よりもより低い価格への低落の事例が存在するのかどうかは疑わしい。そし

て，貨幣価値の持続的な上昇を意味する，価格の一貫した下落が続くような事態は，知られていないように思われる。

　貨幣単位の安定性を維持するものは（それが安定している限りにおいて），アダム・スミスが「市場の駆け引き」と呼ぶもの，すなわち，買い手と売り手との間で絶えず繰り返される戦いの応酬であろう。買い手は出来るかぎり高価のものに少なく支払おうとし，売り手は出来るかぎり多く受取ろうとする。どのような要因からも煩わせられないで，完全に正常な条件の下では，すなわち，取引がいかなる暴力的な障害もなく行われるとき，これら２つの力は恐らくうまく均衡し，どちらの力も等しくなり，一方的に相手に有利な利益を与えることは起こらない。戦争やあるいはより強力な国による重大な事態の展開に影響されることなく，自分らの行動を正常に追及している平和な国々の平穏な空間では，価格は長期にわたり非常に規則正しく維持されるであろう。

　貨幣の信用理論が適用される最も興味深い事例は，私が思うに，金本位制としてよく知られる通貨制度と物価上昇との関係に見られる。現在の若干のエコノミストは，両者が密接に関係しており，供給と需要の法則の作用のため金価値の下落の理論でその関係を説明している。しかしながら，そのような法則がこの事例に当てはまるとはとても考えられない。

　われわれはそれが通常の取引で如何に働くのかを知っている。商品の生産が需要以上に大きく増大するなら，業者は手持ちの在庫が過度に膨れ上がるのを見て，市場に合わせ供給を調整し，価格を引き下げる。価格の下落は意識的な行為である。

　しかしながら，金の場合にはそうではない。貨幣と見なされている金の価格は不変である。そこで，われわれは別な理由を見つけなければならない。思うにそれは，債務者宛ての債権の価値は債務者によって直ちに支払われなければならない債務額と，債務者が彼の債務の支払いに直ちに利用できる債権額とが均衡していることに依存しているという，本稿で先に提示した理論である。

　一国で債権の単位の価値が持続的に下落している兆候が見られる時には何時でも，注意深く見るならば，それは過剰な借金に由ることが分かるであろう。

　中世において債権債務等値の法則をヨーロッパ中の政府が幾たびも守ることができなかったがために如何に価格が高騰したかを見て来た。貨幣単位の価値

の下落は，戦争，疫病，飢餓，伝染病に痛めつけられ，困窮した人々から搾り上げた税金で作り出した債権額に対して，政府債務が恒常的に超過していたことのために発生したのであった。

　もし私が誤っていないとすると，今日，非常に違った理由から派生する全くよく似た結果を見るであろう。われわれは部分的にはわれわれの通貨制度の結果として，国民や国家や銀行家たちすべてが一団となって，債権を大きく超過し，直ちに支払わなければならない借金を背負い込んでいるのを見る。

　われわれは金価格を一定に固定することによって，貨幣単位の価値を維持していると考えているが，しかし実際のところは，まったく逆のことを行っているのである。われわれは現在の金価格を長期に固定し続けるほど，いまもたっぷりある金をさらに貯め込み続け，われわれの貨幣価値をさらに下落させることになる。

　この点，明らかにしてみよう。

　先の論文（「貨幣とは何か？」原文，pp. 398–402）で，私はコインや金証券（certificate）の本質，さらにはそれらが如何に徴税によって価値が与えられるかを説明した。以下の記述を分かっていただくには，その点の説明を深く心に留めおかれることが不可欠である。そこから始めると，その説明を一層敷衍することも出来，幾分異なった局面で問題を提示することができる。

　われわれは貨幣の発行は実にありがたいことであり，税金は耐え難いほどの重荷であるとの考えに慣れている。しかしながら，真実は全くあべこべである。重荷であるのは貨幣の発行であり，徴税こそ祝福されるべきものである。コインや金証券が発行される度に，重々しい責務がその国の人々の上に伸し掛かるのである。国庫宛ての債権が現れ，公的債務が発生する。コインが債務を移転することを意味しないし，債務を負わせる法律も存在しないことは事実であるが，この事実は一般的に認識されていない。しかしながら，それは単純な真実なのである。非常に頻繁にまた非常にはっきりと述べられることもないが，債権とは「債務支払い（satisfaction）」を要求する権利である。この権利は何等の成文法にも依存していないが，コモン・ローすなわち慣習法に立脚している。それは世界中の債権の本質にまさに固有のものである。それが債権である。もちろん，当事者らは債務の支払が行われる形態については彼らの間で

合意することができるが，しかし，交渉や合意を一切要しない１つの形態がある。すなわち，それは債権者が次いで債務者になり，債務者が債権者になるような時，債務の発行者（債務者）に債務者の承認書あるいは債務証書を払い戻すのは債権保有者の権利であり，かくして２つの債務と２つの債権が相殺される。ＡはＢに対する債務者で，Ａは債務証書すなわち債務の承諾書を与える。そのすぐ後で，ＢがＡに対して債務者になり，先の債務承諾書を払い戻す。Ｂに対するＡの債務とＡに対するＢの債務，さらにＡに対するＢの債権とＢに対するＡの債権とはそのようにして相殺される。

　債権以外の何にものもこのコモン・ローの権利は与えられない。したがって，その形態が何であれ，そのものが何でできていようが，発行者が請け戻すことによって債務を相殺決済する権利を与えるあらゆるドキュメントや証書は，信用証書であり，債務の承諾書であり，「信用手段」である。

　かくて政府のコイン（それゆえ，政府紙幣あるいはコインの代わりになる証書）はその保有者にこの権利を与えるのである。そしてそれ以外，それに付属する何らの本質的に必要な権利は存在しないのである。コインやコインの代替証書の保有者は，それらを引き渡すことによって政府に支払わなければならないいかなる債務をも清算することのできる絶対的な権利を持っているのである。コイン等に価値を与えているのはこの権利であって，ほかの何ものでもない。この権利が法令によって定められていようがなかろうが，さらにたとえコインとその代替証書の性格に異なった定義を与える法令があろうとも，重要なことではない。法の定義は金融取引の基本的な性質を変更することはできない。

　政府がトークンの発行に際してどのような意図を持っていようと，その目的が受け取ったサービスに対する支払いなのか，あるいは「交換手段」の供給であるかどうかもまったくどうでもいいことである。政府が地金と交換にコインを与える時，政府が何を行っていると考えようが，また法がそのオペレーションにどんな名前を与えようが，全く取るに足らぬことである。重要なことは，そうしたことが行われることの結果である。そして，すでに私が述べたように，これは，発行されたあらゆるコインでもって責任，代金請求，義務，あるいは債務が，一定の諸個人のために社会に課せられることであって，それは税

の徴収によってのみ取り除かれ得るのだということである。

　税が課されるときには何時でも，税金納付者の一人一人は，政府がコインや貨幣証書や紙幣や大蔵省宛てのドラフトなどの貨幣の発行や，どんな名前で呼ばれようとも，この貨幣というものによって請け負わされた債務の小部分の償還に責任を持たされることになる。納税者はコインや貨幣証書やその他の形態の政府貨幣の保有者から債務の自分の持ち分を入手して，彼の法的債務の清算においてそれを国庫に提供しなければならない。彼は債務のその部分を償還するなり，清算しなければならないのである。実際のところ，大部分の政府貨幣は銀行に払い込まれ，われわれは銀行宛の小切手によって税金を払い込む。すると銀行は受け取った小切手やわれわれの口座への借方記入などと引き換えにコインや紙幣や貨幣証書を国庫に払い込む。

　これはすなわち，徴税による政府債務の償還であり，造幣硬貨やどのような形態であれ政府「貨幣」の発行の基本的法則である。この法則は数世紀も長きに亘って忘れられたままである。そして，それに代わって，ともかくもコインの金属的性格が非常に重要であるという観念が展開されてきた。しかしそのような考えは大して重要でもない。われわれはコインで税金やその他いかなる債務をも支払うことに慣れてしまっているので，そうすることが一種の自然な権利であるかのように考えるようになっている。さらにわれわれはコインを非常に素晴らしい「貨幣」であり，コインには幾分不可思議な発想から富そのものであると考えるまでになっている。だから流通するコインが多ければ多いほどより，多くの「貨幣」が存在し，それ故にわれわれはより富裕であると考えるのである。

　しかしながら，事実は真逆で，政府貨幣が流通に多ければ多いほど，われわれはより貧しくなるである。われわれが信用理論から学ぶことが出来たすべての原理のなかでこのこと以上に重要なものはない。われわれはこの原理を徹底的に会得するまでは，健全な通貨法則を打ち立てることはできない。

　このように言えば，識者たちは以下のように述べるのではないだろうか。「あなたがそのように言うには何かあるのだろう。しかし政府が債務の支払に金貨を受取り，他のいかなる商品をも受け取ろうとしないのはむしろ奇妙なことである。おそらく，あなたが言うようにコインにスタンプすることでコイン

は特別な性格を与えられ，さらにコインの発行は借金を創り出すことと見做されるのであろう。しかし，その理論はわれわれがこれまで教わってきた事柄と全く反対である。さらに私は全くあなたが言うようにはものごとを見ることが出来ない。とにもかくにもコインにスタンプする効果が何であれ，それはコインの価値をいかなる方法でも変更することはない。私が１ポンド金貨あるいは５ドルのコインをあなたに渡す時，それはあなたに実際に債務の支払をしていることである。なぜなら私はあなたにその金額に内在的に価値の等しい何かを与えているのである。あなたが望むなら，あなたはそれを溶かして再び同じ金額で売ることができよう。そうであるならば，コインの発行によって債務を請け負わされるといったことを主張して，一体，何の意味があるのだろうか。」

　同様な批判が先の拙稿の論評において幾分違った表現でなされている。論者は以下のように書いている。「イネス氏は近代の政府が金価格を引き上げようとしてきたと言うが，この点は彼の間違いである。今日，いかなる法令も金価格を固定したりしていないし，またそのようなことを試みてはいない。イングランドは一定重量と品位の金を１ポンドと呼び，合衆国も同様に一定重量と品位の金を１ドルと呼ぶよう法律で定めている。しかし１ポンドなり１ドルは単に抽象的な名前であって，それらは価値やあるいは価格と何の繋がりも関係も持ってはいない（＊＊と註が記されているが，記述は見られない―訳者）。金の一定量をほかの名前で呼んでも，例えばブリオンと呼んでも同じ価値を持つだろう。」

　では誤りはどちらの側にあるのか見てみよ。拙稿の批判者や多くのエコノミストが考えておられるように，もし世界のあらゆる政府が行っていることのすべては一定重量の金を１ポンドとか１ドルと呼ぶと法定しただけのことであるというのが真実ならば，そのような法令は金の市場価格に何らの影響も与えないというのは確かであろう。その法律が何の役にもたたないのであれば，誰も一瞥も与えないであろう。しかし，私がすでに述べたように，政府は一定重量の金にスタンプを押すことで驚くべき力，すなわち１ポンドなり１ドルなりの金額に債務を清算する力を纏わせている。このことは一定重量の金を単にある名前で呼ぶこととは非常に違った事柄である。しかしながら，歴史が疑問の余地なく明らかにしているように，もし政府が造幣目的に必要となる量の金だけ

を購入することに自らを限定しているならば，それだけでは，貨幣単位で金価格を固定するには十分ではなかったであろう。しかし，イングランド政府はそれにとどまらず，はるかに重要な行動に打って出たのである。それは中世の政府も決して行うことがなかった行動である。すなわち，（現実には幾分特殊な種類の政府部門になっている）イングランド銀行は，持ち込まれるすべての金を1オンス当り£3 17s. 9d. のいつも変わらない価格で買い取るだけでなく，再び1オンス当り£3 17s. 10 1/2d. で売却する義務を負わされていたのである。換言すれば，イングランド銀行は帳簿上で金1オンスに£3 17s. 9d. の信用を与え，またその信用に対して，1オンスに付き1 1/2d. のわずかの利益を得て，金を与えねばならない義務があったのである。これが金価格を固定するものでないと言うなら，言葉は意味をなさないであろう。

　合衆国政府も幾分異なった方法で同じ結果をもたらしている。

　合衆国政府は金を買い上げるとは公言してはいない。明言していることのすべては，金の預託を受け容れ，それらを標準金と呼ばれる基準に分割し，その上に重量や品位を保証するスタンプを押し，所有者に払い戻すか，あるいは所有者が望めば，金の代わりに金証書を発行することである。そこで再び私が強調したい事実は，政府が行うと公言していることではなく，政府が現実に行っていることが問題だということである。法律はこの取引を預金と見なしているが，現実はそうはなっていない。取引は実際には預金ではなく，売買である。金の所有者はそれぞれ1オンスの金との交換で「貨幣（*money*）」を受取るのである。もし金が預金として単に受け取られるのであれば，あるいは金で税金を支払う何らかの特別な権利をスタンプされた金属の所有者に与えることなく，すなわち金に借金の性格を纏わせることなく，金を貨幣に転化させることなく，ただスタンプする目的のためだけに受領されるのであれば，取引は預金ということなろう。しかしもしそうでないならば，取引は預金ではないであろう。そして，法が取引を預金であると主張する事実は，ただ法令が貨幣問題について間違った見解の影響下で実施されていることを示しているだけである。そうでなければ法はほとんど何もすることができなかっただろう。なぜなら全世界は長く貨幣問題について非常に馬鹿々々しい観念に盲従してきたからである。そして実際，イングランドは，「銀（*silver*）」[6] という言葉が貨幣を意味す

ることがなかった数少ない国の1つであった。17世紀まで金銀は売買の通常の法令に従うという考えが，たとえ未だ廃れてしまったわけではないにしても，少なくとも死文化したのも同然であった。金と銀は売買の対象であるというよりは，それ自体に対してあらゆる商品が売却される対象と考えられるようになっていた[7]。われわれは政府に対する実際の影響を認識することができるには，よく知られた事実から演繹されてくるものとして，貨幣の本質についてのより真実の見解をただ心の目で見て持ち続けることが大切である。近代の政府の立場がどのようなものか見てみよう。

　農民が商人に貨幣と交換に穀物を手放した時，彼は穀物を売ったと言われる。彼は銀行券か小切手かコインか商人の手形や証書を受け取ったであろう。どれであるかは問題ではない。取引は真に販売である。さて以下の事態を仮定してみよう。農民は穀物の値段に等しい額面の商人のノートを受取り，商人は利益を得んとして穀物を売却する代わりに，自分は穀物を買うつもりはなく，ただ農民のため預かっただけだとしよう。すなわち，商人は穀物の元の所有者すなわち手形の所有者が再び穀物との交換のためにそれを提示するまで穀物を預かっているのである。この商人の立場は，金の購入に関する今日の政府の立場と明らかに同じことであろう。農民は彼の銀行に貨幣を預金して，それと交換に銀行宛の信用を入手する。農民に関するかぎり，事態は終わっている。実際にはノートは商人の銀行に持ち込まれ，銀行帳簿にある信用で清算されるであろう。もし商人が政府のように非常に広範に取引を行っているなら，彼の大量のノートは市場に出回り，もし誰かが商人が受け取った価格で穀物を欲しがるならば，ノートと交換に穀物を入手するのには何の困難もないであろう。もし誰もその価格で穀物を欲しがらないのであれば，穀物は商人の手中に残り，支払ったすべての価格を失うだろう。商人がその取引に関して持つ見解がどうあれ，少なくとも農民には問題ではない。彼は穀物を手放したのであって，それを再び見たいなどと決して思わない。彼はもう欲しいもの，貨幣をそれで手に入れたのである。彼が気にしているのはそれだけである。同じことは政府と金鉱山主や金地金業者との関係に真実，当てはまる。後者は金を造幣局に手渡し，代わりに，貨幣（*money*）を入手するのである。それが彼らの心に占めるすべてである。政府は金を入手したことやあるいは彼らがその取引をどう考え

ているのかということは，どうでもいいことである。

　さてもしわれわれが商人の行動を政府の行動として考えてみるならば，どうであろう。商人は穀物を預かり，ノートや手形を発行する代わりに，穀物を様々の大きさの袋に入れ，そこに含まれている穀物に支払った貨幣金額を袋に記し，そしてそれらの袋を農民に手渡すとしよう。となると，これらの袋は貨幣ということになり，扱いにくい貨幣が使われるにしても，それらは丁度，ノートやわれわれのコインとまさに同じように流通するであろう。商人に債務を持つ者は，債務の支払にそれらに手を付けないで商人に戻すか，あるいは，もし債務者らがそうしたいならば，穀物を使うことができる。そうすれば，商人の借金は彼らの行動によって自動的に清算されることになる。穀物の袋と金貨との間の違いは，前者は大きくて扱いにくく，後者は小さくて携帯しやすいという，ただの便利さだけである。

　さて，穀物を使うのか，すなわち穀物袋に手を付けず，それで彼の債務を支払うのかどうかを決定する上で，穀物の入った袋の所有者はどのような考慮に左右されるであろうか。明らかに彼は債務金額と比較して債務を清算しうる穀物の市場価値に影響されるであろう。もし穀物の市場価格が債務金額を上回るならば，穀物袋は直ちに穀物として使われるであろう。もし市場価格が債務金額と等しければ，一部は穀物として使われ，一部はおそらく一時的に債務の支払いに使われるであろう。しかし遅かれすべては製粉所に持ち込まれるであろう。しかしながら，袋に記載されているように債務の金額が穀物の市場価格より高ければ，袋には手を触れず，債務支払いに使われるであろう。

　かくて流通にある袋の数から，われわれの商人が穀物を市場価格で買うのかそれ以上買っているのかが容易く判断することが出来る。もし彼が買い続け，流通にある袋が増加し続けるならば，それは袋が穀物としてあるより貨幣としてある場合，価値が大きいという確実な兆候である。そして避けられないのでるが，時が来れば，商人は決して金持ちになれないのだが，彼が袋の回収のため最早，信用を供与できなくなる時，袋の価値は消費のために市場が吸収しうる価格を超えて商人が穀物に支払った金額だけ低下するであろう。

　これは信用理論から帰結する最も重要な推論の1つである。もしコインの額面価値がそれに含まれる金属の内在的価値を超える場合にのみ，コインは長期

間流通に止まるであろう。このことは理論的であるばかりか歴史的にも真実である。実際，もしわれわれ自身が誤った考え方の迷路に迷い込まないのであれば，以上のことは自明の事柄であり，公理と受け止められ，そうなるであろう。

　金はほとんど流通しておらず，大部分は金証券と引き換えに財務省に保有されているアメリカのような国にこの推論を適用すると，次のように言うことができるであろう。金は，金証券で受け取った価格が金の市場価格を超えることがない限り，金証券は償還されないで長期にわたって保有されうることはない。このように言ったとしても，この原理は歴史の検証を受けられない。なぜなら政府の作為による金の退蔵は近代になって見られるようになったことで，この慣行が採用されて以来，金価格は法律によって決められており，われわれは金の市場価格が幾らであるかを知り得ない。しかし一旦，われわれが貨幣単位は金属の重量ではなく，「価格」という言葉が如何なる他の商品と同じように金にも等しく適用される（いかなる合理的な疑いを超えて歴史的に証明されている）原理を受け入れるならば，金証券の発行残高分の金は，たとえ市場に求められても，未決済の倉庫証券があらわす穀物や銑鉄以上にはもはや保有されることがないのは自明である。「市場価格」という表現はまさに「市場」が入手可能なすべての供給を吸収するところの価格を意味する。もし市場がその時々の価格で金を取り込んでいるとするならば，金証券は直ぐに償還のため提示されることになるであろう。現在，合衆国財務省には発行された金証券に対する金は 10 億ドルほど蓄蔵されており，退蔵金量は毎年約 1 億ドルずつ増加している。もし金の公定価格，いわゆる鋳造価格が商品としての金の市場価格より高くないならば，そのような状況は他のあらゆる商品と同様，発生しなかったことは明白である。それはあたかも政府が所定の価格で国中のすべての卵を買い上げ，より低い価格で売るよりはむしろ冷蔵して保管しているようなものである。もちろん金の一定量は消費のために引出されるであろう。なぜなら金は政府価格よりも安く購買しえないからである。しかし，もし金が商品の通常の法則に従うようにほっておかれていたならば，価格が下落する以外にないことは言うまでもない。これは金鉱山の株主には大きな損失であろうが，それ以外の人々には大きな恩恵になるであろう。

70 第2章 A. Mitchell イネス著「貨幣の信用理論」

　それゆえに私は先の論文で世界の諸々の政府が金を法外な高い価格にまで引き上げていると述べた。

　われわれは今，金に信じて行っていることを卵についても行うならば，おそらく卵は1個1ドルで売られているかもしれない。卵は地球のあらゆる所から船積みされ，ニューヨークに持ち込まれる。卵の到来は経済金融新聞によって喜びをもって賞賛され，財務大臣は年次報告の中で一国の健全な金融事情のこの目に見える兆候に満足の意を表明するであろう。この貴重な物が貯蔵されている政府の大きな貯蔵室の冷たい廊下に訪問者が押しかけ，合衆国の桁外れの富にあっぱれ見事と釘付けになるだろう。カスタード菓子が金持ちの食卓で大した御馳走ということになるだろう。

　さてそれでは，わが風変わりな穀物商人にしばらく立ち戻り，彼の置かれた状況の特性が合衆国の金融事情にさらに如何なる光を投げかけ得るのかを見てみよう。それは，価格上昇の問題に大いに光を当てるであろう。すなわち，この問題は非常に深刻で，今日のいかなる政治家も，この現象発生の要因を単純にありのままに説明し，その進展を止める手段を指し示す1つの理論を無視することができないと私は思う。

　もし商人が風変わりなビジネス方法に固守し，他の商人が支払うよりも高い価格を穀物に支払うならば，穀物は彼の倉庫に流れ込んできて，市場には彼の手形か，購買価格の金額分の債務を担う穀物の袋で溢れかえるであろう。どれほど彼が金持ちでも，いずれ彼の債務は彼の債権額を上回るであろう。すると銀行家らは彼の手形や穀物袋をその名目価格で受け取るのを拒否し，それらは額面を割ることになろう。彼は，袋には十分な量の穀物が入っており，倉庫にも購入価格の額面をもった手形を支払うに十分な量の穀物が入っている限り，手形も袋詰めの穀物も申し分ないと，空しく抗議することになろう。銀行家は答えて，穀物は彼の言う価格では売れず，債務も穀物ではなく，債権で支払わなければならないと言おう。

　もしこのことが商人について妥当ならば，政府発行の貨幣についても同様に当てはまるに違いない（下線は原文ではイタリック—訳者）。もし政府が実際，より高い価格で金を購入し，その結果，政府の直ちに支払わなければならない債務が即，入手しうる債権を上回るならば，国家債務の価値は下落することは

間違いない。政府の法外な権力のため，一部は法的権力を介して，一部はその商業・金融取引の大いなる広がりを介して，多かれ少なかれ政府はその事実を隠すことができるかもしれないが，しかしそこに事実がある限り，われわれはそのことに気づかざるを得ない。事実は，価格上昇という形を取って現れる（下線は原文ではイタリック─訳者）。

まずはじめに，政府が債権を上回る債務を発行しつつあるかどうか見てみよう。

私の2つの論文で論じた重要な原理は，政府が発行した貨幣はそれに見合う税によって清算されねばならないということである。その貨幣債務に「価値」を与えているのは税金である。貨幣の1ドルが1ドルであるのは，それが1ドルの物質から作られたからではなく，その貨幣1ドルを償還する1ドルの税金の故である。

しかし，われわれは何を見ているのだろうか。合衆国政府は金と交換に応じて政府債務を発行しているが，それに対応して税金を課すことをしていない。そのため，償還のために為すべき何らの準備もしないままに，短期債務が膨大に積み上がり，絶えず増大する結果となっている。そのあらゆる政府紙幣が金貨に兌換されることは真実である。しかし，紙幣の金貨への兌換は決して紙幣の償還ではなく，それは単に同じ性格の債務の形態転換に過ぎない（下線は原文ではイタリック─訳者）。現在この債務はほぼ30億ドルに達しており，もちろん，ますます多くの金が造幣局に持ち込まれ，政府債務のスタンプを押され所有者に戻されるか，あるいは金証券と引き換えに財務省に預託されている。この金額のうち，通常，約1/3が流通している。流通にあるコインやノートに関する公衆と政府の関係は，銀行に対する銀行券保有者と銀行の関係と全く同じである。公衆は政府への預金者である。しかし，通常流通していない大量のコインや金証券に関しては[8]，もし政府が商社や銀行と同じ立場にあるとするなら，公衆は債務返済を求め騒ぎたてるであろう。そして，きちんと支払われないならば，債務者の政府は破産を宣告されるであろう。しかし，政府の財政的ニーズが民間人のそれと異ならないことや，銀行券の「支払い」に対する権利と丁度同じだけの権利を金貨の「支払い」に対して持っていることをわれわれが分かっていないがため，われわれは政府に対して債務の支払い請求をしな

いため，コインや金証券が銀行に溜まっていくのである。

そのような状況であるため，もし「貨幣の信用理論」が正しいとするなら，アメリカ政府の貨幣が価値下落しつつあることに疑問の余地はない。しかし，もし事実がそうであるなら，これまで読んでこられた人たちはこれまで論じた原理に従って考えると，以下のことが容易に読み取れる筈であろう。すなわち，同じ状況が発生しているのであれば，中世で生じたと同じ現象が今日も発生するはずだと。すなわち，銀行の減価していないより高い標準と，他方，前者と同じ名前を持つ減価した政府標準という2つの貨幣標準の並存である。要するに，2つのドルがあるということである。1つは「銀行ドル（bank dollar）」であり，いま1つは「現金ドル（current dollar）」である。そして，中世におけると同様に，商品には2つの価格があり，1つは卸売り業者によって使われている銀行価格（bank price）であり，いま1つは小売り取引で使われていた造幣コインの標準である現金価格（current price）である。そうであれば，われわれはこの2つの漸次増大する価格の差，すなわち上昇する小売価格と，他方，多かれ少なかれ安定した銀行貨幣建ての卸売価格の相違を見ることになろう。

しかしながら，われわれはこうしたことを一切見ることがない。反対に，政府貨幣のみの減価は明らかに見られず，価格は徐々に上昇している。価格上昇は貨幣減価を意味するならば，誰が発行したものであっても，あらゆる貨幣の減価を意味する。それでは信用理論それ自体によって考えれば，信用理論はもはや無意味である。すなわち，銀行貨幣や商人の貨幣の価値の一般的下落が政府の側での過剰な債務累積に追随するということになるからである。

それでは，多くの論者が考えているように，価格の上昇が貨幣の一般的な価値下落を示すものであり，政府貨幣に関するかぎり価値下落は信用理論によって満足に説明されるとすると，この価値下落が政府貨幣に限定されず，一国のすべての貨幣によって受け止められるという事実を，われわれは何に帰すべきであろう。

この問に答えるには多くの困難を伴うことを直ちに認めねばならない。価格を規定する商業の諸力の働きはいつも捉えがたく，昔も同様で，実際，今日ではもっと複雑になっていよう。合衆国での価格規制の強力な要因と，生産物市

場での取引に影響する投機的金融利害との大きな結びつきは，理解できる者も
いるかもしれないが，多くの人々にはその秘密を窺い知るは難しい。われわれ
は生産コストの上昇，家計消費の増大，関税，トラスト等について漠然と話す
ことができるかもしれないが，何らかの特定の商品の価格上昇が如何にして起
こるのかといったことについては，正確な知識をほとんど持ち合わせていない
のが実状である。われわれが高額の，あるいは定額の非常に多数の取引の詳細
に関わる正確で具体的な情報が入手できうるまでは，たとえどの理論に依拠し
ようとも，われわれは価格上昇の背後にある諸力についてはかなりのところ灰
色のままであろう。先に述べた所見からも，現在の状況では銀行貨幣とはっき
りと区別された政府貨幣の価値下落が国中のあらゆる貨幣の価値下落によって
追随されるに違いないと信じるに足る説得力のあると思われる理由を提示して
みよう。すなわち，それは価格の一般的な上昇であって，単に政府貨幣建て価
格の上昇によるのではなく，安定的である銀行貨幣建てでの価格上昇である。

　歴史を振り返ると，銀行貨幣が政府貨幣の価値下落に遅かれ早かれ追随す
る一般的傾向が見られるようである。そして，今日，政府貨幣の価値下落が
昔と比べて，緩慢になっており，それゆえ，かつてのようには分かりやすいわ
けではないために，政府貨幣と銀行貨幣をはっきり区別することが昔と比べ，
必然的に難しくなっている。なぜならば，政府貨幣が市場で大きく増加し，中
世の頃と比べ取引ではるかに大きな要因になっているからである。私がさき
に述べたように，合衆国では現在，政府貨幣はほぼ30億ドルに達しており，
なお1年に1億ドルずつ増えている。ただ政府貨幣の量それ自体は大きいと
はいえ，全体の貨幣量から見れば，4％以下である。さらに古い時代には決済
（mutations）が特定の日に行われ，造幣硬貨は1つの布告で50％も減少させ
られもしたが，今日では政府貨幣の膨張は，金が造幣局に納入されるときに，
日々，わずかずつしか発生しない。かくてわれわれは減価が進行していること
に気づかない。

　さらにまた，昔は銀行家や商人は政府の財政的逼迫を十分に承知しており，
彼らはその気まぐれな価値低下の発生にかなり先行して，トークンのあらゆる
発行を事前に良く知っていたのである。こうした事情を分かっているだけに銀
行家は誰も政府トークンを額面どおりで受け取るようなことをせず，政府貨幣

と銀行貨幣を容易く峻別していたのである。しかしながら，今日，われわれは わが国の通貨に何か不都合があることに気づくことはない。反対に，われわれ は政府通貨に全幅の信頼を置いており，自国の制度が唯一健全で完璧なものと 信じており，政府貨幣を差別する理由など見当たらない。われわれは政府の貨 幣が政府の債務であることに気づきもしない。わが国の立法者は政府貨幣を追 加的に発行することがすでに膨れ上がっている流動的債務の増大であることに 気付くどころか，新たな連邦準備法によって議会は，金貨で償還される限り何 の懸念もないと，さらに大量の債務の発行を発議している。

　しかし，こうした事態発生においてはるかに重要な要因は，諸銀行がそれぞ れに応じて政府通貨で彼らの債務の15％または20％または25％を保有するこ とを規定した法律である。

　この法律の影響で，諸銀行はこの法貨準備を保有している限り金額に制限な く適時，貸付を行うことができるという考えが広がることになった。かくて， 通貨発行量が増えれば，銀行債務はますます拡大することになる。この考えほ ど公衆の心に甚大な影響を与えるものはない。元々はおそらく銀行の貸付能力 の制限を意図したこの法律は，健全貨幣の原則を無視することによって，実 際，物価高騰の第一の要因である過剰貸付の大きな原因となっている。あら ゆる新たな政府債務の増大により，創造される政府債務よりも4倍も5倍もの 過剰な銀行貸付が導き出されることになる。数百万ドルのこの余分な通貨は， 日々，銀行バランスの支払いで使われ，実際，その数百万ドルはその他の目的 以外には使いようがなかった。それらはニューヨーク手形交換所の金庫室に貯 めこまれ，それらへの権利は証書で転換されている。これらの証券はフランス 語で言えば，「口座間を行ったり来たりしている（font la navette）」だけであ る。それらは銀行から銀行へと行ったり来たりしていて，空気を揺るがしてい るだけである。

　こうした方法での手形交換所残高の支払いは，通貨が過剰にならなかったな らば発生のしようがなかった。それは実際，本物の支払いでは決してなかっ た。それは純粋に架空の虚偽の支払いに過ぎず，銀行が負うべき債務を政府の 負う債務で代替したに過ぎないのである。支払いとは2つの債務と2つの債権 の完全な清算であって，この清算決済こそが手形交換所債務の支払いの唯一合

法的な方法である。

　それゆえ余分な通貨が存在するがため，2つの方法で銀行貸付が膨らむことになる。第1に政府通貨が貸付の根拠として役立ち，第2に手形交換所残高の支払い手段になることによってである。1日で1千万ドル以上が1つの銀行によってニューヨークにある交換所の逆バランスの支払に政府貨幣の振替によって清算されてきたのである。

　政府貨幣の膨張が銀行貨幣の膨張を導いたと丁度同様に，銀行貨幣の拡大が民間業者の過度な債務を導き，また企業も同様にお互いに債務を膨張させる。債務の河幅は流れるほどに広がっていく。

　このような状況が貨幣価値の一般的下落を引き起こしていることは，最早，否定のしようがないであろう。しかし，もし債務と債権の一般的な過剰がこのような結果を如何に発生させるのかを正確に説明するように求められるならば，われわれは説明できないことを認めざるを得ない。少なくとも，私自身も説明できないことを認めねばならない。商取引の現象をより深く洞察し得る論者ならば，おそらく筆者の知識不足を補うことができるであろう。

　如何にある特定の商品の価格が上昇するのかは，需要が供給を上回る時には容易く理解できる。さらに特定の国やあるいは銀行の貨幣が如何に価値下落するかは，過剰な債務による金融危機におけるものであることがわかれば，容易く理解できる。われわれはメカニズムの働きを見ることができるのである。

　しかし，そのような過剰な債務の存在を誰も認識できないことや，貨幣価値減価の要因の存在を誰もが認識できない時に，債権債務の一般的過剰による価格上昇のメカニズムをわれわれは如何に把握できるのであろうか。

　私は，すでに言及した売手と買手との間の均衡の攪乱の中にその説明を見出しうるのでないかと考えたい。貨幣は通常の状況よりも発行されやすくなるし，一方，自分の商品にできるだけ高い価格を得たいと思う売手（原文ではbuyer となっている─訳者）の力が低下することがなく，他方，出来るだけ低い価格を支払いたいという買手の欲求が小さくなる場合，買手の抵抗は弱まり，売買の駆け引きに敗れる。かくて，放縦な精神が一般的に広がり，売手は買手を圧倒することになる。買手から見ると，貨幣は実際その価値を失い，買手は価格が高かろうが低かろうがどうあれ直ちにほしいものを手に入れるに違

いない。他方，資本家は信用を入手するのが余りにも容易くなると，商品をより高い価格で投機的に買い入れるようになる。通常では見られないような力を投機業者は手に入れることになる。

しかし，このような説明は未だ単なる私の仮説にすぎず，それが価格上昇のメカニズムの完全に満足すべき説明を提供しているとは思ってはいない。売手はまた買手であり，買手はまた売手である。したがって，なぜ人は売手である場合には買い手である場合におけるより多くの力をもつことになるのか決して明らかではない。

しかしながら，まさに価格上昇のメカニズムの問題は，商業の働きについて筆者よりはるかに熟知した論者による注意深い研究によってなされるべき論点である。

本稿を擱筆するにあたって，政治経済学の最も興味深いにもかかわらず，ほとんど理解されていない問題を学ぼうとする者のために，筆者が明らかにした主要な論点を要約しておくことは有益であろう。すなわち，

交換手段といったようなものは存在しない。

売買とは商品と信用・債権（credit）との交換である。

信用・債権（credit）のみが貨幣である。

貨幣単位は債権と債務を尺度するための抽象的標準である。それは変動を免れないが，債権債務等値の法則が守られる限り，安定している。

債権は債務を消し去る。これは商業の古来よりの基本法である。販売によって債権が入手され，購買によって債務が創造される。それゆえ，購買は販売によって支払われる。

商業の動機は債権の獲得である。

銀行家は人々の債務を集中し，相互の債務を取り消す者である。銀行は商業の手形交換所である。

コインは信用手段であって，債務のトークンであり，その本質は誰によって発行されようとも，タリーその他の形態の貨幣と同じである。

貨幣の発行は，サービスや商品の大きな購買者としての政府の排他的特権ではなく，単にその機能の1つに過ぎない。実際，あれこれの形態の貨幣が銀行や商人等によって発行されている。

中世における貨幣の減価は，コインの重量や品位の恣意的な貶質によるものではない。反対に，中世の政府はこの貶質と闘っており，戦争，疫病，飢餓，要するに過剰な債務がその原因である。

近代に至るまで貨幣単位と造幣硬貨の間には固定的な関係は一切なかった。

貴金属は価値の標準ではない。

信用の価値はその背後にある金の存在にではなく，債務者の支払能力に依存している。

一定の日時に支払わなければならない債務は，その時点で入手できる債権によってのみ清算されうる。

政府貨幣は徴税のよって償却される。

一片の金に記された政府の刻印は，単なる商品から債務の印へと金の性格を変化させる。紙券貨幣の金貨による兌換は，決して債務の償却ではなく，それは同じ性質をもつ債務のある形態から他の形態への交換に過ぎない。

銀行が持つ「法貨準備」は，他の銀行資産以上に重要であるとは言えない。

法貨の法律は恐慌を助長する。

世界の政府は一団となって金を買い占め，過度に金価格に吊り上げている。

ドル金貨の名目価格はそれを作る金の市場価格を上回る。コインは，その名目（額面）価格が内在価値を上回るならば，何時までも長く流通に留まりうる。

固定した割高の価格での金と交換にコインが発行されると，その償却を税金で賄わない限り，政府貨幣の膨張を引き起こす。したがって，それは政府短期債務の累増と政府貨幣の減価の原因となる。

銀行が保有する「法貨」の過大な準備は政府通貨膨張の証拠である。

政府貨幣の膨張は国中で信用の一層，大きな膨張を促し，その結果，貨幣の一般的な減価を引き起こす。

貨幣の減価は物価騰貴の原因である。

註
1　第1論文で論じられたように，読者は信用・債権の定義を常に肝に銘じておくことが重要である。「信用・債権」という語の文字通りの使い方に慣れない読者は，「債務」という言葉を代わりに使われたら分かりやすいかもしれない。2つの言葉は，どちらが使われても同じ意味である。対象とする事象は，債権者あるいは債務者のどちらの観点から論じられるからである。債権者の観点か

78　第 2 章　A. Mitchell イネス著「貨幣の信用理論」

ら債権であるものは，債務者の観点からは債務となる。

2　近代の政府は残念ながら，購買の支払のための貨幣の発行に制限を置いていない。しかしこの点は後ほど論じる。

3　小売業は，王のリーブルの破滅に巻き込まれる点を除いて，硬貨の標準に従うということが理解されるとは思わない。通貨の通用価値の変更の乱用や貨幣改革の試みのために，硬貨はただ王のリーブルの貶質だけでなく，硬貨独自の変動を度々，被ったようである。

4　フランスのリーブルと同様，マルクも重量と貨幣単位であった。しかし，リーブルは貴金属の重量を量るために使われたことはなかったのに対して，マルクはこれら金属重量の単位でもあった。このため，ドイツの歴史家は重量単位と貨幣単位とを取り違えたのである。同じ言葉がまったく異なった目的のためにすべてではないにしても，どれほど多くの国で使われているかを私は知らない。恐らく，元々はある種のただ 1 つの単位を意味していたのであろう。2 つの異なった種類の尺度に同じ言葉を使う他の事例は，長さの尺度インチや重さの尺度オンスの語に見られる。これらの言葉は共に語源的には同一である。

5　ゴッシェン（Goschen）の『外国為替の理論』は信用の科学的学説に含まれねばならない。ホートリー・ウィーザーズ（Hartley Withers）の最近の著作『貨幣の意味（*The Meaning of Money*）』や『両替（*Money Changing*）』は，科学的考察というよりは実務的な書物であるが，これらは学生諸君には必見である。

6　かつて銀であったコインが大部分，貶質されていた時でさえ，コインが実際はそうではなくなっても，理論的には銀と見なされていた。

7　しかし金に関してはこの点，幾分複雑である。

8　小額面貨幣の発行を独占する政府の政策のために，それらの流通額は決まった時期に急増する。

第3章

マルクス・ケインズ・イネス
──貨幣とは何か？──

楊枝 嗣朗

はじめに

　マルクスが『資本論』で展開した貨幣・信用制度論は，多くの誤解と事実認識の誤りに溢れていると言って過言でない。この点について，わが国での長きに亘るマルクス経済学研究において問題として取り上げ，検討されることは，極めて稀であった。なぜ，そうであったのか。その背景には，最近に至るも，黒田明伸氏が『貨幣システムの世界史』（2003 年）のなかで，未だ肯定的に引用されているが，「貨幣というものは，たしかに『反省や申し合わせの産物ではなく，交換過程のなかで本能的に形成される』（マルクス『経済学批判』岩波文庫，34 頁）」[1] という貨幣の起源についてのマルクスの理解に対して，論者の多くが何らの疑問を抱くことがなかったからではなかろうか。『資本論』冒頭の章で商品交換から貨幣の生成を説く展開を，論理的に正しく，歴史実証的にもまぎれもない事実として受け容れてきた状況が余りにも長く続いて来た。したがって，ロックらの啓蒙思想やスミスの貨幣論を引き継ぎ，貨幣は「政治や法の外側で生まれた」のであり，また「その外側にあるべきだ」という古典派の伝統的認識に捉われ，マルクスの貨幣論に疑問を抱くことがなかったからであろう。

　このような貨幣理解を打破することになったのが，1982 年に公表されたケインズの「古代通貨草稿」（1920−26 年）[2] であった。草稿は，造幣硬貨なき古代メソポタミア文明での国家が設定したイマジナリー・マネーである計算貨幣

が，数千年に亘り経済社会を統括するものとして存在したことを明らかにした。

デサンの言葉を借りれば，「貨幣は作られたのではなく，発見された（Money was found, not made.）」という従来の理解から，「貨幣は発見されたのではなく，作られたのである（Money was made, not found.）」[3] という理解へと，貨幣論を180度転換させたケインズの問題提起は，伝統的貨幣論の常識を覆すものであった。しかし，そのケインズの貨幣理解や，彼が学んだと思われるイネスの貨幣論にも，問題がないわけではない。考えていきたい。

第1節　マルクスの貨幣・信用制度論

『資本論』は「経済学批判」の書として傑出した存在であるが，しかし，そこで展開された近代的貨幣信用制度論の内容は，歴史的事実から見ても，荒唐無稽としか言いようもないほどのものである。拙著（2004, 2012, 2022年）[4] で指摘してきたことであるが，『剰余価値学説史』や『資本論』における叙述でもって，簡単にマルクスの理解を見てみよう。

「もし資本主義的生産がその諸形態において十分に発展しており，支配的な生産様式であるならば，利子生み資本は産業資本によって支配されており，商業資本は，ただ産業資本自身の流通過程から派生した姿でしかない。だが独立の諸形態としては，両方ともまず屈服させられ，産業資本に従属させられなければならない。」「産業資本が利子生み資本を自分に従属させる真の方法は，産業資本に特有な形態——信用制度——の創造である。」したがって，「信用制度は産業資本自身の創造物であり，それ自身，産業資本の一形態であって，それはマニュファクチャーとともに始まり，大工業とともに，さらに仕上げられるのである。」「資本制的社会の先行的諸段階では，商業が産業を支配するが，近代社会では逆である。」

このように考えるのは，近代的信用制度は，「産業革命」によりブルジョア社会の資本関係での主役たる産業資本の主導の下に形成されるとして，産業資本が信用制度を創造し，銀行券なる信用貨幣を発行することで利子率を引き下げ，利子生み資本を従属させ，また大工業として一層強固になれば，それ自身

第1節　マルクスの貨幣・信用制度論　　81

で市場を創造することで，商業資本をも自らの召使にすると考えてのことである。「信用貨幣や信用制度を産業資本に関連させて」展開するという方法は，過去に向かっては，「従来の生産様式のもとでは，こうしたことは生じない。けだし，その上で従来の生産様式が運動する狭隘な基礎のもとでは，信用も信用貨幣も発展しないからである」と言う。

　「生産者や商人のこの相互前貸」である商業信用が「信用制度の自然発生的基礎」と見なされ，この「商業信用に本来の貨幣信用が加わる」ことで，手形割引を「銀行業の本来の業務」とする銀行信用が形成され，銀行券発行業務が展開されてくる。「その（商業信用の―引用者）流通用具たる手形は，本来的信用貨幣たる銀行券・等々の基礎をなす。この銀行券・等々は，貨幣流通……に立脚するのではなく，手形流通に立脚する。」「資本制的生産の基礎は，貨幣が価値の自立的形態として商品に対応すること，または，交換価値が貨幣において自立的形態を受け取らねばならぬことであって，こうしたことが可能になるのは，ただ一定の商品が，その価値において他のすべての商品が度量される材料となること，この商品がかようにして一般的商品・他のすべての商品に対立する商品それ自体となることによってのみである。このことは二つの点に現れざるをえないのであって，特に，一面では信用操作により，他面では信用貨幣によって大きな程度に貨幣の代用をさせている資本制的に発展した諸国民のもとでは，そうである。……ところで第二に，信用貨幣そのものは，その名目価値の額において絶対的に現実貨幣を代表するかぎりでのみ，貨幣である」（マルクス／長谷部文雄訳『資本論』第3部，青木書店，上：466-467, 469, 473頁，下：568-569頁；『剰余価値学説史』マルクス・エンゲルス全集，第26巻第3分冊，605-609頁参照）[5]。かくて，信用貨幣たる銀行券は，商品貨幣金の代替物であるとの理解から，論者によれば，金本位制こそが貨幣制度の理想的姿とすら認識される。しかし，これらの主張の悉くは，事実誤認以外の何ものでもない。

　「従来の生産諸様式が運動する狭隘な基礎のもとでは，信用も信用制度も発展しない」といった主張は，どうであろう。ドゥ・ルーヴァーの『為替手形発達史』（1953年，拙訳，文眞堂，2024年）や中世メディチ家の研究（*The Medici Bank*, 1948）を一読すれば，中世においても外国為替手形取引や初期

預金銀行業務を軸に貨幣市場が展開されており，信用貨幣たる預金通貨による支払決済システムが西ヨーロッパ大の規模において，構築されていたことを知ることができる。また，J. M. マレーの研究（2005 年）[6] なども，13 世紀から15 世紀の中世都市ブリュージュにおける商人の為替取引や両替商の預金・振替業務や投資活動など，多様な金融活動を明らかにしている。さらに，橋本理博氏の一連のアムステルダム銀行研究もある[7]。マルクスは，17 世紀初頭に設立されたアムステルダム銀行を，現ナマ取引を行うに過ぎない預金銀行であったとしか認識できなかったのか，近代初期のネーデルラントでのイマジナリー・マネーである計算貨幣建での信用貨幣である預金通貨（バンク・ギルダー）の流通やそれによる支払決済により，アムステルダム銀行通貨が国際通貨として，また，ヨーロッパの覇権通貨として君臨していた事実が見えなかったようである。また「近代世界システム」の展開を支えた「金融革命」が，何故に近代初期に発生したのかといった問題意識などもまったく見られない[8]。

　マルクスが商業信用に着目し，「その流通用具たる手形は，本来的信用貨幣たる銀行券・等々の基礎をなす」とした為替手形の流通であるが，中世以来，近代に至るも，掛売掛買によって振り出される「流通用具たる手形」の流通など決して見られなかった。大塚久雄氏のいわゆる「近代的商業信用」論なども，マルクスの叙述に沿って創作されたフィクションに過ぎない[9]。元々，産業資本が与え合う商業信用で転々流通できるような商業手形は，近代初期より産業革命期を通じても存在しなかった。

　「産業資本の起源」を論じた P. ハドソンによれば，コミッション・マーチャントは，「製造業者に貸し付けるために自己宛に手形を振り出すことを許し，振り出された場合には手形を引き受ける。前貸は時にはキャッシュの形を取ったが，しかし，通常は製造業者によって商人宛てに振り出され，商人によって引受けられる手形が使われた。これらの手形は一般の手形市場で割引かれ，製造業者に現金を入手させたのである」「引受手形（アクセプタンス）とは，商人宛てに振り出され，彼らによって引受けられる為替手形のことであった。そのような手形を振り出す目的のすべては，製造業者に資金をすぐに入手させ，生産の循環に必要な資本から生ずる信用供給の負担を軽くしてやることであった。……前貸を受けた当事者は，銀行で割引かれる手形を入手できたのであ

る。」[10]

　産業革命期，為替手形は掛け売り掛け買いの商業信用から発生した流通道具ではなく，名宛人たる商人やマーチャント・バンカーから手形振出人である製造業者や商人らに与えられる引受信用（アクセプタンス・クレジット）という一種の融資の手段であり，このような引受信用の存在が，商業信用の授受を可能にし，また，例えば，産業革命期のランカシャで数十回もの裏書をもった手形通貨の転々流通を支えたのであった。ロンドン宛為替手形（Bill on London）の広範な流通は，マルクスが考えたこととはまさに真逆で，製造業者である産業資本の商人資本や利子生み資本への商業的かつ金融的依存・従属の表現であった。この点は，イギリス議会での『製造業・商業・海運業』委員会報告（1833 年）の検討からも明らかである（拙著，2004 年，第 4 章参照）。

　イギリス産業革命期における「商人支配（merchant's dominance）」と「従属する製造業者（dependent manufacturers）」の構図が明らかであるとするならば，「信用制度は産業資本自身の創造物であり，それ自身，産業資本の一形態である」などと主張することは不可能であろう。「信用制度は，（産業）資本の，（産業）資本による，（産業）資本のための制度である」（川合一郎『資本と信用』有斐閣，1954 年，3 頁。カッコ内は筆者が補足）と永らく考えられてきたが，そもそも，イギリス近代の貨幣信用制度の生成・発展は産業革命との関連のもとに進行したとは決して言えないのである。産業革命開始時点で，すでにイングランド銀行を中心として貨幣市場も国債等の資本市場も大いに発展しており，ロンドンを中心にして，グローバルな金融市場が形成され，イギリス・ポンドはオランダの貨幣覇権に抗して国際通貨への歩みを進め，アムステルダム銀行のバンク・ギルダーに取って代わりつつあった。

　イギリス「産業革命の何らかの兆候が現れ始めるかなり以前に，金融革命が発生したことは明らかである。一方で 1688 年から 1750 年に生起した金融技術革新は，18 世紀中葉に現れた工業化の主導的部門（繊維，鉄，石炭，蒸気機関）から無視されてきたように思われる。金融革命の諸要素はいまでは十分に理解されている。……それらは基本的にネーデルラントで発展した金融技術に基づいていた。すなわち，譲渡可能な証券として交換手段の一部となっていた内外の為替手形：活発な 2 次市場で取引される企業の永続的な資本証券である

譲渡可能な株式：そして，デフォルト・リスクからほぼ自由な政府発行の終身年金証書等々。」「産業革命は明らかに，先行する金融革命との何等の相互作用もなしに発生したのである。／……金融技術革新は主要産業部門にみられた新しい企業によって必要とされなかった。……／ポスタン＝ポラード＝プレスネルらの見解によると，金融革命と産業革命とは分断されており，両者の相互関係はほとんど見られなかった」[11] という評価が，いまでは受け入れられ，より説得力を持つ。すなわち，商業資本や利子生み資本が製造業資本に対して優勢な地位を占め，さらには国債市場が産業資本に対して金融抑圧を強いた状況下にあって，イングランドでは産業革命が遂行されたのである。旧来の「商業資本主義」概念は問い直されねばならない（J. ド・フリース＆ A. ファン・デア・ワウデ／大西吉之・杉浦未樹訳『最初の近代経済——オランダ経済の成功・失敗と持続力 1500-1815』名古屋大学出版会，2009 年，第 13 章参照）。

　ここまで来ると，イギリス近代貨幣信用制度は，産業資本によって作り上げられ，産業革命のために形成されたといった大方のマルクス学派の常識は，如何ともしがたい。ポスタンは 80 年以上前に，「不十分であったのは蓄積された富の量ではなく，それは行動であった。貯蓄は十分に蓄えられていたにも拘らず，産業の車輪とそれらを結びつける導管がほとんどなく，あっても粗末なものに過ぎず，産業企業に注ぎ込まれた富は驚くほどわずかであった」[12] と述べていた。株式市場についても，ミロウスキーは，「18 世紀初めまでに効率的株式市場を特徴づける制度的構造のすべてが整えられていたにもかかわらず，……民間企業は株式市場を利用しなかった点には経済史家のほとんどが同意している。」「単位当たりの固定資本の規模も大きくなく，大部分のファイナンスは短期で，内部金融に頼っていたこともあり，企業は大規模なファイナンスを必要としなかった」[13] と述べている。

　イギリス「産業革命のための金融の不在」というこの事実からすると，マルクスの貨幣・信用論体系はいかなる意味があるというのであろうか。J. ブリュアの『財政＝軍事国家の衝撃』（1989 年，邦訳，名古屋大学出版会，2003 年）を訳された大久保圭子氏は「訳者あとがき」において，「従来のイギリス史研究の決定的な欠陥は，18 世紀のイギリスが戦時社会であった事実を見逃してきた点であろう」（同，265 頁）と指摘されている。同様に，D. カーリーも

『信用の帝国』（2011 年）の序文において，「イギリス財政＝軍事国家」，「信用と税金」，「貨幣と帝国の内在的絆」，「支配的エリート層からなる公的債権者の中核」，「国家と銀行の事実上の合併」，「政治的道具として信用」を指摘し，貨幣や金融市場と国家の強固な結びつきを強調している[14]。

　われわれもかつて以下のように指摘した。「イングランド銀行の存在は，国家の長期借入政策を支えると同時に，東インド会社，南海会社とともにロンドン証券市場の発展に重要な貢献を果たした」。「戦争金融のためのイギリス財政革命を成功に導いたロンドン証券市場の確立は，信用貨幣（イングランド銀行通貨）が事実上鋳貨と同様の地位を占めるに至っていたことと相まって，産業革命の端緒において，ロンドン金融市場の骨格の形成に大いに貢献した」のである（拙著，2004 年，196 頁）。

　テーミン＆ヴォッシュも，「イギリス産業革命のための金融の驚くべき不在」について論じている。「公信用と銀行が 18 世紀に速やかに成長したことは注目に値する。しかし，両者の絆が初期の産業資本家に新たなイノヴェーションのための資金調達の正常なチャネルとなるべきものの外側を進むことを強制した事実こそ，遥かに注目されなければならない。加えて，組織的な金融は産業革命と時を同じくした戦争の時期に，これら新たな生産者に資金の欠乏を強いたのである。他の枠組みにおいて経済成長には有用な金融が当然重要であっても，政府借入れのイングランド財政革命においては，同時になされた政府の活動，政策は，産業革命の経済成長を遅らせ抑制することになったのである。」[15]

　近代初期のイギリス最大の課題であった財政革命，戦争金融の遂行のためには，劇的に拡大する公信用を当時の貨幣・資本市場に受け入れさせることに，イギリス国家の存亡がかかっていた。政府資金の「大量・優先的・低金利」調達要請から，国家はあからさまに民間産業融資に「金融抑圧（financial repression）」を加えたのであった。1714 年，高利制限法の上限を 6％から 5％に引き下げたことは，そのような金利では製造業への貸付リスクをカバーできない銀行には，製造業への貸付は事実上不可能であった。その結果，この国家政策は製造業の資金調達を「クラウディング・アウト」し，産業革命にとってファイナンスが大きな役割を演じる余地を奪ってしまったのである。それではなぜマルクスは，現実とまったく懸け離れた近代的貨幣信用制度論を構築する

ことになったのであろうか[16]。

第2節　ケインズ「古代通貨草稿」の衝撃——債務・貨幣・国家の連関——

　マルクスは，近代の「信用制度は産業資本自身の創造物であり，それ自身，産業資本の一形態である」と考え，その「信用制度の自然発生的基礎」を掛売掛買の商業信用にも求めたが，現実には決してそのようなものではなく，流通する為替手形は商人資本やマーチャント・バンカー等が与える引受信用に基づき振り出されたものであることに想いも及ばず，産業資本家が相互に与え合う商業信用も，商人資本や利子生み資本が与える引受信用によって支えられていた事実に気付くことはなかった。したがって，「産業革命」に先立つイギリス近代的信用制度の骨格を作り上げた「金融革命」や「財政革命」にも無関心なため，ドゥ・ルーヴァーが指摘しているように，「銀行の歴史をその起源と切り離して考察することの誤り」を犯すことになったのである[17]。

　しかも，マルクスの商品貨幣論の構成は，本稿冒頭で指摘したように，貨幣や信用が国家や法，政治の外側の存在であるというロックらの啓蒙思想，スミスら古典派の伝統を引き継いでいた[18]。ネーデルラントのみならず，イングランドにおいて16世紀から17世紀にかけて，為替手形は中世の為替金融契約から抜け出て，供与された信用状を背景に引受信用に基づき振り出され，裏書譲渡により転々流通するようになっていた事実に無関心であった。為替手形の変容は，当時の資本主義経済の有り様の大きな変貌に対応するものであり，また，その変貌を一層促すものであった。16世紀以降の拡大するヨーロッパ経済での，北はバルト海・ロシアから，南はイベリア半島，地中海，レバントまでの貿易関係を，さらにアフリカから新大陸，東西インドまでの貿易・投資関係を包摂し統合するところの広大な引受信用のネットワークが，アムステルダムやロンドンやその他の商業中心地から放射状に形成されてくることになった。為替手形の変容や徴利の公認により近代金融革命が生み出され，貨幣・信用関係は世界大に拡張し，「貨幣の世界システム」が出現する。ヨーロッパ，新世界，東西インド等へと広がる信用関係と支払決済の集中・集積は，決済中心地が与える信用供与の基盤を一層拡大・強化し，利子率を低下させ，17・

18世紀にはアムステルダムを，さらに18世紀後半にはロンドンを，世界の多角的支払決済システムの中枢に押し上げることになる。こうした事態の進展に商人資本や利子生み資本が深く関わり，そして，そのような商業・金融活動のグローバルな展開に，諸国家間の権力闘争が，そして，イギリス国家の戦争金融，財政革命の成功が掛かっていたことは言うまでもない。金融革命達成の時点での，長期にわたる戦争の継続を可能にしたのは，国家が商人資本や利子生み資本等々の貨幣利害と結びついて，国債の発行市場・流通市場の発展させ，徴税システムの改善・整備を調えたことであった。すなわち，貨幣や信用制度の有り様と国家政策の絆はきわめて重要であった。坂本優一郎氏も，18世紀中葉までに公信用を中核として金融市場が編成され，イギリス「投資社会」が勃興したことを示された（坂本優一郎氏『投資社会の勃興―財政革命の波及とイギリス―』名古屋大学出版会，2015年参照）。イングランドではイングランド銀行の設立が認められ，イングランド銀行通貨（預金通貨や銀行券）が核貨として貨幣・信用制度の中に注入されたのも，商人や利子生み資本らが創造した信用貨幣流通において，国家鋳貨が信用貨幣の小銭に貶められたままでは，戦争金融の重圧下では国家の存立を計れなかったためであった。国家は諸資本が創出した信用貨幣制度に深く関わらざるを得なかったのであった。

　すなわち，マルクス貨幣信用論体系の虚構は，貨幣が商品交換から自生的に生れ，近代的信用制度もまた産業資本の蓄積活動の中から自生的に生成するといった発想の産物である。貨幣と国家の結びつき，貨幣や信用制度が国家や法の内側の存在であることを否定する彼の貨幣論，すなわち，「貨幣は，交換から，交換のなかから発生するものであり，交換の産物」であり，「交換過程のなかで本能的に形成される」とする誤った認識が，上に見た虚構を支えていたのである。

　私は，マルクスのような知の巨人が何故に先に見たような様々な誤解に捉われたのか，答えを見いだすのに長い時間を要した。その後，マルクスの信用制度論はますます混乱を極めていることを知り，唖然とする想いであった。根本的原因が彼の貨幣論にあるのではないかとの最初の手がかりは，イギリス近代初期の『商人必携』に述べられていたイマジナリー・マネーとリアル・マネーの区別，さらに「ポンドはイマジナリーである」との指摘である。ヨーロッパ

中世において，イタリア・フィレンツェや，近代アムステルダム銀行に見られる如く，商人らが内外の多数の雑多な造幣硬貨の通用価値の決定や商人らの支払決済をもイマジナリー・マネーで行っていた事実を，泉谷勝美氏の『複式簿記生成史論』（森山書店，1980 年）から教えられたことから，商品貨幣論の常識に疑問を持つことになった。

しかし，マルクス貨幣・信用論から決別するに至ったのは，彼の貨幣論の破綻を歴史実証的に明らかにし，伝統的貨幣論に根強く蔓延っていた呪縛を打ち砕いたケインズの「古代通貨草稿」を知ったことであった。そして，ケインズのこの草稿の理論的バックボーンとなっていたイネスの論文「貨幣とは何か」（1913 年），「貨幣の信用理論」（1914 年）やクナップの『貨幣国定学説』（1905 年）によって蒙を啓かれた。

ケインズは，貨幣，価格，利子，契約，受領書などが存在していたことを示すシュメールの遺跡出土品に関する考古学研究の成果に拠りつつ，B.C. 3 千年紀中葉の古代メソポタミア，ウル第 3 王朝の王ドゥンギが，それまで数世紀，あるいは千年に亘って使われてきた重量標準を法定したが，この王の時代にこれら重量基準が計算貨幣（価値尺度）として使われていた事実に着目した。

ドゥンギの重量標準は，1 talent＝1 mina，1 mina＝60 gin or shekels，1 shekel＝60 gin-tur or little shekel，1 little shekel＝3 she or grains である。大麦の 3 粒の重量＝1 little shekel を最小単位として，shekel，mina，talent という計算貨幣が制定されたのである。他の古代文明都市の重量基準も同様に，小麦や大麦の重量を基準に作られており，それらが計算貨幣に転用されていた。そして，この事実から以下の認識を示した。貨幣の特性として，(1) 税，罰金，褒美のような伝統的価値を推定するために使われるもの，(2) 貸付や契約が取り交わされる際に使われるターム，(3) 価格を表すタームとして使われるもの，(4) 習慣的に使われる actual money の交換手段の 4 つをあげ，最初の 3 つが計算貨幣（money of account）で，そして「社会的かつ経済的目的にとって最も重要な問題は計算貨幣」で，B.C. 3 千年紀の初期古代バビロニアでは，すでに計算貨幣が使用されていたと言う[19]。

「ある特定の証認された貨幣や鋳造硬貨は，B.C. 7, 6 世紀の小アジアで初めて作られたので，これまで，貨幣経済の特質はギリシャよりそれほど遠く遡ら

ないと考えられてきた。しかし、実際、認証された貨幣（造幣硬貨—引用者）の生成は、それほど重要な発明ではない。」「バビロニアの慣行での最初の重要な革新は、本質的に近代的な、すなわち、代表貨幣の発明である。」計算貨幣の生成が交換手段という硬貨（actual money）より歴史的に先行していたことから、「多くの学者は、鋳造硬貨が存在していなかったところでは、物々交換が行われていたと推測するが、それはまったく真実から遠い。……時間の要素をもつ貸付や契約を表現するタームである計算貨幣の導入こそ、実際、初期社会の経済状態を変容させるものであった。この意味での貨幣は……ソロンよりも2千年も前に、高度に発展した形態で、すでにバビロニアに存在していたのである。」[20] 計算貨幣と鋳造硬貨とは峻別され、抽象的な計算貨幣の生成を貸付取引、債権債務と結びつけ、国家運営との関りにおいて論じられている。

「個人的資本主義は……明らかに、バビロニアで発明された。」「そこではローン、不動産貸付、債務、利子は、生活の確立した特徴となりつつあった」と述べられているが、このような主張は、ケインズ『貨幣論』（1930年）でも繰り返されている。「債務の正当な履行たるべき、単位の種類又は品質の如何を決定せるは国家或いは社会であったとも云える。」「貨幣は、他の若干の文明の本質的要素と同じく、……遥かに古き制度である。その起源は氷が溶けている時代の霧の中に没している。」[21]

「貸付取引（credit）がインダスツリー、銀行業、鋳造硬貨よりも歴史的に遥かに先行していた」事実は重要である。すでに、S.ホーマー『利子の歴史』（1963年）もまた、「貸付（loan）は新石器時代の農民が従兄弟に種子を貸付け、収穫期により多くの返済を期待した時に始まったと言われる。それはどうあれ、幾つかの大文明の記録された方の歴史は、信用の入念な規制と共に始まっている」と述べていた[22]。

事実、鋳貨などが見られなかった紀元前18世紀の古代バビロニアの『ハンムラビ法典』は、貸付取引で請求される最高金利を規制し、穀物の貸付には33 1/3%、銀の貸付には重量で20%までに制限されていた。すべての貸付は役人の面前での書式による契約が必要で、債務の担保には、土地、動産、債務者本人や妻、愛人、子供、奴隷などが供され、債務のための人的隷属は3年までに限定されていた[23]。

90　第3章　マルクス・ケインズ・イネス

　ケインズによって，「債務や価格や一般的購買力を表示」し，「貨幣理論の本源的概念である」とされた抽象的な存在の「計算貨幣」の制定が，古代国家が経済・社会を支配・統制するための方策であったとの認識は，ポランニーによってより詳細に論じられている。よく知られているように，彼は，計算貨幣や価格（等価）表，利子率，小作料等の存在を，市場的商品交換から説明するのではなく，公的再配分の基準・手段として説明している。古代メソポタミアの債権者が主に土地の大所有者であり，税を徴収する神殿や国家であったことに着目し，これら公的団体の再配分経済とその住民との租税や地代支払等に伴う債権債務関係等の内部会計処理の必要に，（計算）貨幣の起源を求めたのである[24]。彼は「原始貨幣に関するノート」の中で，以下のように論じている。「初期の社会が身分を基礎にして作られているということは，……権利や責務が主に出生に由来することを意味していた。……人びとは債務を支払うべく生まれつき，また債務を履行すべく生まれついているのである。」「メキシコやペルーのような牧羊者や耕作者の専制的な貴族支配の社会においては，再配分の原理が大規模に行われている。臣下や臣民の支払った税は，巨大な貯蔵倉庫に貯えられ，社会内の人びとの間に再配分される。同様の原理は，古代中国，エジプト新王国のみならず，シュメール，バビロニア，アッシリアでも行われていた。すべてこれらのことは支払手段が交換から相対的に独立していることを説明している。」「貨幣は，古代帝国においてはその広範な再配分制度の結果として，価値の尺度標準として用いられた。この使用は，土地，穀物，そして金属といった最も重要な経済的財に制限され，そして，それは市場諸機能の結果としてではなく，権威による価格固定化の結果であった。」[25]

　J.レンジャーもポランニーの所説の要点を容認している。「重要なことは，数多くの様々な事実自体よりも，等価表の機能を所与とする社会経済制度の内部で，明確に系統立てて説き，理解することである。／私の知るところでは，再配分制度の必須の手段として，最初に等価表を説明したのは，ポランニーであった。彼は，税金，賦課金，十分の一税等として様々な財貨を受け取り，それらを再び分配し，支給するために払い出す複雑な作業をうまくやっていくには，中央行政府が等価の制度をもつことの必要性を指摘したのである。」[26]

　そこでは，計算貨幣単位で表現される価格や利子も，市場取引を目的とする

ものというより，行政的な official なものであって，租税債務の計算，生産，
在庫，食料・油・労働力等の配給・配分，遠隔地での交易のため臣下（商人）
に委託された財の債権債務の計算といった神殿や王宮の内部的簿記の目的に
かなう性質のもであった[27]。現物での必需品の収取という古代社会の税の徴収
と再配分による財の流通，遠隔地との財の交換・交易は，宮廷や神殿における
in house の簿記・計算を必要とした。かくて計算貨幣は，古代メソポタミア社
會の大土地所有者の王宮や神殿が彼らの臣下や従属民との様々な債権債務関係
の展開と記録の必要から生成したのであった[28]。

　ケインズの「古代通貨草稿」の議論は，貨幣の起源が物々交換にあるのでは
なく，国家経営や税債務を含む債権債務の記録の必要から国家により抽象的な
計算貨幣（貨幣単位）が制定されたことにあるというにとどまらず，それに続
いて，無準備の信用貨幣の創造論（「無からの銀行貨幣の創造」）に繋がってい
く。すなわち，「諸々の銀行が歩調を揃えて前進する限り，安全に創設しうる
銀行貨幣の額には何等の制限もないことは明らかである。」「言葉の最も便利に
用ふれば，凡ての預金は其れ等を保有する銀行によって創設されることは疑い
を容れないところである。」[29]

　この主張はまさに，信用貨幣の創造には準備金は必要でないとする板倉譲治
氏（三井銀行）や横山昭雄氏（日本銀行）らの「貸借機構の基本原則・メカニ
ズム」や「預金はマネーである」という見解と共通する。ともあれ，鋳造硬貨
の流通も見られなかった古代メソポタミア文明において，計算貨幣や価格，利
子等々が一般的に見られたことは，貨幣発生の常識（商品貨幣論）を覆すもの
である。さらに，計算貨幣論から直接，無から銀行貨幣（信用貨幣）の創造が
展開されている点も，注目される。ケインズのこうした理解は，イネスからも
学んだものと思われる。銀行貨幣（信用貨幣）による信用創造は，ただ単にデ
サンらの言う「貨幣は政治的な発明である」とか「政治的イノヴェーションで
ある」という次元と異なる内容をもつ。すなわち，銀行貨幣（信用貨幣）は諸
資本の創造物である。それでは，国家と貨幣との関連において，信用貨幣は如
何なる位置にあるのであろうか。

　この点に関連して，ケインズは，中央銀行通貨は法貨となると，国家鋳貨
と同様に国家貨幣になり，それは最早「債務」ではなくなると理解し，債務

が「貨幣存在の前提」であるとするクナップや国家貨幣たる造幣硬貨をも債務とみなすイネスの見解と対立する。ケインズによると，計算貨幣が「契約の付け値，契約および債務の承認」を発生させると，「本来の貨幣」たる打刻金属貨幣に加えて，さらに債務の承認は取引の決済においてそれ自身本来の貨幣に対する便利な代替物である」銀行貨幣，すなわち「単に計算貨幣で表示される私的な債務の承認」を生み，貨幣は「国家貨幣即ち本来の貨幣」と，「私的な債務の承認にすぎない」「銀行貨幣」との２つが存在するようになる。ところが，「国家または中央銀行がそれ自身への支払に対して受領すること，あるいは強制的法貨と交換することを保証」するようになると，「本来の貨幣に対する便利な代替物」であった銀行貨幣は，「国家貨幣それ自身のいっそうの発展」から，「もはや……私的な債務を表すものではなく，国家の負う債務を表すもの」となり，「ある種の特定の種類の銀行貨幣が本来の貨幣……に転化させられる」。銀行信用関係の展開から生まれ，国家の金属貨幣の有り様とまったく異なる銀行貨幣が，いまや法貨とされることで，打刻金属貨幣と同等の質を獲得するというのである。そして，「それ（銀行貨幣―引用者）はその性質を変えてしまっており，そしてもはや債務と見做されるべきではないのであって，その理由は，それ自身以外の他の何かあるものをもって支払を強制されるということがないということが，債務の基本的性質であるからである」[30] という。

　しかし，クナップは以下のように論じていた。「貨幣単位は常に技術的に定義されるものではなく，支払要具のあらゆる組織において何等の例外なく，他の方法即ち歴史的に定義せられることに対する理由は，債務が存在するという事実に存して居る。」[31] 次に，イネスの議論を検討してみよう。

第3節　イネスの国家貨幣と銀行貨幣の峻別

　イネスは，100年以上も前に以下のように語っていた。「貨幣の使用には必ずしも金属通貨が実際に存在することも，さらに価値の金属標準が存在することも必要としない点を理解することは難しい。」「歴史の全体を通してみると，通常，計算貨幣と呼ばれていて，商業貨幣単位に該当する価値の金属標準など

存在しなかった証拠や，貨幣単位が１つの金属貨幣あるいは金属のある重量に左右される貨幣単位なども決して存在しなかったという証拠は，山積みされている。ごく近代に至るまで貨幣単位はいかなる金属とも固定された関係などもなかったのである。事実，価値の金属標準というような実体もなかったのである。」「最初期の硬貨はエレクトラムとして知られている金銀の合金である。これ等の硬貨は，サイズや重量も様々で１つとして同じものはなく，さらにコインの額面価値ももっていなかった。」「古代ローマのコインは額面価値の明確な刻印をもっていたが，しかし，驚くべきことにその重量は極端に不規則であった。」「コインは，内在価値以下のレートでは流通できず，地金としての内在価値よりずっと高い名目レートで流通するものである。もしそうでなければ，……コインは溶かされ地金として使われよう。」「かくて，計算単位は，幾百年にも亘って，様々な変更を被った造幣硬貨からは独立しており，変わることはなかったという事実にこそ，注目すべきである。」[32]

　イネスが価値の金属標準を否定する背景には，信用が歴史的にはキャッシュよりはるかに古いという認識がある。「債権債務は，金や銀とも関係はないし，これまでも如何なる関連もなかった。私の知るかぎり，債務者に債務支払いを金や銀，あるいは何らか他の商品で支払うことを強制する法律も存在しないし，存在もしなかった。また，私の知るかぎり，債権者が債権の受領の際に，金または銀地金で受け取ることを強制する法律も存在しなかった。」[33]「古代の遥かに遠い昔から商取引が信用という手段で，何らの交換手段も使わないで行われていたことにはほとんど疑いをえないところである。／イタリアの財宝の貯蔵庫には，一般に鉄を多く含む銅製のタリーが多数，見つかっている。最古のものはB.C. 2000 年からB.C. 1000 年にまで遡る」[34] ことからも，金約款が成立しないことは当然であった。「信用がキャッシュよりも遥かに古いということは，疑問を挟む余地はない。」[35][36]

　ここまでは，ケインズとイネスの見解には違いはない。しかし，ケインズは，造幣硬貨は債務でないし，法貨となった中央銀行通貨も国家貨幣となり，債務でなくなると見ている。これに対して，イネスは，造幣硬貨でさえ債務＝信用であり，中央銀行通貨も法貨にされ，さらに，たとえ兌換を停止しようと，債務＝信用であることに変わりはないと見ている。

なぜそうなのか。イネスの貨幣観から来る。1つは貨幣の一切は信用，すなわち債権・債務に基づいているとする彼の考えであり，いま1つは，国家貨幣と銀行貨幣を峻別する発想である。後者の発想は，銀行貨幣（信用貨幣）論から国家権力をできる限り排除せんとするイネスの銀行学派的志向からのものである。ところが，イネスは，中世に見られた国家貨幣と銀行貨幣の流通領域の分別という発想を維持し，両者の関連について論じることはない。貨幣の前提に債務を設定する点では，クナップと変わらないが，貨幣を国家統治の観点から見るクナップとはこの点，大いに異なり，そのことが，近代の金本位制下での価格の全般的騰貴を説明する困難に直面し，イネスは自ら提起した「貨幣の信用理論」の崩壊を懸念せざるをえなくなっている。

　まず第1の論点を，造幣硬貨の減価についてみてみると，それは「貨幣は信用である」という主張に由来する。「貴金属は価値の標準ではない」のであって，「造幣硬貨の減価（depreciation）は，その重量や品位の恣意的な貶質によるものではない。……戦争，疫病，飢餓，要するに過剰な（国家の—引用者）債務が原因である」と言う。硬貨の減価をその金属内容の減少から理解しないし，紙幣の兌換停止が起ころうとも，それによって，それら国家貨幣は債務でなくなるとは見ていないのである。すなわち，「政府貨幣は徴税によって償却される」貨幣なのであるから，「紙券貨幣の金貨による兌換は，決して債務の償却ではなく，それは同じ性質をもつ債務のある形態から他の形態への転換に過ぎない」のである[37]。したがって，「信用（credit）の価値は，何ら金や銀，あるいは信用の背後にある何らかの資産の存在に依存しているのではなく，もっぱら債務者の支払能力に依存しているのである。」[38]

　この点，造幣硬貨も同様である。「コインやコインの代替証書の保有者は，それらを引き渡すことによって政府に支払われなければならない如何なる債務をも清算できる絶対的権利をもっているのである。コイン等に価値を与えているのはこの権利であって，他のなにものでもない。」コインや紙幣や貨幣証書が国庫に払い込まれる。「これはすなわち，徴税による政府債務の償還であり，造幣硬貨やどのような形態であれ政府発行『貨幣』の基本的法則である。この法則は数世紀にも長きに亘って忘れられたままである。そしてそれに代わって，ともかくコインの金属的性格が非常に重要であるという観念が展開さ

第3節 イネスの国家貨幣と銀行貨幣の峻別 95

れてきた。」「私のふたつの論文で論じた重要な原理は，政府が発行した貨幣は
それに見合う税によって清算されねばならないということである。その貨幣債
務に『価値』が与えているのは税金である。貨幣の1ドルが1ドルであるの
は，それが1ドルの物質から作られたからでななく，その貨幣1ドルを償還す
る1ドルの税金の故である。」[39] イネスによれば，造幣硬貨も国家紙幣も国家
債務であることに変わらず，法貨とされた中央銀行通貨も不換化しようが，債
務であることに変わらないのである。

　次に，第2の論点を考えてみる。イネスは，政府発行の硬貨や紙幣，さらに
はタリーといった国家貨幣とは異質な貨幣の存在を，いま1つの銀行貨幣に見
ている。「貨幣発行は，サービスや商品の大きな購買者である政府の排他的特
権ではなく，単にその機能の1つに過ぎない。実際，あれこれの形態の貨幣が
銀行や商人等によって発行されている」[40]。

　それでは，銀行通貨である銀行券や預金通貨等の信用貨幣は如何に生成した
のか。「貨幣は信用（credit）である。信用以外の何ものでもない。Aの貨幣
は，Aに対するBの債務である。そして，Bが彼の債務を払うと，Aの貨幣
は消え去る。これが貨幣の理論のすべてである。／債権債務は，お互いに絶え
間なく接触しようとしている。そこでそれらはお互いに清算されるのであっ
て，それらを集中集積し合うのが銀行の仕事である。」「銀行を介して債権と債
務が絶えず行き来し，銀行はそれらを自らの下に集め，債務が満期になったら
清算決済するのである。これこそが銀行が行っている事柄の核心（the science
of banking）であり，キリスト生誕以前の3000年前も今日も，銀行が行って
いることは同じである。」「債権者が債務の支払いを求める時，通常，債務者の
交代を求めているのである。すなわち，彼は銀行宛の債権を求めているのであ
る。……それ故に，債権者はあらゆる民間の債務者に債務の満期が来たら，名
声のある銀行家宛の債権を自分に振り替えてくれるように主張する。そうすれ
ば，あらゆる支払能力のある債務者は，こうしたやり方で彼の債権者を満足さ
せることができる。何らの法律もいらないのである。すべての取引は自らを自
動的に調整するのである。」[41] かくて，「財政が適切に行われている国において
は，法貨規定のような法律は貨幣単位の維持にとって不必要である」し，「政
府が何らかの標準となる『貨幣』を提供する」必要もない[42]。「銀行券は一般

的に金の代替物であると考えられている」から，「発券を厳しく規制すること
は銀行券の安全性にとって必要である」と考えることになるのである。法貨規
定や発券の準備に政府債の保有を強制したり，金準備の多寡で発券量を規制し
たりする発想，ましてや「貨幣発行を独占する特別な機能は政府に帰するのだ
という考えほど有害なものはない。」こうした誤った方策は，銀行通貨が何で
あるかをまったく理解していないことに由来すると言うのである[43]。イネスを
高く評価するケインズやL. R. レイ，さらにはインガムらとも一線を画し，銀
行通貨，信用貨幣に関して，徹底した内生説的発想，銀行学派的発想に立つイ
ネスの面目躍如たるところである。しかし，信用であるという点では同質と見
ながら，国家貨幣と信用貨幣とを峻別して議論しているだけでいいのであろう
か。

　「計算貨幣，すなわちそれによって債務や価格や一般的購買力を示すもの
は，貨幣理論の本源的概念である」というケインズの認識に関わるイネスの
見解は以下の通りである。「一体，貨幣単位とは何なのか？　ドルとは何なの
か？　われわれは分かっていない。確実に分かっていることは，ただドルがす
べての商品の価値の尺度であり，それ自体は商品ではなく，いかなる商品にお
いても形を与えられないということだ。分かっていることはこれがすべてであ
る。……貨幣単位ドルは触れることもできず，実態もなく，抽象的である。
それは債権（credit）と債務によって表される尺度である。正常な状況の下で
は，それは長期にわたって，尺度としての正確さを維持する力をもつように思
われる。その他の状況では急速な速さでその力を失う。」[44]「法律（金の一定重
量と一定品位をもった本位貨ドルを決めた法律―引用者）には標準ドルを作り
上げる力などはないし，売買が行われる時に使われている標準は，一片の金で
はなく，抽象的で実体のない無形の何かであり，『支払約束』がなされた時に
は，何も金貨を支払うことを意図しているわけでもなく，ただ単にわれわれが
言うところの抽象的な実体のない標準建ての債権（credit）で同額の債務を償
却することを意図しているだけで，政府コインは，民間の手形やノートとまさ
に同じように『支払約束』だということである。」[45]

　ここには抽象的標準である貨幣をめぐる2つの視点が見えてくる。1つは国
家による抽象的な計算貨幣の設定とその後の国家による硬貨鋳造と，2つは鋳

造硬貨と関連をもちながらも，中世フィレンツェなどで見られた商人らが流通する造幣硬貨の混乱から作り出した貨幣標準，すなわち，イマジナリー・マネーである信用貨幣（銀行貨幣）である。イネスは，抽象的標準に基づく「国家貨幣」と「銀行貨幣」の2つの貨幣標準という視点もって，貨幣を理解している。しかし，そのことが，金本位制下の一般的物価騰貴に直面し，自身の「貨幣の信用理論」を動揺させることになる。

「中世で見られた同じ現象……すなわち，銀行の減価していないより高い貨幣標準と，前者と同じ名前を持つ減価した政府標準という2つの貨幣標準の並存である。要するに2つのドルがあるということである。1つは銀行ドル（bank dollar）であり，いま1つは現金ドル（current dollar）である。」[46] 2つの貨幣標準と言う視点はこれまでほとんど論じられたことがない。この分別は，以前から指摘してきたヨーロッパ中世における貨幣・商品流通領域の分断に対応している。そして，イネスは，中世に見られた標準貨幣の分別が近代以降，消え失せ，金本位制下の英米政府が行う固定価格での金の無制限の購入は，明らかに通貨価値の下落，すなわち政府貨幣の減価を発生させているが，同時にそれに随伴して，銀行貨幣の減価をも引き起こしている事実に触れ，「貨幣の信用理論はもはや無意味になる」と言う。イネスの困惑は以下のように表現されている。

中世におけるように，「われわれはこの2つの漸次的に増大する価格の差，すなわち上昇する小売価格と，多かれ少なかれ安定した銀行価格建ての卸価格の相違を見ることになるはずである」が，しかしながら，近代以降は，「われわれはこうしたことを一切，みることがない。反対に政府貨幣だけの減価は明らかに見られず，価格は徐々に上昇している。価格上昇は貨幣減価を意味するならば，誰が発行したものであっても，あらゆる貨幣の減価を意味する。それでは信用理論それ自体によって考えれば，貨幣の信用理論はもはや無意味になる。すなわち，銀行貨幣や商人の貨幣の価値の一般的下落が政府の側での過剰な政府債務に追随するということになるからである。」（下線は引用者）「価格の上昇が貨幣の一般的な価値下落を示すものであり，政府貨幣に関する価値下落が信用理論によって満足に説明されるとすると，この価値下落が政府貨幣にのみ限定されることなく，一国のすべての貨幣によって受け止められるという

事実を，われわれは一体，何と考えればいいのだろうか。／この問いに答える
には多くの困難を伴うことを直ちに認めねばならない。」[47]

　イネスは，銀行貨幣の減価を引き起こすところの「政府の側での過剰な政府
債務」の１つの要因として捉えた金本位制下の固定価格での金の買い上げにつ
いて，「世界の政府は一団となって金を買い占め，過度に金価格を吊り上げて
いる。／ドル金貨の名目価格はそれを作る金の市場価格を上回る。コインは，
その名目（額面）価格が内在価値を上回るならば，何時までも長く流通に留ま
りうる。／固定した割高の価格での金と交換にコインが発行されると，その償
却を税金で賄われない限り，政府貨幣の膨張を引き起こす。したがって，それ
は政府短期債務の累増と政府貨幣の減価の原因である。／銀行の保有する『法
貨』の過大な準備は，政府通貨膨張の証拠である。／政府債務の膨張は国中で
信用の一層大きな膨張を促し，その結果，貨幣の一般的な減価を引き起こす。
／貨幣の減価は物価騰貴の原因である。」[48]

　イネスによれば，今日，「政府貨幣と銀行貨幣をはっきり区別することが昔
に比べ，必然的にむつかしくなっている」が，「政府の貨幣は政府の債務であ
ることに気付きもしない」ままに，政府は，「流動的債務の増大」を計ってい
ると言う。そして，「政府債務の膨張が銀行債務の膨張を導いたと丁度同じよ
うに，銀行貨幣の拡大が民間業者の過度な債務を導き，また企業も同様にお互
いに債務の膨張させている。……このような状況が貨幣価値の一般的下落を引
き起こしていることは，最早否定しようがないであろう」[49]と結論付ける。

　中世には，国家貨幣と銀行貨幣の流通領域は分断されており，前者の減価に
対して，後者は概ね価値が安定していたにもかかわらず，近代では「価格上昇
が貨幣の一般的価値下落を示す」事態に，イネスは「貨幣の信用理論」の崩
壊を懸念しているのである。いまや，国家貨幣も銀行貨幣も混然一体の状況に
あり，両者を峻別できないというわけである。政府貨幣の減価が銀行貨幣の減
価を随伴し，「貨幣の一般的な減価」，一般的な物価騰貴を引き起こすのであれ
ば，「貨幣の信用理論はもはや無意味になる」いうのである。私は，中世にお
ける商品流通領域の分断に伴う政府貨幣と銀行貨幣のふたつの標準貨幣流通
領域の分断という事態を，そのまま近代に持ち込むことこそが問題であって，
「貨幣の信用理論」に問題があるのではないと考える。

近代以前の通貨流通の分断については，拙著（2012年，第7章）で触れているが，金銀銅貨と言った造幣硬貨の流通領域が分断されているだけでなく，銀行通貨と造幣硬貨の流通領域も分断されていた。ヨーロッパ中世・近代初期には，遠隔地貿易や為替取引，卸売り取引に使われる通貨とローカルな小売取引に使われる通貨は，同じドゥカート，クラウン，ダラー，ポンドなどと呼ばれていても，内容も通用価値も異なっていた。ブローデルらの説明によると，「計算貨幣は日常流通している通貨とはある意味では異なり，複雑な特別な技術の形で存在し，」「imaginary な通貨は，ヨーロッパ全域で日常生活の一部になっていた，……あらゆる価格，あらゆる会計制度……，あらゆる契約は，あるいは，少なくともほとんどすべての会計単位に特有な表現で，すなわち，必ずしも金属通貨を表すとは限らず，流通していた鋳貨のための尺度の役割を果たす貨幣で処理されていた。」[50]

また，金銀銅貨などの鋳貨も，それぞれ流通領域を異にしており，鋳貨間での金属の内在的価値関係を成立させるような機構は存在せず，また計算貨幣（imaginary money）と造幣硬貨との金属価値の内在的価値関係も，成立しようもなかった。ファンタッチは次のように述べている。「歴史的には，イマジナリー・マネーと金属貨幣の間には何等の関係もない。厳密な意味で両者が直接，比較されたり，相対的価値を決定される制度的枠組みはなかったのである。」「同一であるためには，計算単位と金属の重量との関係を確立する法や，それらが交換されうる市場のような政治的拘束を，政治的な枠組みの中に持たねばならない。／しかしながら，そうしたことは18世紀までには生じなかった。金属内容と名目価値との正確な一致が存在するためには，イマジナリー・マネー・システムが大額面コインや少額面コインと直接に交換される（convertibility）ことが必要であったが，そういったことは幾つかの理由から実行することは常に不可能であった。……異種鋳貨は，それぞれ別の枠組みで使われていた。少額面鋳貨は少額のローカル取引で，高額面鋳貨は遠隔地の卸売り取引で使われていた。その結果，2つの異なったタイプの鋳貨を交換しうる単一の市場は存在しなかったのである。」例えば，フィレンツェでは，「1294年に，非雇用者の賃金を金貨で決めることを禁止し，少額面コインで定めなければならないとした。……／計算単位と金属重量との関係は，法律上，フラン

ス革命の時代までは明白に成立しなかったのである。」[51]

　吉川光治氏は，江戸時代の三貨制度を取り上げ，基本的には資本と労働の自由な移動がないところでは，市場が分断され，そのため，通貨流通も分断され，通貨間に両替相場が生じると指摘されていた[52]。しかしながら，近代においては，資本と労働の自由な移動とともに，通貨間の両替相場が消え去り，また，債権の譲渡が認められ，手形の転々流通という事態が広がるようになると，国家間では外国為替相場が依然，建てられているにしても，内国為替相場は消滅していく。イギリスでも，18世紀第3四半期のアダム・スミスの時代以降，イングランドとスコットランド間で為替相場が徐々に建たなくなっていった[53][54]。

　近代になって，資本と労働の自由な移動が許された状況において，イネスは銀行貨幣に減価する理由もないにもかかわらず，政府貨幣の減価に引きずられて，減価するのであれば，「貨幣の信用理論は，もはや無意味である」と言うが，そうではなく，分断されていた通貨流通は，信用貨幣制度において中央銀行通貨を核貨として，銀行通貨，造幣硬貨等の一元的な新たな通貨流通構造に再編されていった事実を見落としている。国家貨幣たる造幣硬貨は，中世に見られたように銀行貨幣の信用貨幣と流通領域を異にして，並存しているのではなく，信用貨幣制度の小銭（→さらに補助貨）に貶められ，創造された信用貨幣から引き出される小口現金という存在となり，政府資金の調達も中世のごとく造幣硬貨発行による「錬金術」や御用金調達方式によるのではなく，税の徴収を措くと，債権債務関係に基づく公債発行の手取り金の形を取って，政府自体が国家貨幣に依存するよりも，信用貨幣制度に包摂されることによってしか，国家活動を継続させることができなくなっている。資本制的貨幣制度は，政府貨幣と銀行貨幣が並存，分断した二元的な構造ではなく，一元化する必要があった。ただ単に，国家が公債を発行し，信用貨幣を調達するだけでなく，中央銀行を設立し，中央銀行の預金通貨や中央銀行券を核貨として信用貨幣制度の中に注入し，新たな通貨流通構造を構築していかざるを得なかったのである。したがって，国家財政の悪化・破綻は，コインといった国家貨幣のみの価値低下といった狭い領域の問題ではなく，信用貨幣の通用価値の下落（あるいは崩壊），すなわち一般的な物価の高騰に繋がらざるを得ないのである。

イネスが嘆く事態の発生については，ファンタッチの描いた前近代の事態を近代の貨幣制度が如何に克服してきたのかを追跡すれば，解明されるだろう（E.コピーターズ／中島将隆・楊枝嗣朗訳『イングランド銀行券の歴史―1694－1954年―』神戸学院大学『経済学論集』所収，1986-88, 2007年参照）。ここでは以下の事柄の指摘にとどめたい。イネスの困惑は，近代以降，資本と労働の自由な移動とともに国家貨幣である造幣硬貨が信用貨幣の小銭となってしまった状況下で，国家が戦争金融の重圧に対応すべく，中央銀行を設立し，信用貨幣制度の中に中央銀行通貨（預金通貨および中央銀行券）を核貨として注入することで，信用貨幣制度を国家の統治政策の対象として，一元的に掌握せんとした国家と貨幣の関連を，イネスが見ようとしないことに基因する。貨幣の理解には，貨幣内生説が強調する債権債務関係だけでなく，中央銀行を設立し，その通貨を核貨として信用貨幣制度に注入し，国債の発行市場，流通市場を支え，信用貨幣を国家の統治政策の下に置かざるを得ない国家と貨幣との関連をも押さえておかねばならない。

註
1　黒田明伸（2003）『貨幣システムの世界史―非対称性をよむ―』岩波書店，70頁。ところで，マルクス派の正木八郎氏によると，貨幣の生成は「反省や申し合わせの産物ではない」と言われながら，マルクスはそれを「商品世界の共同事業」の結果であるとか，交換過程での「初めに行為ありき」といった「社会的行為」でもって説明しており，さらに，なぜ金が貨幣商品の位置につくのかという問題についても，「社会的慣習」に委ねており，貨幣の生成についての論理的説明に失敗していると批判されている。正木八郎（1992）「マルクスの貨幣商品説再考」大阪市立大学『経済学雑誌』第93巻第2号所収，21-22頁参照。
2　ドナルド・モグリッジ編／那須正彦訳（2013）「ケインズと古代貨幣」『ケインズ全集』第28巻，東洋経済新報社，第2章。貨幣の起源をめぐる論争の重要な論点は，商品交換が先か債権債務が先かという以上に，貨幣と国家との関係の如何である。貨幣の起源を商品交換に見る伝統的理解と，債務並びに国家権力にみるクナップの見解との対立は，「貨幣は法や政治の外側の存在である」と見るのか，あるいは「内側の存在」と見るかの相違でもある。「貨幣とは支配者が権力を行使するために，そしてその後継者により維持され運営されるために，支配者が創り出したガバナンスのひとつの形態である」との認識の当否でもある。Edwards, Andre David (2017), "The American Revolution and Christine Desan's New History of Money", *Law & Social Inquiry*, Vol. 42, Issue 1, Winter, pp. 252-3参照。
3　Desan, C. (2010), "Coin Reconsidered: The Political Alchemy of Commodity Money", *Theoretical Inquiries in Law*, Vol. 11, Number 11, Jan., pp. 363, 370.
4　拙著（2004）『近代初期イギリス金融革命―為替手形・多角的決済システム・商人資本―』ミネルヴァ書房；同（2012）『歴史の中の貨幣―貨幣とは何か―』文眞堂；同（2022）『貨幣と国家―資本主義的信用貨幣制度の生成と展開―』文眞堂。
5　『信用理論史』（慶應義塾大学出版会，2001年）を著された大友敏明氏は，従来の信用制度につ

いての理解を以下のように，要約されている。重商主義の時代には貨幣不足と貨幣的利害者の貴金属独占の事態を回避するため，貨幣供給機関としても銀行設立が主張され，古典派の時代には「資本制的生産様式が確立するので，信用の役割は産業資本の要求から発生する。」そして，流動資本の肩代わりや流通空費となる貨幣の節約は，「どちらも，鋳貨に代わりに銀行券で貸し付ける点で同じである。」(3, 4頁)

6　Murry, J. M. (2005), *Bruges, Cradle of Capitalism, 1280–1390* 参照。マレーは，ドゥ・ルーヴァーが外国為替取引を強調するあまり，金融システムにおいて両替業が占める中心的役割を過小評価していると厳しく批判している。「ドゥ・ルーヴァーのヴィジョンは，根本的に間違っている。近代的銀行業の起源を見出だしたいという欲求と，同様にイタリアのビジネス技術を強調したいという性急さゆえに，彼は中世の貨幣業者を，20世紀中葉の銀行とファイナンスの定義に寄せて様々なカテゴリーに当てはめた。そうすることで，ブリュージュの質屋や両替商がもつ遠隔地間の金融ネットワークへの深い関わりを否定し，さらにまた，それぞれが内国貿易や遠隔地間貿易に多大な投資を行っていた実態を明らかにすることがなかった。このアナクロリズムのため，彼はブリュージュ金融システムの組織的一体性を理解することができなかった。」「中世両替業務においては，様々な企業活動やサーヴィスが混然一体化しており，両替商らはそれほど複雑ではない鋳貨の両替に止まらず，預金銀行業や交易や産業や都市ファイナンスへの投資等の支援を行っていた。彼らはまた，半ば公共的な存在でもあった。」(*Ibid*., p. 122, pp. 148–149) とはいえ，ドゥ・ルーヴァーは，銀行業務の起点を貸付けに求めるセユー (André-E. Sayous) を批判して，以下のような理解を示していた。「われわれの見解では，事実は逆である。銀行は本質的に信用機関であるにしても，その起源は信用にではなく，両替にあると見なければならない。当然，貸付業務は，言わば当初から両替業務に結びついていた。しかしながら後者の両替業務が決定的な要因であったと思われる。／……資料から見ると，為替手形取引が国際商業に根差していたのに対して，預金振替銀行は雑多な両替に由来していたと思われる。」(de Roover, R. (1953), *L'Evolution de la Lettre de Change*, p. 23［拙訳『為替手形発達史』文眞堂，2024年，15頁］) マーチャント・バンカーによる外国為替業務と，預金通貨での支払決済を引き受ける両替商による公衆との貨幣の仲介者としての預金銀行業務（信用貨幣［monnaie fiduciaire］の創造）との峻別を強調するドゥ・ルーヴァーは，上に見るような自説への批判に対して，自説は「資料によって証明しようとしたものでなく，分析と推論によるものであるが，われわれはいまなお，われわれの主張をまったく撤回するものではない」と述べている（同，163–164, 174頁）。

7　橋本理博『アムステルダム銀行の決済システム―17, 8世紀における「バンク・マネー」の意義』（名古屋大学大学院経済研究科，2013年博士学位請求論文）。

8　Gelderblom, Oscar and Jonker, Joost (2015), "Enter the Ghost: Cashless Payments in the Early Modern Low Countries, 1500–1800", *Centre for Global Economic History, Universiteit Utrecht, Working Paper Series*, No. 74, September 参照。「当座勘定口座を持つ帳簿のような新しい簿記慣行の採用に助けられ，計算貨幣すなわちゴースト・マネーの慣行は，14世紀以降，全地域に広がった。ゴースト・マネーは，誰にも受け入れられる信用通貨 (fictional currency) で取引を決済することを可能にすることにより，現金支払いに伴う大部分の障害を排除することができた。その結果，貨幣の2つの機能である価値尺度と決済手段は，第3の富の蓄蔵機能を残しながら，利用できるいかなる金貨や銀貨にも取って替わっていった。商人らは取引相手に与えた信用を記録するためにゴースト・マネーを使う時，事実上，近代の用語でM1と数えられる貨幣形態を創造したのであった。こうした事態が大規模に発生したので，近代初期に流通する貨幣量についてのわれわれの概念は再考されるべきであろう」(*Ibid*., p. 1)。

9　「信用関係の展開」大塚編『資本主義の成立』所収，河出書房，1953年；拙著 (1982年)『イギリス信用貨幣史研究』九州大学出版会，第2章「大塚久雄氏の近代的銀行制度論」参照。

註　103

10　Hudson, Pat (1986), *The Genesis of Industrial Capital: A Study of West Riding Wool Textile Industry, c. 1750–1850*, p. 170, 174；立川潔 (2023)「『国富論』における過剰取引と市場の不安定性」『思想』No. 1195, 11 月参照。

11　Neal, L. (1994), "The finance of business during the industrial revolution", in R. Floud and D. McClosky (eds.), *The Economic History of Britain since 1700*, pp. 151–152.

12　Postan, M. M. (1935), "Recent Trends in the Accumulation of Capital", *Economic History Review*, Vol. 1, No. 1, October, p. 21.

13　Mirowski, Philip (1981), "The Rise (and Retreat) of a Market: English Joint Stock Shares in the Eighteenth Century", *Journal of Economic History*, 41 (3), pp. 576–577.

14　Carey, Daniel (2011), "An Empire of Credit: English, Scottish, Irish, and American Contexts", *The Empire of Credit: The Financial Revolution in the British Atlantic World, 1688–1815*, Preface. 18 世紀 70 年代にデ・ピントは以下のように述べている。「ストック・ジョッバーと外国債権者の両者は，イングランドにとって不可欠であり，極めて有用で，イングランドの軍事的行動の成功に多大な貢献をなした。このことこそ証明されるべきポイントであった。／国債は過度な重圧であるどころか，王国を富ませ，商業を活発にしてきたのである。……ストック・ジョビングと外国人がファンドに抱く関心が，どれほど多く信用とサーキュレーションに貢献するかが示されてきた。」「この取引なしには，イングランドはこれ等の膨大な借入金を調達することは決してできなかったであろう。そして，イングランドの驚くべき成功は，これらの借入金に負っているのである。……国債は王国を富ませ，その基礎的な富を増やし，サーキュレーション，商業，産業を活発にし，戦争で最も重要な成功を得させたのである」(De Pinto, *An Essay on Circulation and Credit, in Four Parts, and A Letter on the Jealousy of Commerce*, Translated, with Annotations by the Rev. S. Baggs, M.A. London, 1774, pp. 41–42, p. 73)。

15　Temin, Peter and Voth, Hans-Joachim (2013), *Prometheus Shackled: Goldsmith Bankers and England's Financial Revolution after 1700*, p. 6.

16　マルクス経済学の一部で，「貨幣のない社会，貨幣のない交換」から出発して，「貨幣を生成させる」というマルクスの価値形態論や交換過程論への批判が提起されている。マルクスが現行『資本論』の価値形態論においても交換過程論においても，「貨幣形態の理論的導出に失敗した」のは，「商品交換と物々交換とを混同」し，「価値形態論であれ交換過程論であれ，物々交換から出発し『商品世界の共同の仕事』もしくは諸個人の『社会的行為』の結果として貨幣が発生したとするマルクスの貨幣発生論は，『交換手段の寓話』による古典派の貨幣発生論を一歩も超えるものではない」からである（向井公敏『貨幣と賃労働の再定義─異端派マルクス経済学の系譜─』ミネルヴァ書房，2010 年，142, 155, 176 頁）。「商品形態の成立にとって貨幣形態の成立が常に先行していなければならないということ，その意味でマルクスの理論的出発点である使用価値と価値の統一物としての商品の概念規定そのものも，実は貨幣の存在をすでに前提にしているということにほかならない。」（同，163-164 頁）すなわち，「商品に対する貨幣の論理的先行性」（同，7 頁）を認識しなければならないと言われる。マルクスが言うように「商品所持者たちが彼ら自身の物品をいろいろ他の物品と交換し比較する交易は，いろいろな商品がいろいろな商品所持者たちによってそれらの交易のなかでひとつの同じ第 3 の商品種類と交換され価値として比較されるということなしには，けっして行われないのである」ならば，「まさにその意味で一般的等価物としての貨幣は，『諸商品の交換過程の必然的産物』ではなく，逆に貨幣こそが『諸商品の交換過程』にとっての不可欠の前提──『先験的前提条件』──に他ならないということである。」（同，159 頁）商品は，貨幣を媒介されることなしにお互いに関係することはできない。商品の概念は，すでに貨幣の存在を前提しているのである（同，164 頁）。「貨幣以前に商品と商品の同等性があらかじめ存在し，しかるのちに一商品が排除されることによって商品・貨幣関係が成立するのではなない。逆である。商品と貨幣

104　第3章　マルクス・ケインズ・イネス

との非対称的な関係こそが，諸商品の同等性（価値関係）を，貨幣に依って『媒介された形態』として市場の内部に出現させるのである。」（同，136頁）「われわれはいまや次のような貨幣についての新しい規定を導き出すことが可能である。すなわち第1には，貨幣の発生史がどうあれ，発展した商品流通から出発するかぎり，貨幣はつねに商品の一般的価値表現の材料（一般的等価物）としてのみ存在するのだから，それ自身の固有の価値をもつ必要がないということであり，また第2には，……貨幣はもっぱら……一般的等価物としての貨幣の機能から生ずる『使用価値』……によってのみ需要されるのであるから，個人的欲望の対象となる特殊な使用価値をもつ必要がないということである。」（同，137頁）

　「労働価値論から貨幣的価値論へ」と転換することで，マルクスの商品貨幣論を否定され，貨幣は固有の価値をもつ必要がないと主張された向井氏の見解は，極めて興味深い。ただ残念なことに，向井氏は貨幣についてはそれ以上，何ら論じようとされない。しかも，一般的等価たる貨幣が何等の使用価値をもたないのであれば，それでは，貨幣はいかにして生成し，どういう存在なのか。「どこから来たか」も分からない貨幣＝一般的等価は，どうしてそのような機能を持つに至ったのか。氏は貨幣という言葉で，いかなるものを表象に浮かべておられるのであろうか。エコノミスト誌も，「貨幣がどこから来たのかという諸理論は，ドルやユーロがどこに行くのかについて何かを語ることになる」（*The Economist*, Aug. 18th, 2012）と指摘している。インガムも，「市場は……価格を決めたり，……債務契約を結ばせるただひとつの価値尺度（計算貨幣）の存在を前提しているのである」と指摘しているが，それに止まらず，「純粋に抽象的価値による金融手段の創造」こそは，内外の広範な市場，機械技術，工場組織，資本・賃労働関係とともに，資本主義の歴史的特質であって，「容易に譲渡される債務によって，貨幣が弾力的に創造される」ことは，まさに資本主義の本質に関わると強調している（Ingham, G., *Capitalism*, 2008, p. 68, Id., "The Emergence of Capitalistic Credit Money", in L. Randall Wray (ed.), *Credit and State Theories of Money: The Contributions of A. Mitchell Innes*, 2004, pp. 186-187）。

17　de Roover, R. (1953), *L'Evolution de la Lettre de Change*, p. 143. (上記拙訳，177頁。)

18　17世紀末のイギリスでの大改鋳の理論的支柱となったのは，J. ロックである。「貨幣は実は政治的社会から独立して存在すべきである。……ロックにとっては，貨幣ははっきりと政治的領域の外側での個々の人々の活動から生まれた文明の産物であり，分散的な取引から現れた手段であった。そうした物として自然発生的な有用物（utility）であった。この点において，まさに貨幣は古典的経済理論の中にその足場を得たのである。」（Desan, Christine, *Making Money: Coin, Currency and the Coming of Capitalism*, 2014, p. 16.）

19　Keyne, J. M. (1982), "Keynes and Ancient Currencies, 1920-1926", in Donald Moggridge (ed.), *The Collected Writings of John Maynard Keynes: Social, Political and Literary Writings, Vol. 28*, p. 244, pp. 252-258. (前掲『ケインズ全集』第28巻，第2章「ケインズと古代貨幣」)。那須氏は，「訳者あとがき」において，上記の「認識は直ちに『貨幣論』の文字通り冒頭に置かれた次の1行につながる」と指摘されている。「計算貨幣，すなわちそれによって債務や価格や一般的購買力を示すものは，貨幣理論の本源的概念である。」

20　同上。

21　ケインズ／鬼頭仁三郎訳（1953 [1932]）『貨幣論』第1分冊，同文館，15, 16頁。

22　Homer, Sidney and R. Sylla (1991 [1963]), *A History of Interest Rates*, p. 3.

23　中田一郎訳（1999）『ハンムラビ法典（古代オリエント資料集成1)』㈱リトン，27頁，同書注解108頁。

24　Polany, K. (1956), "Marketless Trading in Hammurabi's Time", in K. Polany, C. M. Arensberg and H. W. Pearson (eds.), *Trade and Market in the Early Empires* 参照。

25　K. ポランニー／玉野井芳郎・中野忠訳（1998）『人間の経済Ⅱ—交易・貨幣および市場の出

現―』岩波現代選書，567, 571, 575 頁。

26 Renger, Johannes (1984), "Patterns of Non-Institutional Trade and Non-Commercial Exchange in Ancient Mesopotamia at the Beginning of the Second Millennium B.C.", in Alfonso Archi (ed.), *Circulation of Goods in Non-Palatial Context in the Ancient Near East*, pp. 92, 113-114. ハドソンは，論文「貨幣と利子の起源」の冒頭で，以下のように指摘している。「新石器や青銅器時代の経済は，信用に基づいてオペレートしていた。植え付けと収穫との時間的なずれのため，購入時点での支払はほとんど行われなかった。バビロニア人が居酒屋 (alehouse) に出かける時，彼らは穀物を持参して支払うことはなく，収穫した穀物の脱穀時に清算するため，勘定を貯めていた。そして，酒場の女将は，収穫時に前貸ししてもらっていた穀物の代金を支払うため，その穀物の大部分を返済のため宮廷に支払うのであった。これ等の支払はその性質からみて financial であって，スポット・タイプの物々交換のものではなかった。／支払手段として，貨幣化された穀物や銀は，主にそうした債務の清算のために使われていたのであった。この貨幣化 (monetization) は physical なものではなく，administrative であり，かつ fiscal であった。典型的な支払は，宮殿や寺院が関わり，貨幣が受け入れられるのに必要な重量，尺度，純度の標準は彼らによって規制されていた。彼らの会計係が今後の計画や資源の配分のためや，地代を集め，委託販売された財の価値の割り当てのために，さらにまた，経済のその他の分野と取引するために，行政的ツールとして貨幣を発展させたのである。そして，それらの代金は，各々の海運あるいは旅商キャラヴァンの終わり毎に，銀で支払われたのであった」(Hudson, M. "Origins of Money and Interest: Palatial Credit, not Barter", September 17, 2017, p. 1. 論文は，インターネット上に公開されている)。

27 Hudson, M. (2000), "Karl Bucher's Role in the Evolution of Economic Anthropology", in Jurgen Buckhaus (ed.), *Karl Bucher, Theory, History, Anthropology, Non Market Economics*, pp. 316, 318, 333.；Id. (2002), "Reconstructing the Origins of Interest-Bearing Debts and the Logic of Clean Slate", in M. Hudson and Marc Van Mieroop (eds.), *Debts and Economic Renewal in the Ancient Near East*, pp. 15-16, 21-24 参照。
　　ケインズは，貨幣と国家に関わりについて，以下のように述べている。「ところで，契約と付け値とに言及することによって，既にわれわれはそれらを履行させることのできる法律あるいは慣習を導入している。すなわちわれわれは，国家あるいは社会を導入しているのである。さらに貨幣契約の一つの特殊な性質は，国家または社会が，単に引渡しを強制するだけでなく，計算貨幣をもって締結されている契約の合法的あるいは慣習的な履行として引き渡されなければならないものは何かということさえをも決定する点にある。……この権利は，すべて近代国家が要求しており，そして少なくとも約 4000 年の間，そのように要求し続けてきた。クナップの表券主義 (chartalism)――貨幣はとくに国家の創造物であるという学説――が完全に実現されるのは，貨幣がこの段階に到達したときである。」「表券主義的貨幣即ち国家貨幣の時代は，国家が一般に行われている計算貨幣に対して，いかなるものを貨幣として之に照応させるかを布告する権利を要求したときに――国家が辞典の使用を強制するだけでなく，辞典を作る権利をも要求したときに――達せられた。今日すべての文明社会の貨幣は，議論の余地なく表券主義の［貨幣］である。」(小泉・長澤訳『ケインズ全集　第 5 巻　貨幣論』第 2 刷，1984 年，3, 4, 5 頁参照) ケインズの議論は，わが国でも長く軽蔑の眼差しで見られてきたクナップの『貨幣国定学説』を復権させるものであった。
　　デサンもまた，中世イングランドのコインについて，以下のように語っている。「コインは，国家によるより深い錬金術の一部である。コインを通貨として使う関係者の間での政治当局によってなされた流動性の創造のための触媒である。」「当局がある計算貨幣で人々に支払い，その尺度を使って債務を課し，その尺度をコインの形で税金を徴収し，そのトークンのみを譲渡することを許す時，当局は，政治社会やその中の他の者に人々が関わる方法を設定する。同時に，当局はコインに流動性を与えることで，コインをそれが含む商品から引き離すのである。」「貨幣は多くの点で政

106　第3章　マルクス・ケインズ・イネス

治的発明である。コインは銀を貨幣にすることで，普遍的等価物として作り上げたのである。」「貨幣は政治的イノベーションである。……コインは，銀あるいは金を普遍的な等価と立証したのではない。……むしろ，コインは銀を貨幣に作ることによって，普遍的等価として作りあげたのである。」(Desan, 2010, *op.cit.*, pp. 373-375)

28　同上。

29　ケインズ，前掲『貨幣論』33, 38 頁。

30　ケインズ，同，6, 7 頁。

31　クナップ／宮田喜代蔵訳 (1922)『貨幣国定学説』岩波書店，14 頁。こうした銀行貨幣を造幣硬貨の代替物と捉え，さらに中央銀行通貨の債務性を否定するケインズの発想は，準備金の融通から展開する彼の銀行信用論から由来するものである。拙著 (2022)，第1・2章を参照されたい。

32　Innes, A. Michell (1913), "What is Money?" *Banking Law Journal*, pp. 379-380.

33　*Ibid.*, pp. 393, 394, 396.

34　*Ibid.*, pp. 393, 394, 396.

35　*Ibid.*, pp. 393, 394, 396.

36　金約款に関しては，1811 年 7 月 24 日に成立した法案を提出したスタナップ卿 (Lord Stanhope) を想い起こすであろう。法は，減価したイングランド銀行券に替えて地代の支払を契約時の地代で買えたであろう量の金を要求するキング卿の提案を否定した。「キングはロックの教義，すなわち，1 ポンドは一定の地金量をあらわすという教義に基づいて行動していたのである」が，「反対者たちは……1 ポンドというものは一定量の金地金をあらわすのだという見解を受け入れるつもりもなかった。彼らは，1 ポンドを受け取るように契約した者は，その契約が長期のものであれ短期のものであれ，いやしくも支払がなされるときに一般的同意によって1 ポンドと呼ばれているものであれば，それを受け取るべきである，という古くからの原理を固守した。これはポンドがこうむってきた数多くの形態変更や価値変更……にもかかわらず，1000 年にわたって遵守されてきた原理であった。」「この法律はなんびともギニーに対して額面価値以上に支払うべきではないこと，なんびとも額面価値以下でイングランド銀行券を受け取ったり支払ったりすべきでないこと，さらにイングランド銀行券は負債の支払において法貨 (lawful tender) たるべきことを定めたのである。」(A. フェヴィヤー＆ E. モーガン／一ノ瀬・川合・中島訳『ポンド・スターリング―イギリス貨幣史―』新評論，1984 年，219-221 頁)

　　金約款の禁止が，イングランドの貨幣的伝統であることは，デサンによっても指摘されている。1601 年，エリザベス一世がアイルランド制圧の戦費調達のためにアイルランド・コインの貶質を行ったが，その貶質コインでのアイルランド商人によるロンドン商人への支払に対して，後者は旧貨での支払いを要求し，新貨の受取を拒否し，提訴した。判決 (The Case of Mixed Money, 1605) は，原告敗訴であった。「この判決は，貨幣をめぐる行政的大権を賞賛するものであった。」「判決は続く数世紀のイングランドの名目主義の画期的な宣言となった。」「硬貨の商品内分の変化に関わりなく，国内取引での尺度と支払様式として定められた計算貨幣は，王権が決定するのである。」「エリザベスの新しい計算単位，すなわち，シリングはシリング，ペニーはペニーであることを拒否する者は，国王大権と命令を侮辱することになる」と警告したのである。W. ロバーズも，「イングランドの貨幣とは，王が定義するものが貨幣だということである」と，貨幣の商品内分を貨幣に必須のものと見なす考えを一笑に付したと見ている (Desan, C., *Making Money, Coin, Currency, and the Coming of Capitalism*, 2014, pp. 268-270；Roberds, W., "Review of Making Money: Coin, Currency, and the Coming of Capitalism by Christine Desan", *Journal of Economic Literature*, 54 (3), 2016, p. 910)。

37　Innes, A. Mitchell (1914), "The Credit Theory of Money", *Banking Law Journal*, p. 168.

38　Id. (1913), "What is Money?" *Banking Law Journal*, p. 393.

39 Id. (1914), pp. 161, 165.

40 Id. (1914), p. 168.

41 Id. (1913), pp. 402, 403, 406.

42 Id. (1913), p. 406 ; Id. (1914), p. 152.

43 Id. (1913), p. 406 ; Id. (1914), p. 152.

44 Id., *op.cit.*, p. 159.

45 Id., *op.cit.*, p. 155.

46 Id., *op.cit.*, pp. 165-166.

47 Id., *op.cit.*, p. 168.

48 Id., *op.cit.*, p. 166. マルクス商品貨幣論の常識では，「金価格を一定に固定することによって，貨幣単位の価値を維持していると考える」が，イネスに言わせれば，「実際のところは，まったく逆のことを行っているのである。われわれは現在の金価格を長期に固定し続けるほど，いまもたっぷりある金をさらに貯め込みつづけ，われわれの貨幣価値を下落させることになる」(*Ibid.*, p. 160)。「もし政府が実際，より高い価格で金を購入し，その結果，政府の直ちに支払わなければならない債務は即，入手し得る債権を上回るならば，国家債務の価値は下落することは間違いない」(*Ibid.*, p. 165)。「紙券貨幣の金貨による兌換は，決して債務の償却ではなく，それは同じ性質をもつ債務のある形態から他の形態への交換に過ぎない」(*Ibid.*, p. 168)。

49 同上。

50 Braudel, F. and F. Spooner (1967), "Prices in Europe from 1450 to 1750", in E. E. Rich and C. H. Wilson (eds.), *The Cambridge Economic History of Europe*, Vol. 4, p. 378.

51 Fantacci, Luca (2005), "Complementary Currencies: A Prospect on Money from a Retrospect on Premodern Practices", *Financial History Review*, Vol. 12, Part 1, pp. 47-48.

52 吉川光治 (1991)『徳川封建経済の貨幣的機構』法政大学出版局参照。

53 Anon (1958), "The Royal Bank and the London—Edinburgh Exchange Rate in the 18th Century", *The Three Banks Review*, No. 38, June, pp. 27-29 ; 拙著 (1982)『イギリス信用貨幣史研究』九州大学出版会，82-83, 90-91 頁参照。

54 16 世紀のネーデルラントでは，債務証書は転々流通し，16 世紀末までには為替手形も裏書譲渡されていたにもかかわらず，17, 18 世紀オランダにおいて，造幣硬貨は海外への貿易コインと国内の流通コインに区別されており，アムステルダム銀行通貨と両替商の受領書や預金通貨の流通領域も異なり，さらに，アムステルダム銀行バンク・ギルダーは，流通鋳貨に対してプレミアム agio を持って変動していた。銀行業への公的な規制により，オランダでは通貨流通，支払決済システムが分断されていたことを如何に理解すればいいのであろうか。前工業化経済の近代初期に「金融革命」が展開し，バンク・ギルダーが 17, 8 世紀ヨーロッパの覇権通貨となり，またアムステルダムが硬貨や金銀地金の国際的な一大集積地でありながら，アムステルダム銀行は危機において，イングランド銀行のような有効な信用創造機能を持ち得なかった。にもかかわらず，以下のような評価が与えられている。如何に受け止めればいいのであろうか。アムステルダム銀行は，「究極的には貨幣の性格に革命をもたらした。17 世紀後半，預金者はコインを引き出す権利を失い，振替銀行は要求払いでの預金支払の義務をもたなくなった。今日の fiat money regimes の先取りである。計算貨幣バンク・フローリン（ギルダー）は，特定のコインとの結びつきをもたなくなった。振替銀行に保有されている残高の価値は，債務を決済するというその能力から生まれることとなった。この発展は，まさに貨幣の性格の歴史的シフトを表すものである。かくて，アムステルダム銀行は，最初の真実の中央銀行としての振替銀行と見なし得ることが出来る。」(Quinn, S. and W. Roberds, "An Economic Explanation of the Early Bank of Amsterdam, Debasement, Bills of Exchange, and the Emergence of the First Central Bank", *Federal Reserve Bank of Atlanta*,

108　第3章　マルクス・ケインズ・イネス

Working Paper Series 2006-13, September 2006, p. 3) さらに，「イングランド銀行はそれ自体，
400年以上もの制度的発展の帰結である。……貨幣概念も同様に変容した。……具体的なもの
から抽象的な性格のものへと変質した。」(Roberds, W. and F. R. Velde, "Early Public Banks",
Federal Reserve Bank of Atlanta, Working Paper Series, 2014-9, 2014, pp. 83-84) 以下をも参照
されたい。Neal, Larry (2000), "How it all began: the Monetary and Financial Architecture of
Europe during the First Global Capital Markets, 1648-1815", *Financial History Review*, Vol. 7.

第 4 章

アムステルダム銀行バンク・マネーの不変性とアジオの安定性

橋本 理博

はじめに

1609 年, アムステルダムではヴェネチアの公立銀行を参考に振替銀行 (Wisselbank, 本章では「アムステルダム銀行」と呼ぶ)[1] が設立された。その後, 17 世紀中葉から後半にかけて, オランダではアムステルダム銀行を中心に国内金融制度や国際決済体制が構築され, 同行はアムステルダム金融市場の隆盛を支える機関となる。それを可能にした要因の 1 つと考えられるのが, 安定した「バンク・マネー (bankgeld, もしくは bank money)」の存在である。本章では, このバンク・マネーの安定性の意味を考察する。

その前提として, 17 世紀中葉から後半の時期にオランダ金融制度に生じた, いくつかの事態を確認しておこう。17 世紀前半からすでに, オランダでは, 同一の硬貨でも設定される価格がアムステルダム銀行内外で異なるという事態が生じていたが, これが 1659 年に公認され, 同行内部で用いられる貨幣計算の尺度 (銀行価格) と, 外部で用いられるそれ (流通価格) とが異なる状況が正式化される。前者は「グルデン・バンコ (gulden banco)」, 後者は「グルデン・カレント (gulden courant)」と呼ばれ区別される[2]。また, 1683 年にはアムステルダム銀行に「預り証 (recepis)」制度が導入され, その後, 同行の預金残高は預り証の呈示なしには現金化できなくなる。この事態は, 自分名義の預金残高でも自由に現金化はできず, 現金化には預り証を入手する必要があることを意味する。預り証の導入により, アムステルダム銀行は「公開市場

操作（open market operation）」を行うことが容易になり，それを通じてバンク・マネー価値の安定が実現されたと考えられている[3]。

　さて，バンク・マネーとは，アムステルダム銀行の帳簿に貸方記入（crediteren）された金額である。別の表現をすれば帳簿上の信用（credit）であり，その計算単位がグルデン・バンコである。その「バンク・マネーの価値は見事なまでに安定していた」[4]と言われるが，帳簿上の信用における価値の「安定」とは何を意味するのだろう。実は，バンク・マネーには「アジオ（agio）」と呼ばれる価格が存在していた。前述のように，アムステルダムでは，同一の硬貨に対して二重に価格が設定されていたが，アムステルダム銀行が適用する価格（銀行価格）のほうが，銀行外部で適用される価格（流通価格）よりも高かった。つまり，バンク・マネーは流通貨幣に対してプレミアムを持っており，バンク・マネーを得るにはそのプレミアム分を対価として支払う必要があったのである。このプレミアムが「アジオ」であり，換言すれば銀行価格と流通価格の比である。

　アムステルダム銀行の預金残高を増額するには，硬貨もしくは（1683 年以降は）預り証を同行に持ち込む必要があったが，硬貨や預り証は市場での取引対象でもあったため，アジオは硬貨の「市場価格」により変動した。それを「公開市場操作」により変動幅が抑制されたというのが，バンク・マネーの価値の安定という意味である。バンク・マネーの安定した性格は，国際的な側面からはヨーロッパ世界の「基軸通貨」と例えられ，アムステルダム銀行は「世界の手形交換所」とも形容される[5]。他方，国内経済への影響からは，バンク・マネーは事実上の「フィアット・マネー」とされ，同行そのものは近現代の「中央銀行」に近い存在とも位置づけられる[6]。

　アムステルダム銀行がこうした操作をしたのは確かだろう。同時代人であるアダム・スミス（A. Smith）とジェームズ・ステュアート（J. Steuart）も各々の著作で同行による上述の操作に言及している。もっとも，彼らは，バンク・マネーを指して「真の価値がつねに一定」（スミス），「海中の巌のように不動である」（ステュアート）とも述べており[7]，アムステルダム銀行の操作により実現するアジオの「安定性」と，バンク・マネーそのものの「不変性」は区別されているように思われる。

ここで 17 世紀中葉から後半における金融制度の変化に再び目を移そう。17世紀中葉は，為替手形の性格に変容がみられた時期でもある。為替手形の振出根拠は，この時期を境に，それまでの為替金融契約から引受信用へと移る[8]。17 世紀中葉以降，アムステルダムでは委託代理商が台頭するが，彼らは，外国の生産者（輸出者）が為替手形を自分（委託代理商）に対して振り出すことを認める引受信用を供与して金融業務を営むようになり，マーチャント・バンカーと呼ばれる存在になる。引受信用は第三国間取引に対しても供与され，各地からアムステルダム払いの為替手形が振り出される多角的な決済機構が形成される[9]。アムステルダムでは，額面金額が一定額以上の為替手形はアムステルダム銀行にて決済される必要があったため，為替手形や為替相場はグルデン・バンコで建てられた。グルデン・バンコは，国際的に発生する債権債務の価値基準としての役割も果たしていたのである[10]。こうした役割をバンク・マネーが果たし得たのは，アジオの安定とは区別される，「真の価値がつねに一定」で「海中の巌のように不動」な性格を備えていたからではないだろうか。

　そこで本章では，アムステルダム銀行のバンク・マネーにおけるアジオとは何か，その変動は何を意味し，その安定は何によって実現されるのかを中心に検討していく。この検討を通じて得られるアジオの特徴を踏まえ，その安定性とバンク・マネーの不変性の区別を整理してみたい。

第1節　アムステルダム銀行の設立と「グルデン・バンコ」の出現

1．アムステルダム銀行の設立

　本節では，アムステルダム銀行の設立背景と「グルデン・バンコ」の出現過程を確認する。まずはその前提として，計算貨幣単位「グルデン」の生成に少し触れたうえで，アムステルダム銀行設立の背景を確認したい。

　ネーデルラント地域における計算貨幣単位の「グルデン」は，ハプスブルク統治下に製造された（製造期間は 1544～1558 年），カルロス 5 世の名を冠した20 スタイフェル（stuiver）の「カルロスグルデン（carolusgulden）」銀貨に由来するが，この硬貨が流通から姿を消した後も，20 スタイフェル＝ 1 グルデンという関係を示す計算貨幣として用いられ続けた。「交易におけるホラント

の顕著な役割により，北部州のほとんどで 20 スタイフェルのグルデンが主要な計算貨幣となった。このイマジナリー・マネー（imaginary money）は，通常，価格や貸借対照表，為替相場を示すのに用いられる共通尺度の役割を果たした。商業を促進するため，いかなる通貨も計算貨幣のタームで換算されたのである」[11]。

　次に硬貨について確認しよう。独立宣言後も暫くオランダには複数の公立造幣所や民間造幣所が存在して硬貨を製造したほか，外国製硬貨もオランダ国内に流入・流通した。政府は硬貨に対して流通価格を設定して公布し，両替商は公布された価格に則って硬貨を扱う義務があった。16 世紀末，オランダは約 800 種類の硬貨を公認し，1610 年には当時の両替商は約 1,000 種類の金貨や銀貨を取扱ったと言われる[12]。

　17 世紀初頭のオランダでは，硬貨を製造する造幣業は重要な輸出産業でもあった。当時のオランダは農業や工業の分野で十分な輸出品を持たなかったため，レイクスダールデル（rijksdaalder）銀貨やレーヴェンダールデル（leeuwendaalder）銀貨といった高品質のオランダ製硬貨が輸出品として好まれたのである[13]。これらオランダ製硬貨は，公布される流通価格を上回る価格で取引された。

　また，17 世紀から商業都市として成長し始めるアムステルダムでは，商業取引の拡大を背景に為替手形の利用も広がり，預金業務や為替業務を行う民間の出納業者（kassier）が出現する。もっとも，公布された価格で硬貨を取扱う義務があるはずの彼らは，硬貨を選別し，粗悪な硬貨で支払いをする詐欺的行為を行った。商人たちは良質硬貨の入手が困難になるばかりか，為替手形決済を不確実にするこうした行為に不満を募らせたのである[14]。

　こうした問題に対処するため 1609 年 1 月に設立されたのが，アムステルダム銀行である。同行は市立銀行であり，運営には議会から選出された 3 名の委員（commissarissen）が当たったほか，帳簿係（boekhouder）や試金係（essaijeur）などの専門職員が配置された[15]。なお，同行が設置されたのは，アムステルダムの中心に位置するダム（Dam）広場に建てられた市庁舎（stadhuis）内の一角である。

　設立当初の同行の業務内容は，専ら，預金の受け入れ，当座勘定を通じた帳

第1節　アムステルダム銀行の設立と「グルデン・バンコ」の出現　113

簿振替による決済，硬貨の両替や金属の買取りであった。600グルデン以上の
額面金額を持つ為替手形はアムステルダム銀行で決済すべきと定められたた
め（額面価格の基準は1643年に300グルデン以上に変更された），同地で商業
活動を行う商人は同行に口座を開設することになった[16]。硬貨の扱いに際して
は，オランダでの流通が認められた硬貨のみを「硬貨」として公布された通
りの価格で取引し，流通が認められない硬貨は（形状が硬貨であっても）「地
金」として扱われた。

　口座保有者への貸付は禁止されたが，後にオランダ東インド会社，アムステ
ルダム市，ホラント州への貸付は恒常的に行われるようになる。また，民間出
納業者のアムステルダムでの営業も禁止されたが，1621年に許可制のもとで
営業が再開された。さらに，当初は為替手形の決済には手数料が徴収され，硬
貨での支払いも行われていたが，その後，振替手数料は撤廃され，硬貨での支
払いも1613年に停止される[17]。

　アムステルダム銀行では，帳簿上に顧客の口座が開設され，帳簿振替で受払
いが行われた。口座は左側の借方（debet）と右側の貸方（credit）に分かれ
ており，その口座の減少は借方に，増加は貸方に記入された。硬貨を銀行に
持ち込むことで残高を増加させることができ，残高を硬貨で現金化すること
もできた。口座振替や硬貨・貴金属の流出入は，アムステルダム銀行の台帳
（grootboek）に設けられた当座勘定（rekening courant）に記録される。その
基本的な構造を図4-1と図4-2に示している。台帳には各ページに口座が設
けられ，ページ上部の端に記載されるページ番号（folio）が口座番号の役割を
果たす。例えば，口座保有者Aが，Bへの支払いを行えば借方にその金額が
（同時にB口座の貸方にも）記入される。AがCから支払いを受ければ，貸方
にその金額が（同時にC口座の借方にも）記入される（図5-1）。同じ台帳に
は，アムステルダム銀行で硬貨や地金を扱う「金属保管庫（Specie kamer）」
の勘定も設けられている。例えば，口座保有者Bが硬貨を持ち込めば，金属
保管庫の勘定の借方にその金額が（同時にB口座の貸方にも）記入される。
他方，口座保有者Cが残高を現金化すれば，金属保管庫の勘定の貸方にその
金額が（同時にC口座の借方にも）記入される。実際には，残高の現金化に
は手数料が徴収される。アムステルダム銀行の帳簿上では，基本的にはこのよ

114　第4章　アムステルダム銀行バンク・マネーの不変性とアジオの安定性

図4-1　アムステルダム銀行の当座勘定（rekening courant）の構造

folio	名義（口座保有者A）						
借方（debet）				貸方（credit）			
日付	[〜に対して] 名義（口座保有者B）	folio	金額	日付	[〜から] 名義（口座保有者C）	folio	金額

出所）Dehing（2012），p. 408 の図 3.1 を一部変更のうえ筆者作成。

図4-2　アムステルダム銀行の当座勘定における金属保管庫（Specie kamer）の勘定

folio	名義（金属保管庫）						
借方（debet）				貸方（credit）			
日付	[〜に対して] 名義（口座保有者B）	folio	金額	日付	[〜から] 名義（口座保有者C）	folio	金額

↓　　　　　　　　　　　　　　　　↓

[流入]　　　　　　　　　　　　　　[流出]
・硬貨，地金　　　　　　　　　　　・硬貨，地金
・銀行の購入による新たな預金　　　・銀行の売却による残高の消滅

出所）Dehing（2012），p. 409 の図 3.2 を一部変更のうえ筆者作成。

うに預金残高の増減が生じるのである。

　この帳簿に記載される金額の計算単位がグルデン・バンコであるが，なぜそれが銀行外部の貨幣計算単位と区別されるようになったのか。次に確認しよう。

2．「グルデン・バンコ」の出現

　アムステルダム銀行が設立されても，すぐに前述のような問題は解決されなかった。事態の終息にはその後50年以上が費やされるが，この過程で計算貨幣「グルデン・バンコ」が出現する。

　表4-1には，1559年から1645年にかけてオランダ製レイクスダールデル銀貨，同レーヴェンダールデル銀貨，そして南ネーデルラント製パタゴン（patagon）銀貨の流通価格の推移を示している。表からは，16世紀からオランダ製硬貨の流通価格上昇が見て取れるが，これは市場価格の上昇に対して，当局が公布する流通価格を追従させたためである。例えば，1608年のレイクスダールデル価格は48スタイフェルであり，この相場は設立時のアムステル

ダム銀行での取り扱いにも適用されている。だが，アムステルダム銀行が設立
された 1609 年以降もオランダ製銀貨の価格上昇は続き，1619 年には 50 スタ
イフェルに達する。

　これらオランダ製硬貨の価格を押し上げる要因と考えられているのが，南
ネーデルラント製パタゴン銀貨やドゥカトン（dutaton）銀貨のオランダへの
流入である。パタゴン銀貨とドゥカトン銀貨は，それぞれレイクスダールデ
ル銀貨とレーヴェンダールデル銀貨に似せた模倣品だが，その銀含有量はパタ
ゴン銀貨で言えばレイクスダールデル銀貨よりも 4％軽かった。にもかかわら
ず，パタゴン銀貨はレイクスダールデル銀貨と同じ 50 スタイフェルで流通し
たため，銀含有量が異なる分だけレイクスダールデル銀貨が過小評価されてい
た[18]。とはいえ，南ネーデルラント製のこれら硬貨は，オランダ国内での流通
が認められていないため，アムステルダム銀行に持ち込まれる場合は「地金」
として扱われ，受入に際してはその内容量が分析され，重さに応じた相場で口
座に貸方記入され，現物は裁断され造幣所に送られたのである。

　1622 年，パタゴン銀貨のオランダ国内での流通が認められる。だが，パタ
ゴン銀貨は流通では 50 スタイフェル（2.5 グルデン）で計算されているにも
かかわらず，公布された流通価格は 47 スタイフェル（2.35 グルデン）であっ
た。これは銀含有量の違いを反映したものである[19]。1638 年，パタゴン銀貨
の流通価格は，レイクスダールデル銀貨と同じ 50 スタイフェル（2.5 グルデ

表 4-1　レイクスダールデル，パタゴン，レーヴェンダールデルの流通価格，1559〜1645 年

（単位：スタイフェル）

	レイクスダールデル ［オランダ製］	パタゴン ［南ネーデルラント製］	レーヴェンダールデル ［オランダ製］
1559 年	30		
1572 年	32		
1586 年	45		36
1603 年	47		38
1606 年	47		38
1608 年	48		38
1619 年	50		40
1622 年	50	47	40
1638 年	50	50	40
1645 年	50	50	40

出所）Van der Beek et al.（2009），p. 43 の表を一部抜粋して筆者作成。

ン）に引き上げられたが，それはあくまで「許容（tolerantie）」されてのことであり，公式な流通価格ではなかった。このとき，ドゥカトン銀貨も63スタイフェル（3.15グルデン）で認められる。その結果，レイクスダールデル銀貨とレーヴェンダールデル銀貨は，専ら貿易用硬貨として用いられ，国内流通からその姿を消すことになった[20]。

1638年の「許容」されたパタゴン価格50スタイフェルは，アムステルダム銀行には適用されなかった。同行は公認された価格で硬貨を取扱う機関であるため，パタゴン銀貨が50スタイフェルで「許容」された後も，1622年に公認された47スタイフェルで取扱った。こうして，アムステルダム銀行の勘定での価格と，銀行外での価格とに差が生じていったのである。「『バンク・マネー』や『バンコ・グルデン』は主に，流通貨幣の価値からは区別された，（アムステルダム―引用者）銀行の帳簿上で受け渡される，価値の総額を表示するのに用いられた」[21]。1645年にパタゴン銀貨のアムステルダム銀行での取り扱いが認められたが，その価格（銀行価格）は48スタイフェル（2.4グルデン）であり，流通貨幣との価格差は残されたままとなった[22]。

この価格差は何を意味するだろう。例えとして，額面が600グルデンの為替手形の支払いをする必要があるが，アムステルダム銀行の預金残高が不足するため，パタゴン銀貨を同行に持ち込む場合を考えてみる。パタゴン銀貨の銀行価格は2.4グルデンであるから，600グルデンの預金残高を得るには250個のパタゴン銀貨が必要となる（$2.4 \times 250 = 600$）。他方，250個のパタゴン銀貨は銀行以外では625グルデンの流通価格で評価されるため（$2.5 \times 250 = 625$），600グルデンの預金残高を得るのに必要な流通貨幣は625グルデンとなる。換算すれば，1グルデン・バンコを得るには1.04グルデン・カレントを手放す必要がある（$2.5 \div 2.4 = 1.0416$）。その比4％がバンク・マネーの価格，すなわち「アジオ」である。

1659年，オランダは国内流通から南ネーデルラント製硬貨を排除することに成功する。この年，オランダでは新しくドゥカート（dukaat）銀貨とレイデル（rijder）銀貨が導入された。両銀貨は，貿易用硬貨であるレイクスダールデル銀貨とレーヴェンダールデル銀貨よりも銀含有量が5％低く，したがってパタゴン銀貨とドゥカトン銀貨よりも銀含有量が1％低かった。ドゥカート

銀貨とレイデル銀貨は，それが正式名称であったが，すぐに別の名称で呼ばれ始める。すなわち，「レイクスダールデル」と「ドゥカトン」である。そして，南ネーデルラント製硬貨がオランダ製硬貨に置き換わったのと同じように，新しいオランダ製硬貨が南ネーデルラント製硬貨に置き換わったのである[23]。

　注目すべきは，これら新硬貨には，公式に二重価格が設定されたことである。新レイクスダールデル銀貨は「重量」貨幣としては48スタイフェル，「流通」貨幣としては50スタイフェルとされた。新ドゥカトン銀貨はそれぞれ60スタイフェルと63スタイフェルである（表4-2）。アムステルダム銀行では，これら硬貨は「重量」貨幣として扱われた[24]。1659年の改革により，それまでの実態が正式化されたのである。

　このように，アムステルダム銀行のグルデン・バンコは，銀行外の流通で用いられる貨幣計算単位のグルデンとは区別された。こうした過程の中で，アムステルダム銀行外部でバンク・マネーを取引する市場が出現してくる。次にその状況を見ていこう。

表4-2　1659年に導入された新硬貨と二重価格

（単位：スタイフェル）

	（新）レイクスダールデル ［正式名：ドゥカート］	（新）ドゥカトン ［正式名：レイデル］
「重量」貨幣として	48	60
「流通」貨幣として	50	63

出所）筆者作成。

第2節　バンク・マネー取引と「預り証」の導入

1．バンク・マネー取引の出現

　1640年代のアムステルダムでは，バンク・マネーを取引する野外自由市場が出現していた。この市場で仲介者（ディーラー）としての役割を果たしたのが，出納業者や両替商などの民間の金融業者である。彼らは平日の毎日，午前10～11時に市庁舎前のダム広場に集まり，その日のバンク・マネーの相場を

118　第4章　アムステルダム銀行バンク・マネーの不変性とアジオの安定性

決めるための市場を組織していた[25]。

　なぜこのような市場が出現したのだろうか。アムステルダムでは，一定金額以上の額面を持つ為替手形は，アムステルダム銀行で決済される必要があったが，預金残高が不足する場合はアジオを支払って，バンク・マネーを得なければならなかった。また，同行に口座を保有しない場合，口座の開設には手数料が必要であった。他方，預金残高には利子が付かず，現金化には手数料が徴収された。このような理由から，アムステルダム銀行の直接的な利用を避けて，バンク・マネーの入手を望む者と，バンク・マネーを手放して現金化することを望む者が存在したのである[26]。ここに，バンク・マネーの需給関係が発生し，その取引を仲介する業者が現れたと考えられる。

　次に，この自由市場ではどのように取引が行われていのかを確認しよう。表4-3には，バンク・マネーの買い手（債務者），売り手（債権者），仲介業者間の取引を概念的に整理している。買い手はアムステルダム銀行に口座を持つと仮定しよう。また，仲介業者は，買い手と売り手，それぞれに対してアムステルダム銀行と直接取引するよりも有利な条件で買値と売値を提示する。まず，①が開始時点の状況であり，手形100の取引を行う債務者と債権者，それにアムステルダム銀行に預金残高（バンク・マネー，表では便宜上BMと略記）100を持つ仲介業者がいる。②は仲介業者によるバンク・マネー売り（債務者による買い）を示す。債務者は，手形100を決済するため残高100を硬貨で購入するが，この残高を得るため仲介業者に硬貨99.75を支払う。そして，③アムステルダム銀行に置かれた残高100で手形100の決済が行われる。他方，④は仲介業者によるバンク・マネー買い（債権者による売り）を示す。債権者は，残高100を仲介業者の口座に振り替える一方で，仲介業者から硬貨99を受け取る。最終的な結果は⑤となるが，アムステルダム銀行が1.25％の引出手数料を徴収していたとすると，同行を経由して取引するよりも，債務者は有利な価格でバンク・マネーを得られ，債権者も有利な価格で硬貨を得ることが可能となっており，仲介業者も差益を得られている[27]。

　ステュアートは，この自由市場ついて次のように述べる。「アムステルダムの市庁舎前の広場（ダム広場）には銀行信用と通貨（カレント・コイン）との売買を商いとする多数の両替商が出ている。彼らは売買の一方を求めている人

第2節　バンク・マネー取引と「預り証」の導入　119

表4-3　バンク・マネーの取引

	債務者		債権者	仲介業者
	資産	負債	資産	資産
①開始	100　硬貨	100　手形	100　手形	100　残高
②仲介業者による BM 売り	-99.75　硬貨 +100　残高			+99.75　硬貨 -100　残高
③手形が BM で決済	-100　残高	-100　手形	+100　残高 -100　手形	
④仲介業者による BM 買い			+99　硬貨 -100　残高	-99　硬貨 +100　残高
⑤結果	0.25　硬貨		99　硬貨	100　残高 0.75　硬貨
AWB を経由する取引の場合			98.75　硬貨	100　残高

註）①～⑤の数字は筆者による。「BM」は「バンク・マネー（bank money）」，「AWB」は「アム
　　ステルダム銀行（Amsterdamsche Wisselbank）」の略記であり，これも筆者による。
出所）Quinn and Roberds（2024），p. 96 の表 4.5 を一部変更のうえ筆者作成。

とは誰とでも取引をする。そして正貨あるいは銀行信用にたいする需要に応じ
て，打歩（アジオ─引用者）が騰落する。こうした両替商は，銀行信用と通貨
のどちらを提供するにせよ，いずれの取引においても彼らは決して需要者側に
は立たないために，いつでも儲け損なうということはなく，通常経験するとこ
ろによれば，需要の変化に応じておよそ 1/16 パーセント，あるいは事による
と 1/8 パーセントが彼らの儲けになる」[28]。

　公式に設定される銀行価格と流通価格の比としてのアジオは固定的である。
例えば 1659 年に導入された新しいドゥカトン銀貨は，銀行価格が 60 スタイ
フェル（3 グルデン），流通価格が 63 スタイフェル（3.15 グルデン）である
から，公比としてのアジオは 5% になる（63÷60＝1.05）。この公式のアジオ
を「名目アジオ」と呼ぼう。だが，ステュアートが述べるように，自由市場で
は，アジオはバンク・マネーの需給に応じて変動した。ここでは，市場の需給
に応じて変動するアジオを「実質アジオ」と呼ぶことにする。つまり，この自
由市場にて形成される実質アジオの水準は，バンク・マネーの需給関係を表す
指標になったのである。

　このように，アムステルダム銀行外部では，バンク・マネーを取引する市場

120　第4章　アムステルダム銀行バンク・マネーの不変性とアジオの安定性

が生成していたが，それは同時に，バンク・マネーの価格が需給関係に応じて
騰落する状況が生まれたことも意味する。バンク・マネーの価格，すなわちア
ジオの安定を実現された手段だと考えられるのが，1683年に導入された預り
証である。

2．預り証の導入

　アムステルダム銀行外部ではバンク・マネーを取引する市場が存在したが，
商人のヨハネス・フーンゼン（J. Phoonsen）は，これを「面倒で骨の折れる
作業であり，商人はダム広場や証券取引所で時間を無駄にしている」という状
況を議会に報告し，銀行制度の改革を提案した。フーンゼンの提案を受け，議
会は1683年に「預り証」を導入することになる[29]。

　預り証は，文字通りアムステルダム銀行が硬貨を預かることに対して発行さ
れた証書である。同行は一般の口座保有者に対する貸付は行わなかったため，
預り証の導入以前は，預金残高を新規に増額させるには硬貨を銀行に買い取っ
てもらい，その額を貸方記入してもらう必要があった。また，アムステルダム
銀行は，残高と引き換えに口座保有者が希望する硬貨を供給するのが任務で
あったが，例外的に，希望する硬貨に残高を現金化できない場合もあった。例
えば，1640 〜 41年にかけて同行ではレイクスダールデル銀貨が底をつき，（条
令に背いて）パタゴン銀貨を支払いに充てたという事態が生じている[30]。

　これに対して，預り証制度は，口座保有者がアムステルダム銀行に硬貨を預
ければ，6カ月間に限って硬貨の金額が銀行口座に貸方記入され，その金額と
預託された硬貨の種類が記載された預り証が発行されるというものであった。
このとき，預けられた硬貨の所有権は預託者にある。つまり，硬貨を担保とす
る融資制度だと言える。預り証は譲渡可能であり，その持参人には，預金残高
と引き換えに，その表面に記載された種類と数量の硬貨が引き渡された。つま
り，硬貨を担保として預託されている期間に限り，バンク・マネーを得られた
のである[31]。預り証の表面に書かれた文言は次のとおりである。

　　「○月○日，○○（名前）は1つの硬貨につき10グルデン4スタイフェル
　　の価格で，それらを6カ月以内に回収して当行に0.5％の利子を支払うこと

を条件に，1,000 個のルイ金貨（Louis d'or）を預けた。6 カ月が経ち，この条件を満たさなければ，上記の価格でその所有権を当行に引き渡すことになる」[32]。

適用される利率は硬貨の種類によって異なり，金貨は 1/2%（0.5%），銀貨は 1/4%（0.25%），ドゥカトン貨は 1/8%（0.125%）である。満期時には利子のみを支払えば，さらに期間を 6 カ月延長させることもできた。硬貨が回収されず，期間延長もされなければ，硬貨の所有権は預託者からアムステルダム銀行に移ることになったが，預託者は預金勘定に借り受けた金額を返済する必要からは解放された。また，預り証をアムステルダム銀行に持ち込むことで，その者の預金残高を増加させることもできた。この制度を通じて預けられた硬貨は袋詰めされ，預託者の名前や硬貨の種類が記載された紙で封印された[33]。

預り証は，証券取引所での取引対象でもあり，市場では預り証価格が形成されてもいた[34]。では，市場では預り証価格の水準はどのように決まるのだろうか。デヒン（P. Dehing）によれば，実質アジオと預り証価格には負の相関関係があると言う[35]。図 4-3 は，ドゥカトン銀貨 1,000 個を取引する場合の，銀行価格，流通価格，市場価格，預り証価格の関係を概念的に整理したものである。1 個当たり 3 グルデンのドゥカトン銀貨を 1,000 個，アムステルダム銀行に預ければ，それと引き換えに，3,000 グルデンの銀行残高とドゥカトン銀貨の預り証を得られる。ドゥカトン銀貨の利率は 1/8%（0.125%）であるため，同行からドゥカトン銀貨を得るには 3,003.75 グルデンを支払う必要がある。また，ドゥカトン銀貨の流通価格は 3.15 グルデンであるから，名目アジオは 5% となる。例えば，実質アジオが 2% ならば，ドゥカトン銀貨の市場価格は 3,063.83 グルデン（＝3,003.75×1.02）ということである。そして，ドゥカトン銀貨 1,000 個の預り証が取引される価格は，理論的には名目アジオと実質アジオとの差であり，86.17 グルデン（＝3,150−3,063.83）となる[36]。

実質アジオの上昇は，ドゥカトン銀貨の市場価格の上昇を意味する。図には示していないが，例えば，実質アジオが 4% に上るということは，市場価格は 3,123.90 グルデン（＝3,003.75×1.04）であり，預り証価格は 26.1 グルデン（＝3,150−3,123.90）となる。つまり，実質アジオの上昇は預り証価格の低下（逆

122　第 4 章　アムステルダム銀行バンク・マネーの不変性とアジオの安定性

図 4-3　1,000 ドゥカトンの預り証価格（アジオ 2％）

出所）Dehing (2012), p. 125 の図 4.3 をもとに一部加筆をして筆者作成。

は逆）を意味するのである。

　実質アジオの低下（預り証価格の上昇）は，預金残高を安く買える一方で預り証を高く売れるため，預り証の保有者にとって有利な状況である。他方，実質アジオの上昇（預り証価格の低下）は，預金残高を高く売れる一方で預り証を安く購入できるため，預金残高の保有者にとって有利である。こうした利害関係により，市場では裁定取引も行われ，アジオの変動を引き起こす要因となっていた。この市場におけるアジオ変動を一定の範囲内に収めるよう，アムステルダム銀行は預り証を用いて介入操作を行ったのである。

第 3 節　バンク・マネーの「不変性」とアジオの「安定性」

1．アジオの「安定性」

　17 世紀後半，預り証が導入された 1683 年以降のどこかで，預り証の呈示なしでの預金残高の現金化が不可能になった[37]。これは，自分名義の預金残高であっても，預り証を入手しなければ残高を現金化できず，現金化には預り証を入手する必要があることを意味する。また，預り証導入以前の預金残高には預り証は発行されなかったため，アムステルダム銀行のバンク・マネーは，現金化可能な残高と，現金化不可能な残高とで構成されたわけである。

　では，こうした状況のもとで，アムステルダム銀行はどのような介入操作をしたのだろう。スミスは次のように述べる。「アムステルダム銀行は最近，い

つでも五パーセントのプレミアムで銀行預金を売って流通通貨を買い，四パーセントのプレミアムで銀行預金を買って流通通貨を売る仕組みを設けた。この仕組みによって，プレミアムは五パーセントを上回ることも四パーセントを下回ることもありえなくなり，銀行通貨と流通通貨の市場価格の比率がつねに，本来の価値に近い水準で維持されるようになった」[38]。また，ファン・ディレン（J. G. van Dillen）も，18世紀のアムステルダム銀行は「バンク・カレンシーを売買することでアジオの変動を抑制した」と言い，同行は「アジオが4.25パーセントに下落するときにバンク・マネーを買い，4.875パーセントに上昇するときにそれを売った」[39]という。

17世紀中葉以前，硬貨の価値を安定させるために当局が採用したのは，硬貨の価格設定を直接的に調整することであったが，17世紀中葉以降，硬貨の価格は市場での需給調整によって担われたことになる。その需給調整は，預り証を売買することで容易に行えたのである。このアムステルダム銀行によるアジオを安定させるオペレーションをどのように考えれば良いだろうか。ここでは，先行研究の見解を参照したい。

デヒンは，アムステルダム銀行による市場介入によって，硬貨供給の安定化に成功した点を評価する。預り証が導入される以前，アムステルダム銀行は不安定性を緩和させるための手段を持たなかったが，預り証の導入により，市場介入を通じて硬貨供給を調整する手段を得られたからである。もっとも，銀行が可能にしたのは供給面での安定化だけではない。硬貨需要やバンク・マネー流通速度の調整も可能となった。アムステルダム銀行にとっては，収益は主たる目的でなく，市場流動性の確保こそ重要であったという。また，デヒンは，市場介入によるアジオ水準の操作により，同行は保有する貴金属額を一定以上に保つことができた点も指摘する[40]。参考に，図4-4にはアムステルダム銀行が保有する金属準備額とアジオの推移を重ねて示している。この図から短期的な変動は読み取りづらいが，長期的にみれば，18世紀を通じてアムステルダム銀行の金属準備額はほぼ1,000万グルデン以上の水準を維持し，アジオも一部の期間（特に七年戦争期）を除けば，金属準備額と負の相関があるように見て取れる。

クイン（S. Quinn）とロバーズ（W. Roberds）は「政策フレームワーク」

図4-4 アムステルダム銀行の金属準備額（グルデン：左軸）とアジオ（％：右軸）の推移

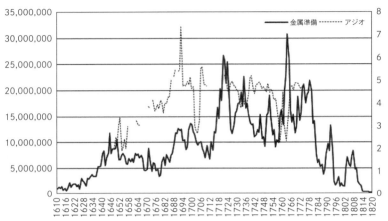

出所）Van Dillen (1964), pp. 110-112 ; McCusker (1978), pp. 46-51 より筆者作成。

という視点から，預り証の導入によって実現されたアムステルダム銀行の公開市場操作の意義を示している。彼らによれば，現代の文脈に沿って言えば，アムステルダム銀行は預り証という「手段」を用いて，アジオという「市場金利」の変動幅を，4～5％という「目標」に操作するという，今日の中央銀行が果たすのと近い役割を果たしたと説明する。

このような政策的な枠組みは，貿易用硬貨との関連で論じられる。アムステルダム銀行の顧客には，「カウンターパーティ・リスク」なしに硬貨を保管できて，かつ預り証を用いて硬貨を担保に借入できることは魅力であり，しかもそれらは安価に提供された。また，為替手形の決済に必要なバンク・マネーを追加的に得るには硬貨もしくは預り証を入手しなければならないが，それらを入手するコストは市場アジオに影響されるため，アジオの安定はオランダ経済にとって不可欠だったのである。それは同時に，アムステルダム銀行の所有者である市当局にも重要であった。同行の預り証，公開市場介入，オランダ東インド会社への貸付は，それぞれ運営者である市の収益源にも結びついていたからである。アムステルダム銀行の政策的な枠組みには，市の利害も含まれていたのである[41]。

2．バンク・マネーの「不変性」

　さて，これまで検討してきたように，アジオとはバンク・マネーの価格であり，市場の需給関係により変動した。その変動を一定幅に抑えるための介入をアムステルダム銀行が行い，バンク・マネーを取引するための価格の安定を実現したのである。

　もっとも，実質アジオは本質的には変動するものである。その性格は，冒頭で確認したスミスやステュアートの言う「真の価値がつねに一定」であり「海中の巌のように不動」との表現には適さないが，ステュアートはこの点を次のように述べている。「需要に応じて打歩が変化し，銀行貨幣（バンク・マネー──引用者）の価値は変動すると主張しても，それは以上の事実にたいする反論とはならない。こうした変動は銀行貨幣にではなく，鋳貨にかかわるとされるべきである。銀行貨幣は，不変の性質をすべて兼ね備えているので，変動しないとみなされるべきである」[42]。つまり，アジオの変動は硬貨に対するものであり，バンク・マネーそのものは「不変」だというのである。

　図4-3に再び目を移そう。実質アジオの変動は，グルデン・カレントで表される硬貨の市場価格の騰落によって生じる。したがって，アジオは直接的には硬貨に対して変動していると言える。他方，銀行価格とドゥカトン銀貨の関係は不変である。これは例えば，3,000グルデン・バンコのバンク・マネーは，3,000グルデン（バンコ）の額面を持つ預り証があれば，（金利分を無視すると）3,000グルデン分のドゥカトン銀貨で決済されることを意味する。

　同じことは，為替手形の決済にも当てはまる。もし仮に，為替手形や預金残高が硬貨と結びついていれば，決済される金額は，硬貨の価格変動の影響を避けられない。例えば，3,000グルデン（バンコ）の為替手形をドゥカトン銀貨で決済すると言っても，ドゥカトン銀貨の価格が3,000グルデンであるとは限らない。また，為替手形を銀行預金で決済すると言っても，預金残高と硬貨が結びついていて，交換比率が等価ならば事態は同じであろう。他方，為替手形や預金残高が硬貨と結びつかなければ，3,000グルデン（バンコ）の預金残高は，硬貨の価格変動に関係なく，3,000グルデン（バンコ）の為替手形を決済する。アジオが変動しようとも，1グルデン・バンコのバンク・マネー（信用）は1グルデン・バンコの債務を決済するのである。

126　第4章　アムステルダム銀行バンク・マネーの不変性とアジオの安定性

　17世紀中葉以降，アムステルダムのマーチャント・バンカーによって引受信用が供与され，各地から振り出されるアムステルダム宛為替手形がアムステルダム銀行の勘定上で決済されるという構造があった。このため，アムステルダム払いの為替手形はグルデン・バンコで建てられ，為替相場もグルデン・バンコを基準に建てられていた[43]。そうした価値基準としての役目を果たし得たのは，グルデン・バンコが特定の硬貨の価格変動から切り離された，価値の「不変性」を備えていたからだと考えられる。この点，ステュアートの訳者解説では次のようにも指摘されている。「アムステルダム銀行の銀行貨幣が国際的な為替決済を遂行しうるのは，それが価値の不変性を保持し，彼（ステュアート—引用者）のいう計算貨幣としての機能を国際的に担うことができるからである」[44]。

おわりに

　本章では，アムステルダム銀行におけるバンク・マネーの不変性と，アジオの安定性の区別ついて考察してきた。アジオは，アムステルダム銀行のバンク・マネー（帳簿に貸方記入された金額）の価格であり，硬貨とバンク・マネーの需給関係によって変動するものである。同行は，アジオの変動を抑制するため預り証を用いた介入操作を行って，アジオの安定化を実現したと言われる。これにより，オランダ商業にとって重要な，為替手形決済に用いられるバンク・マネーの需給と，貿易用硬貨の需給とを安定化させられたと考えられる。

　グルデン・バンコとグルデン・カレントの比としてのアジオは，意図的に生み出されたものではなかった。硬貨価格の安定のため市当局が当初に行ったことは，公布する流通価格の変更であったが，価格変動を免れない硬貨と，公布された価格通りに硬貨を扱うアムステルダム銀行との間で，価格の不一致が常態化した結果，アジオが生まれた。そして，これと同時並行的に，アムステルダム銀行と直接取引するよりも有利な条件でバンク・マネーを取引できる自由市場が出現していた。当局は，硬貨の流通価格そのものを調整するのではなく，存在する二重価格を追認し，硬貨の価格変動を市場に任せ，市場介入よっ

てその価格の安定化を図るという方策を採用したと言える。アジオが存在しえたのは，それがバンク・マネーと硬貨との需給関係を安定化させる緩衝装置として機能したからであろう[45]。

　他方，バンク・マネーは価値基準としての性格も備える。もともと，アムステルダム銀行では設立後の早い段階で為替手形に対する硬貨での支払いは停止されていたが，銀行外における自由市場の出現と預り証の導入は，同行の預金残高を直接現金化する必要を減少させ，預り証なしでの預金残高の現金化は不可能になった。これがバンク・マネーに価値基準としての役割を担いうる性格を備えさせたと思われる。すなわち，グルデン・バンコは常に同額の債務を決済するという不変性である。だからこそ，「真の価値がつねに一定」であり「海中の巌のように不動」と評されるのではないだろうか。

註

1　諸研究では，「アムステルダム振替銀行」や「アムステルダム市立為替銀行」などとも表記されるが，本章では「アムステルダム銀行」で統一する。
2　貨幣計算単位としての「グルデン（gulden）」，「フローリン（florin）」，「ギルダー（guilder）」は全て同じ意味である。したがって，「グルデン・バンコ（gulden banco）」，「バンコ・フローリン（banco florin）」，「バンク・ギルダー（bank guilder）」も意味は同じである。本章では「グルデン」，「グルデン・バンコ」との表記で統一する。
3　Quinn and Roberds（2024）など，彼らの一連の研究で繰り返し主張される。アムステルダム銀行が，いわゆる「公開市場操作」的な介入をして，バンク・マネーの価値を安定させたという認識は，19世紀以降では，Mees（1838），Van Dillen（1964），Van der Laar（1978），Gillard（2004），Dehing（2012）にも共通する。
4　Quinn and Roberds（2019），p. 736.
5　De Vries and van der Woude（1997），Gillard（2004）を参照。
6　Quinn and Roberds（2009, 2014, 2015, 2016, 2019, 2024）を参照。
7　Smith（1999），p. 58／山岡訳（2007），57頁；Steuart（1998a），p. 218／小林監訳（1993），9頁。
8　Rogers（1995）を参照。
9　楊枝（2004），名城（2008），田中（2017），金井（2023）を参照。
10　橋本（2013, 2014, 2015, 2018）を参照。
11　Dehing and 't Hart（1997），p. 39.
12　*Ibid*., p. 40.
13　Van Dillen（1964），p. 83.
14　Quinn and Roberds（2009），橋本（2015）を参照。
15　Van Dillen（1964），p. 86.
16　*Ibid*., p. 84；Dehing and 't Hart（1997），p. 46.
17　Dehing（2012），p. 292.
18　De Vries and van der Woude（1997），pp. 82-83.
19　Van Dillen（1964），p. 87.

128 第4章 アムステルダム銀行バンク・マネーの不変性とアジオの安定性

20 *Ibid.*, p. 88.

21 *Ibid.*, p. 89.

22 Dehing (2012), p. 110.

23 Van der Beek et al. (2009), p. 52.

24 Van Dillen (1964), pp. 89-90.

25 アムステルダム銀行を「中央銀行」の起源と考えるクインとロバーズは，この市場を，「中央銀行資金 (central bank funds)」を取引するための世界で最初の「公開市場 (open market)」と位置づける。「この市場で実現する取引可能な銀行資金の出現は，アムステルダム銀行を中世的な銀行モデルから中央銀行的な存在に近づける決定的なステップだった」(Quinn and Roberds 2009, pp. 59-60)。

26 Dehing (2012), p. 121.

27 Quinn and Roberds (2024), pp. 96-97.

28 Steuart (1998b), p. 323 ／小林監訳 (1993)，395-396 頁。

29 導入の経緯は Dehing (2012) に詳しい。なお，ド・フリース (J. de Vries) とファン・デア・ワウデ (A. van der Woude) は，預り証の導入と時期を同じくして，オランダ東インド会社が輸出可能な硬貨を必要としていたこととの関りを指摘する (De Vries and van der Woude 1997, p. 134)。なお，レーヴェンダールデル銀貨はレヴァント貿易向け，レイクスダールデル銀貨はバルト海貿易向け，ドゥカート銀貨はアジア貿易向け，ドゥカート金貨はロシア貿易向け，であったという (De Vries and van der Woude 1997, p. 84)。

30 Quinn and Roberds (2009), p. 58.

31 スミスも次のように述べる。「預かり証書の保有者は，地金の預け入れの際に預金口座に入金されたのと同額の銀行通貨を同行に払い戻さなければ，地金を引き出すことができない。銀行通貨をもっていない場合には，もっている人から購入しなければならない。銀行預金の保有者は，引き出したい量の預かり証書を提出しなければ，地金を引き出すことができない。預かり証書をもっていない場合には，もっている人から購入しなければならない」(Smith (1999), p. 61 ／山岡訳 2007, 61 頁)。

32 Van Dillen (1964), p. 103.

33 Van der Bocht (1896), p. 211 : Neal (2000), p. 121.

34 預り証の性格は「コール・オプション」とも表現される (Dehing 2012 : Quinn and Roberds 2024 など)。

35 Dehing (2012), pp. 124-126.

36 ステュアートも次のように述べる。「預り証それ自体は，この債務証書の所有者で，しかもそれに相当する金額の信用を銀行に保有する任意の人に鋳貨の受領権を与えるものであって，その価値は，それにたいする権利がこの預り証によって移転される鋳貨の価格に応じて騰落する」(Steuart (1998b), p. 328 ／小林監訳 1993, 400 頁)。

37 この事態をクインとロバーズは，バンク・マネーが「フィアット (fiat)」化したと表現する。「今日の中央銀行のように，バンク・フローリン (bank florin) として知られるアムステルダム銀行のマネーは，巨大商社が金融負債を決済するのに用いられるフィアット口座 (fiat account) である。また今日のように，人々は日常の取引には他のマネーを用いる。この文脈において，フィアットとは，人々が預金も引出しもできない中央銀行における ordinary money を意味する」(Quinn and Roberds 2019, p. 737)。

38 Smith (1999), p. 64 ／山岡訳 (2007)，64 頁。

39 Van Dillen (1964), p. 102.

40 Dehing (2012), pp. 293-295.

41 Quinn and Roberds (2019), pp. 737-739. なお，オランダ東インド会社に対する貸付は担保のない当座貸越で行われた。18世紀末，東インド会社の経営が悪化して返済困難になり，それがアムステルダム銀行の経営にも影響を及ぼしたと言われる。フロスト（J. Frost）らによれば，大規模な損失を出したときのアムステルダム市からの財政的支援は限定的であったことが「最初の中央銀行（proto central bank）」が破綻した原因の1つだという（Frost et al. 2020, p. 37）。

42 Steuart (1998b), p. 329／小林監訳 (1993)，400頁。なお，銀行貨幣は計算貨幣であり，ステュアートにおける計算貨幣とは，販売品の相対価値を測るための度量標準である。「つねに等しい価値を維持し，諸物の変動する価値比率のあいだの正確な均衡点でいわばみずからを静止させているような貨幣だけが，それによって価値を計りうる唯一の永続的で等しい度量標準である」（Steuart (1998a)，p. 218／小林監訳 1993，9頁）。奥山によれば，「計算貨幣の立場に立てば，例えば，100円の100倍は1万円という関係はいつでも不変である。この本来不変のものが，特定の貴金属と結びついたためにその価値に翻弄され，価値尺度機能を十分に果たすことができなくなった，と（ステュアートは—引用者）考えるのである」（奥山 2009, 144頁）。

43 橋本 (2013, 2014, 2015) を参照。

44 ステュアート／小林監訳 (1993)，867頁，竹本洋による訳者解説。

45 Neal (2000), p. 122.

参考文献

Dehing, P. and M. 't Hart (1997), "Linking the fortunes: currency and banking, 1550-1800", in M. 't Hart, J. Jonker and J. L. van Zanden (eds.), *A Financial History of the Netherlands*, Cambridge.

Dehing, P. (2012), *Geld in Amsterdam: Wisselbank en wisselkoersen, 1650-1725*, Hilversum.

De Vries, J. (1976), *The Economy of Europe in an Age of Crisis, 1600-1750*, Cambridge.

De Vries, J. and A. van der Woude (1997), *The First Modern Economy: Success, Failure, and Perseverance of the Dutch Economy, 1500-1815*, Cambridge. (J.ド・フリース，A.ファン・デァ・ワウデ／大西吉之・杉浦未樹訳『最初の近代経済—オランダ経済の成功・失敗と持続力1500-1815』名古屋大学出版会，2009年。)

Frost, J., H. S. Shin and P. Wierts (2020), "An early stable coin? The Bank of Amsterdam and the governance of money", *BIS Working Papers*, No. 902, pp. 1-42.

Gillard, L. (2004), *La Banque d'Amsterdam et Le Florin Européen, au temps de la République néerlandaise (1610-1820)*, Paris.

Innes, A. M. (1914), "The Credit Theory of Money", *The Banking Law Journal*, Vol. 31, pp. 151-168. (楊枝嗣朗訳「A.ミッチェル・イネス『貨幣の信用理論』」『佐賀大学経済論集』第53巻第3号，2020年，75-110頁。)

Mees, W. C. (1838), *Proeve eener Geschiedenis van het Bankwezen in Nederland*, Rotterdam.

McCusker, J. (1978), *Money and Exchange in Europe and America 1600-1775: A Handbook*, Williamsburg.

Neal, L. (2000), "How it all began: the monetary and financial architecture of Europe during the first global capital markets, 1648-1815", *Financial History Review*, No. 7, Vol. 2, pp. 117-140.

Quinn, S. and W. Roberds (2009), "An economic explanation of the early Bank of Amsterdam, debasement, bills of exchange and the emergence of the first central bank", in J. Atack and L. Neal (eds.), *The Origins and Development of Financial Markets and Institutions: From the Seventeenth Century to the Present*, Cambridge.

Quinn, S. and W. Roberds (2014), "How Amsterdam got fiat money", *Journal of Monetary*

Economics, Vol. 66, pp. 1-12.

Quinn, S. and W. Roberds (2015), "Responding to a Shadow Banking Crisis: The Lessons of 1763", *Journal of Money, Credit and Banking*, Vol. 47, No. 6, pp. 1149-1176.

Quinn, S. and W. Roberds (2016), "Death of a Reserve Currency", *International Journal of Central Banking*, Vol. 12, No. 4, pp. 63-103.

Quinn, S. and W. Roberds (2018), "The Bank of Asmterdam's Search for Success and Stability", in L. Costabile and L. Neal (eds.), *Financial Innovation and Resilience: A Comparative Perspective on the Public Banks of Naples (1462-1808)*, Cham.

Quinn, S. and W. Roberds (2019), "A Policy Framework for the Bank of Amsterdam, 1736-1791", *The Journal of Economic History*, Vol. 79, No. 3, pp. 736-772.

Quinn, S. and W. Roberds (2024), *How a Ledger Became a Central Bank: A Monetary History of the Bank of Amsterdam*, Cambridge.

Rogers, J. S. (1995), *The Early History of the Law of Bills and Notes: A Study of the Origins of Anglo-American Commercial Law*, Cambridge. (J. ロジャーズ／川分圭子訳『イギリスにおける商事法の発展—手形が紙幣となるまで』弘文堂，2011 年。)

Smith, A. (1999), *The Wealth of Nations*, Books IV-V, first published in 1776, London. (A. スミス／山岡洋一訳『国富論（下） 国の豊かさの本質と原因についての研究』日本経済新聞出版社，2007 年。)

Steuart, J. (1998a), *An Inquiry into the Principles of Political Oeconomy*, Book 2, first published in 1767, London. (J. ステュアート／小林昇監訳『経済の原理—第 3・4・5 編—』名古屋大学出版会，1993 年。)

Steuart, J. (1998b), *An Inquiry into the Principles of Political Oeconomy*, Book 3, first published in 1767, London. (J. ステュアート／小林昇監訳『経済の原理—第 3・4・5 編—』名古屋大学出版会，1993 年。)

Van der Beek, M., A. Brzic and A. Pol (2009), "The coinage of the Dutch Republic", in M. van Nieuwkerk (ed.), *The Bank of Amsterdam: On the Origins of Central Banking*, Arnhem.

Van der Bocht, R. (1896), "A history of banking in Netherlands", in Editor of Commerce and Commercial Bulletin (ed.), *A History of Banking in all the Leading Nations*, New York.

Van der Laar, H. J. M. (1978), *Opperbankier en Wetenschapsman: Willem Cornelis Mees 1813-1884*, the Hague.

Van Dillen, J. G. (1964), "The Bank of Amsterdam", in J. G. Van Dillen (ed.), *History of the Principal Public Banks*, London.

奥山忠信 (2009)「ジェームズ・ステュアートの貨幣数量説批判」『埼玉学園大学紀要（経営学部篇）』第 9 号，139-150 頁。

金井雄一 (2023)『中央銀行はお金を創造できるか—信用システムの貨幣史』名古屋大学出版会。

田中英明 (2017)『信用機構の政治経済学—商人的機構の歴史と論理』日本経済評論社。

田中英明 (2022)「現代の貨幣と『現代貨幣理論』：中央銀行貨幣の債務性をめぐって」『経済志林』第 89 巻第 2 号，583-616 頁。

名城邦夫 (2008)「中世後期・近世初期西ヨーロッパにおける支払決済システムの成立—アムステルダム市立為替銀行の意義」『名古屋学院大学論集（社会科学篇）』第 46 巻第 1 号，27-71 頁。

橋本理博 (2013)「アムステルダム銀行におけるマーチャント・バンカーの決済傾向—ホープ商会の事例」『経済科学』第 61 巻第 3 号，35-52 頁。

橋本理博 (2014)「アムステルダム銀行の決済システム—17・18 世紀における『バンク・マネー』の意義」名古屋大学大学院経済学研究科 2013 年度博士学位請求論文。

橋本理博（2015）「18 世紀における国際的決済とアムステルダム銀行」『証券経済学会年報』第 49 号別冊（部会報告論文），1-10 頁。

橋本理博（2018）「金融史研究におけるアムステルダム銀行の位置」『名古屋学院大学論集（社会科学篇）』第 55 巻第 2 号，83-95 頁。

橋本理博（2019）「アムステルダム銀行の預金受領証は『銀行券』だったのか――受領証の性格が映し出す銀行券と銀行預金の同一性」『法と経営研究』第 2 号，103-121 頁。

楊枝嗣朗（2004）『近代初期イギリス金融革命―為替手形・多角的決済システム・商人資本』ミネルヴァ書房。

楊枝嗣朗（2012）『歴史の中の貨幣―貨幣とは何か』文眞堂。

楊枝嗣朗（2022）『貨幣と国家―資本主義的信用貨幣制度の生成と展開』文眞堂。

本研究は JSPS 科研費 23K01491 の助成を受けている。

第5章

アメリカにおけるリテール金融サービス生態系の進化と大手銀行の事業モデル

神野 光指郎

はじめに

アメリカでは金融危機後にフィンテック企業が簇生し，一時は銀行が破壊されるとの声が高まっていたが，少なくとも大手銀行については，新興フィンテックによってその存在が脅かされるといった状況からほど遠い。それでも金融を巡る環境は激変している。その変化は，新興勢力による既存勢力の破壊というよりも，金融生態系の進化であり，大手銀行間の競争も重要な動力になっている。金融生態系が進化する過程における各主体の複雑な相互作用は，銀行対フィンテックという視角では目に入らない。本章では支払いサービスを中心に，リテール金融の分野における生態系進化の内実に迫る[1]。

第1節　カード業界の分業構造と利害関係

1．カード業務のモジュール化に対する大手銀行のアプローチ

アメリカでは 1990 年代にリテール銀行業のアンバンドリングが進行し，大手は住宅ローンやカードといった分野ごとにノンバンクに倣って業務を効率化した。金融危機以降，住宅ローンは大手の重点分野ではなくなっているが，カードの重要性は低下していない。

汎用クレジットカードは，1950 年代に Diners Club が事業化したチャージカードに，銀行が回転信用枠を組み込むことで誕生した[2]。1966 年に Bank of

America（BofA）が BankAmericard 事業のライセンス提供を開始すると，他の大手銀行が対抗して Interbank Card 協会を設立し，発行銀行が異なるカードでも同一ブランドとして受け入れられるようになった。これらがそれぞれ現在のカード通信網である Visa と Mastercard の前身である。

　1978 年に，拠点州で認められる金利を州外の借り手向けローンにも適用することが銀行に認められるようになると，銀行の出店地域が厳しく制限されていた当時のアメリカにおいて，カードが全国展開への道を開いた。Citi はカード業務の本拠をニューヨークから金利上限の高いサウスダコタ州に移転し，DM を使った全国規模のマーケティング活動を展開し始めた。他の大手もこれに追随し，カード業務で規模拡大が本格化する。当時はカード利用額で American Express（Amex）が突出していたが，銀行カードに限定すると 1970 年台後半に上位 50 行だけで発行枚数の半分以上を占めるようになった。

　全国に散らばる日常の接点がない個人向けに回転信用枠を提供する上で，鍵となったのが信用スコアリング技術である。元々，与信において信用調査機関の情報利用が広がっていたところに，1990 年代にはスコア計算で Fair Isaac 社の FICO が業界標準となった。これにより証券化が容易になり，銀行はカード業務の稼働率を高めることができた。

　2000 年代初頭に銀行カードでは Citi が業界の巨人になっていた。しかしカード業務の規格化によって，MBNA や First USA といったカード専門銀行が Citi を急激に追い上げてきた。そこで Citi はカード専門銀行との差別化のため，多様なカード商品開発によって顧客に複数のカードを持たせ，交換手数料[3] を獲得しながら，それら顧客にカード以外の商品も販売することを基本目標としていた。

　JPMorgan Chase（JPMC）は 2000 年代初頭にカード業務で Citi に大きく水をあけられていたが，2004 年に Bank One と統合することで一気に Citi を抜いてカードローン首位に躍り出た。この JPMC のカード業務は Citi と異なる特徴を持つ。

　JPMC の前身である Chase は 1980 年代に加盟店事業の売却で先陣を切った。購入したのは National Bancard というカード取引処理会社である。この会社を First Data という別のカード取引処理会社が買収した。このように銀

行がカード業務の効率化を模索する中で，取引処理会社が処理業務を集約していった。

しかし，Chase は 1996 年に First Data との合弁で再び取引処理業務に乗り出した。また，Bank One も JPMC との統合前に First Data との合弁事業を抱えており，しかも最終的に取引処理業務を内部化する方針であった。この方針が JPMC との統合後も維持され，新生 JPMC は 2008 年に Chase Paymentech を完全子会社にした。Chase Paymentech は，早い時期から小売りがクレジットカード以外の多様な支払い手段を受け入れられるようにすることに積極的と評価されていた。

Citi は，1992 年に加盟店事業を資本不足のため止むなく非競合条項付きで First Data に売却した。非競合条項が期限を迎えた 1997 年に同事業に再参入したが，2005 年にはやはり First Data に事業売却した。First Data は同事業を Citi Merchant Services のブランド名で継続している。BofA も，2004 年には小売り事業顧客との関係を深めるため National Processing Corp.（NPC）を買収したが，2006 年には小口口座と NPC のブランドを他の処理業者に売却し，2009 年には加盟店業務を First Data との合弁に変更した[4]。カード業務の収益源が発行側に偏る中で，加盟店業務との両面展開を目指すようになった JPMC の動きは先進的であったと評価できる。

一方，BofA の場合，加盟店業務以外で他行に先行した部分がある。BofA は 2006 年に MBNA を買収することで一時はカード発行最大手になったが，それまではやはり上位と距離があった。その状況を挽回する可能性を秘めた商品にデビットカードがあった。デビットカードが本格的に普及し始めたのは Visa がデビットカードのキャンペーンを開始した 1990 年代半ばである。BofA は 1994 年にデビットカード推進を決定し，小切手口座顧客のほとんどに対してデビットカードを発行した。

デビットカードは小切手口座に紐付いた商品であるため，単一商品の取引関係にしかならないことが多いクレジットカードよりも深い顧客関係を構築することが容易である。それでいてクレジットカードと同じように支払いに利用できる。金融アンバンドリングが進行する最中に，BofA はいち早く顧客との包括的な取引の価値を再評価した可能性がある。

第1節　カード業界の分業構造と利害関係　135

　ただし，デビットカードにはクレジットカードの通信網を利用するサイン・デビットと，ATM の通信網を利用する PIN デビットがある[5]。当時の交換手数料はサインの方が圧倒的に高く，発行銀行にとって魅力的であった。しかし利用者は両者を区別しない。銀行が顧客の PIN 利用に課金して利用を抑制しようとすると，顧客が小切手での支払いや ATM での現金引出に向かいかねない。そこで銀行はそれらを無料で利用できる範囲が取引関係の多さによって変わる料金体系を採用するようになった。このようにデビットカードを梃子に顧客を囲い込む動きを先導したのは，巨大な支店網を持つ銀行であった。

　上述のように Citi もクロスセルを狙ってはいたが，クレジットカード関係が起点では限界がある。アンバンドリングの潮流に適応しすぎると，潮目が変わったときに対応が遅れる例ではなかろうか。

2．交換手数料を巡る対立と協調

　1990 年代におけるクレジットカード業務の専門化の裏には，First Data を初めとする処理業者の存在があった。PIN デビットがクレジットカードに対抗する支払い手段に成長する上でも，処理業者の貢献は大きい。個別銀行が整備しはじめた ATM 網は銀行組合が運営する通信網へと集約され，それが 2000 年代初頭に少数の大規模通信網へと統合された時には，そのほとんどを処理業者が保有するようになっていた。そして上述のように処理業者が運営する PIN デビットは交換手数料が低く，小売りには魅力があった。

　小売りはクレジットカード通信網と銀行が結託して手数料を高止まりさせているとして度々訴訟を起こしている。2003 年には部分的な和解が成立し，Visa と Mastercard はサイン・デビットの交換手数料を引き下げ，クレジットとデビットの受け入れを分離した[6]。2008 年には，小売りが消費者に低コストの支払い方法を利用するよう促すのを Visa と Mastercard が妨害している可能性について，司法省が調査を開始した。両社は 2010 年に，小売りによる希望支払い手段についての意思表明や，消費者への誘因提供を加盟店に認めると誓うことで同省と和解した。

　2011 年には FRB が，ドッド＝フランク法ダービン修正条項に基づいて，デビットカードの交換手数料上限と取引回送についての規則を発表した。決定さ

れた上限は 22 セント ＋0.05％[7] で，規制対象銀行にとってサイン・デビットの優位性はほぼ失われた。また発行銀行はカードに少なくとも 2 つの回送選択肢を付けなければならなくなった。しかし，これで交換手数料を巡る対立が収まったわけでは全くない。

1 つの対立点は Honor all cards と呼ばれる規則である。金融危機とその後の規制強化で多くの収入源を失った大手銀行は，富裕層に人気のあった Amex の高特典カードに対抗し，プレミアム・クレジットカードを発行するようになった。それらのカードは年会費に 400 ドル以上かかる反面，加入特典が大きく，旅行での特典も充実している。還元率は航空会社との共同カードよりも高い上に，ポイントはどの航空会社のチケットにも交換できる。それらプレミアム・カードは通常のカードよりも交換手数料が高いが，カード通信網の Honor all cards 規則により，小売りは手数料の高いカードだけを拒否することができない。

小売業界は 2005 年にこの規約が反競争的であるとして訴訟を起こし，2018 年に和解金を勝ち取ったが，規則自体はなくなっていない。Walmart など一部の大手小売りは和解にも加わらず，独自の訴訟を継続している。そして Kroger や Walmart は一時的に Visa のクレジットカード受け入れを停止した。また Amazon もイギリスでの Visa 受け入れ停止を公表し，シンガポールとオーストラリアで Visa カード利用に追加の課金を始めた。これらの措置はいずれも Visa との合意で撤回されているが，合意内容は明らかにされていない。

もう 1 つの対立点はダービン修正条項についてである。FRB が回送規則を決定した際には実店舗の小売りだけが対象になっていた。その後にネット取引や非接触支払いが普及すると，PIN 認証が難しくなった。カード取引処理会社は PIN less 取引処理技術を開発して，PIN 認証なしに PIN デビット通信網を利用できるようにしたが，カード発行銀行は PIN less 機能をカードに搭載せず，小売りが PIN less に対応していてもそれが利用されなかった。小売り側は Visa が大手カード発行銀行に圧力をかけて PIN less デビットを利用できないようにしていると Visa を批判した。さらに FRB が当初上限を決定して以降，処理コストが下がっているのに上限を下げないとして，小売りは不満を強めた[8]。

以上のような展開は，あたかも Visa と Mastercard がカード発行銀行と共謀して処理業者の保有する PIN デビット網に取引が回送されることを防ぎ，小売りから高い手数料を巻き上げているように見える。しかし，現実はそれほど単純ではない。

Visa と Mastercard は互いに取引量の獲得を競っている。そうであればこそ，大手カード発行銀行や大手小売りに自社通信網利用の誘因を提供しようとするのである。発行銀行向け誘因の一例は Visa が JPMC に VisaNet のライセンスを提供したことである。これにより JPMC は Visa カードなら自社の加盟店顧客での利用について独自の料金を適用できる。また，小売り向け誘因として，交換手数料を取引量に応じて細かく分けている。大手小売りは優遇されているのである。加えて，Kroger，Walmart，Amazon の Visa への抵抗が最終的に和解に至ったことは，それら大手小売りが何らかの譲歩を勝ち取った可能性を示唆している。

次に，カード発行銀行も互いに競い合っている。JPMC が火を付けたプレミアム・カード競争は，各社にとってむしろ負担になった。ここでは交換手数料が特典を充実させるための原資なのである。そしてその特典は小売りにとっての販促にもつながる。さらに，大手カード銀行は小売りとの共同ブランドカードも手掛けており，小売りは交換手数料の一部を獲得することができる。それがどのような条件になるかは，小売りの交渉力にかかっており，やはり大手小売りほど有利になる。

そして PIN デビット網を運営する取引処理業者も互いに競争している。その顧客は銀行である。消費者がどのカードを利用しようが，発行銀行と加盟店側の処理を担当していれば，処理業者はその取引から収入が生じる。取引が自社のデビット通信網を経由すればスウィッチ手数料も加わる。しかし，それはあくまで銀行がその通信網に加盟し，発行と加盟店での取引処理を外注し続けることが前提である。銀行とクレジットカード通信網を敵に回すことが，より多くの取引に関わることにつながると期待することはできない。

138 第5章 アメリカにおけるリテール金融サービス生態系の進化と大手銀行の事業モデル

第2節　新興勢力によるカード中心モデルへの攻撃と
　　　　 リテール金融革新

１．支払い手段の多様化

　アメリカには古くから ACH 経由の支払い方法がある。これは口座振込・振替であり，小売りで利用されることは少ない。2000 年代に小売りの会員カードに ACH 経由の支払い機能を付けて，それを他の小売りでも利用できるようにする試みがあった。手数料が１件 15 セントの定額で，小売りにとっては低コストの支払い方法である。しかし当初は ACH 推進派であった食料雑貨店がデビットカードを受け入れるようになり，普及しなかった。デビットカードであれば取引承認時に口座の有効性と残高の存在が確認されるため，小売りの安心材料になる。そしてダービン修正でデビット交換手数料の上限が設定されたことにより，この時の ACH デビットの試みは事業として成立しなくなった。

　1990 年代末には全く別の新たな支払い手段が登場していた。PayPal のメール送金サービスである。こちらは ACH 経由の振り込みと異なり，相手の口座番号を知らなくても，メールアドレスが分かれば送金できる。ただしこれは PayPal システム内の残高移転であり，その残高を銀行口座に移すには ACH などの仕組みを利用しなければならない。そして PayPal は，利用者が PayPal 口座に銀行口座を紐付けする際，マイクロ・デポジットという斬新な認証方法を編み出した[9]。本人確認を含む独自の取引認証方法があれば，カード通信網に頼る必要がそれだけ小さくなる。

　PayPal は，PayPal を受け入れる事業者への課金を収入源としている。顧客は PayPal 口座にはクレジットカードを接続する選択肢があり，それが利用されると PayPal に発行銀行への交換手数料支払い義務が生じる。Visa と Mastercard は PayPal がこれを避けるため，消費者のカード利用を妨害していると非難していた[10]。PayPal 側は自社のサービスがカードの利用されていなかった領域にもカードを広げていると反論した。しかし長らくネットオークションでの支払いが PayPal 利用の大部分を占めていた。

　PayPal がサービスを開始した当初，いくつかの大手銀行がこれに対抗して

メール送金サービスを開始したが，利用拡大が見込めず Citi はすぐにサービスを停止し，BofA は試験中の取り組みを終了した。Bank One も，詐欺の多さを理由にやはりサービスを終了した。P2P はニッチな商品に留まっており，その領域は PayPal が早い時期に囲い込んでいた。

　ところが 2010 年代に入ると Venmo というサービスの利用が若者の間で急激に広がった。Venmo は，PayPal が 2013 年に Braintree を買収したことで PayPal 傘下に入った。PayPal と Venmo は機能的にほとんど同じであるが，ブランドは別のまま維持されている。これは，2 つが両立できるほど P2P の用途が広がったことを示唆している。ただし，その一因は 2016 年に PayPal が Visa，Mastercard と和解し，PayPal と Venmo にクレジットカードをつなぎやすくしたことがあり，これは交換手数料の負担により収益を圧迫する要因にもなっている。

　一方，Venmo が普及し始めた頃，BofA，Wells Fargo，JPMC が共同で P2P 構想を立ち上げ，後に他の銀行もそこに参加するようになった。2015 年にはこの共同 P2P 網を，やはり銀行の共同事業である Early Warning Services（EWS）[11] が獲得し，翌年には主要行がリアルタイム取引処理への取り組みを開始すると同時に，サービス名を Zelle に統一することで合意した。Zelle は銀行口座間の直接移転という点で PayPal や Venmo と異なるが，P2P として重複する用途が多い。そして順調に利用を伸ばしている。これは後述のように P2P が新たな用途を開拓した結果である。

　もう 1 つ新たに登場した支払い手段としてモバイル・ウォレットを挙げなければならない。初代 Google Pay は 2011 年に登場し，Apple Pay が 2014 年に続いた。これらはカードを接続して利用するため，単独の支払い手段ではない。現在では両方とも各社のウォレットと分離されており，何をウォレットと呼ぶか難しいが，果たしている機能はカード認証情報の管理である。ネットでは元々 PayPal が同じ役割を果たしていた。新しいのは店舗での非接触支払い機能を搭載したところである。コロナ流行前はその価値を疑問視する声も多かったが，その後は急速に普及した。それと平行して，ネットとリアルの境界が薄れてきた。これも店舗での支払いを想定して構築されたカード中心モデルにとって大きな脅威である。

2．銀行手数料への攻撃

　クレジットカードには与信機能があり，銀行系カードではそれが重要な収入源になってきた。PayPal は 2007 年に，金利無しに最大 90 日間支払いを先延ばしできるサービスを開始している。審査は FICO ではなく，顧客の購買行動データを利用する。2011 年にはその機能をモバイル・ウォレットに搭載し始めた。

　金融危機後に登場した BNPL は，いくつか変種があるが，基本的性格はPayPal の後払いサービスと同じである。各社は，クレジットカードよりコストが低くかつ明瞭なことに加え，単発の買い物から利用できることをアピールし，それが消費者に受け入れられた。当初はクレジットカードを持てない層の利用が中心であったが，クレジットカードの代わりとして利用されることも多くなっている。

　BNPL 以外でも，金融危機後の新興フィンテックには，従来型の銀行モデルを批判し，それとの差を消費者にアピールする企業が多い。口座管理手数料がかからないデジタル限定銀行のネオバンクでは，Simple が開祖的存在である。Simple も既存銀行への批判が設立の動機になっているが，後に続いた Chimeや Varo などは超過引出手数料が無料であることを強く打ち出した。また，Cushion というサービスは，AI を利用して消費者がどの手数料に異議申し立てをすべきか計算し，返還交渉も行う。Cushion が勝ち取る返金の多くは，超過引出手数料とカード金利である。

　超過引出手数料の節約が売り文句として利用される背景には，銀行がそれで不当に稼いでいるという批判が高まっていたことがある。この問題は議会でも追及され，銀行は超過引出手数料の廃止や引き下げなどの措置を迫られた。

　しかし，単純に超過引出が廃止されてしまうと，消費者は残高不足の場合に支払いが拒否されることになる。その支払いは公共料金や家賃かもしれない。ネオバンクが無料と謳う超過引出は限度額が小さく，小口の買い物くらいでしか役に立たない。新興フィンテックの表面的な既存銀行への批判だけを見ていると，リテール金融で起きている重大な変化が視野に入ってこない。

3．支払いとの統合による PFM の高度化

元祖ネオバンクの Simple が目指したのは，顧客に全体像を見せることであった。この目標を具体化した1つのサービスに Safe-to-Spend がある。これは Simple サイトが顧客の入金と出金のパターンを把握し，いくらまでなら請求書の支払いに支障を来すことなく使えるか通知するものである。同時期に創業した Moven や，プリペイドカード発行会社からデジタル銀行に参入した Green Dot も同様の機能を提供していた。

こうした機能が有用であるためには，個人が複数の金融機関に持つ口座情報を集約する必要がある。Dave，Brigit，MoneyLion などは顧客が接続した外部口座の情報を分析し，それら口座が残高不足に陥る可能性を通知したり，余剰資金を投資すべきか負債返済に回すべきかといった助言を提供する。Dave と Brigit の場合は顧客が資金不足に陥りそうなら，一定額まで無料の援助を要請できる [12]。MoneyLion の場合は消費者がローンを受けるためのマーケットプレイスを構築している。

消費者の支出管理を支援するツールは PFM（personal financial management）と呼ばれ，かつては単独のサービスとして提供されていた。Dave は小切手口座サービスに PFM を付加している。その分析を利用した無料の小口資金提供という点で，やっていることは Chime や Varo と同じである。また Brigit や MoneyLion は信用履歴構築などのサービスに PFM を組み込んでいる。日々の口座の動きが基本的な信用情報になることを考えれば，合理的な組み合わせである。

PFM の人気が高まった背景には，Venmo や PayPal など支払いアプリの利用拡大に加え，動画など月額料金のサービスが増加したことにより，消費者は銀行口座残高を追跡するのが難しくなり，超過引出手数料に直面しやすくなったことがあると指摘されている。その一方で，支払いのデジタル化により，わざわざ自分で PC に入力しなくても入出金データを記録できるようになっている。そのデータを個人が持つ全ての口座について統合できれば，自ずと全体像が見える。つまり，デジタル支払いが PFM の有用性を高める。

自動貯蓄サービスも PFM の一種と言える。Digit は自動貯蓄機能を携帯電話料金支払いの準備や負債返済の前倒しに応用できるようにした。Truebill は

142 第5章 アメリカにおけるリテール金融サービス生態系の進化と大手銀行の事業モデル

契約するサービスを一覧し，不要な契約を終了できる機能と合わせて，自分で設定した目標に向けて自動貯蓄できる機能を提供している。この自動貯蓄は口座に残すべき最低残高に近づくと一時停止するようになっている。Qapitalは，やはり目標を設定して自動貯蓄を行うサービスであるが，こちらは貯蓄ルールで品目毎の出費が過去の平均を下回った場合に差額を貯蓄するといった方法も選択できる。いずれも口座の詳細な動きに関するデータを利用している。

　PFM は単独の商品として成立しにくい。Dave なども他のサービスに PFM機能を追加していた。それが顧客の粘着性を高め，月額料金の徴収を可能にする。ネオバンクの多くはデビットカードの交換手数料収入に依存し，収益獲得に苦戦している[13]。自動貯蓄サービスの場合は，消費者が節約を手助けしてもらうことに対して代金を支払おうとしない限り，単独事業として成立させるのはさらに困難である。

　Digit は月額手数料を徴収し始めたことで，顧客が Chime などに流れた。結局，2021 年にローン会社の Oportun に買収されている。また Truebill も同年に住宅ローンなどを手掛ける Rocket に買収されることが決まった。これらはPFM サービスから得られる情報が与信の審査で利用できることを示唆している。上述のように銀行業界は FICO スコアに強く依存していたが，それでは取りこぼす層が大きすぎた。ここに来て大手銀行も Plaid や Finicity などのアグリゲータと協力し，ライバル間で情報を交換して，既存のスコアには含まれていなかった情報も活用するよう議論を始めている。

　もう 1 つ，PFM を収入につなげる上で有力な候補になるのが投資である。Qapital は 2018 年に自動投資サービスを開始した[14]。いわゆるロボ助言である。新興ロボ助言の代表的存在である Wealthfront でも，口座への入金があればルールに従って請求書支払い，投資，ローン返済，退職貯蓄へと配分するサービスを提供している。PFM が投資管理と隣接したサービスであることが理解されるであろう。

　以上の個人向けの新興フィンテックは，少なくとも大手銀行にとってそれほど脅威になっていない。しかし，カード利用を促し，それによってローンを積み上げるモデルにとっては脅威になる。銀行には顧客によるカード以外の支出

第3節　事業向け支払いサービスを軸とする各種サービスの連結　　143

に加え，受取に関するデータも把握し，そこから何らかの収益を生み出すことが求められている。

第3節　事業向け支払いサービスを軸とする各種サービスの連結

１．支払いファシリテータの包括事業サービス

　銀行のクレジットカードを中心とするリテール銀行業モデルには，それを支えるインフラがあった。First Data などの処理業者が銀行に代わって加盟店業務を担うようになって以降，支払いの受け入れ側ではそれら処理業者が中核的な存在であり続けた。支払いファシリテータと呼ばれる参加者の台頭により，その状況が一変した[15]。

　PayPal は個人向けの無料 P2P 提供から事業を始め，その後間もなく PayPalを代金受け入れに利用する口座を事業口座に指定し，手数料を徴収し始めた。2004 年には一連の API 提供でネット販売業者が自社サイトに PayPal 支払い機能を埋め込みできるようにし，2005 年には小売り向けカード支払い処理事業に乗り出した。その後は買収も利用しながら支払い処理業務を拡大している。2013 年に買収した Braintree も多様な支払い処理を手掛ける会社である。

　PayPal が既存の支払い処理業者と異なるのは，多様な支払い手段に対応していることに加え，幅広い事業支援サービスを提供していることである。2004年に提供された API には取引履歴追跡，取引取り消しと返金，複数の受取人へのメール送金が含まれていた。2013 年には運転資金の貸出に乗り出している。売上データが審査に利用され，返済向けに日々の売上から借り手が決めた一定比率が差し引かれるという方法はそれまで例がなかった。2021 年に投入した Zettle では，外部システムの統合も活用し，事業の消費者需要計測，B2B支払いを含む財務管理や，ネットと実店舗のカタログ・在庫を同期する機能などを提供している。

　PayPal のライバルに Square[16] がある。同社はスマホに差し込むカード読取り機の販売と支払い処理受託から事業を開始し，そこから P2P 支払いの CashApp，総合レジ機の Square Stand など商品を拡充していった。総合レジを動かすシステムの Square Register は，商品・店舗管理，顧客管理，人材管理に

わたる事業管理機能を果たすことができ，ソフトを追加すれば給与自動支払いや納税準備などにも対応できる。また2014年にはPayPalと同様の運転資金貸出を始めた。その後に小売りが売上の同日入金や入金スケジュールを選択できるようにすることで資金繰りの支援を拡充している。

Stripeの場合はオンラインでのカード受け入れを可能にするコード開発から事業を始めた。その後，Plaidと協力してACH支払いの受け入れにも対応している。そのStripeでもサブスク型事業の課金方法設定と料金徴収，収入把握と監査記録の自動創出，事業活動の立地に応じた納税申告書作成，販売記録と銀行明細の自動照合といった機能を提供している。また支払い処理の利用実績で審査する貸出サービスも開始した。さらに2020年には顧客がその顧客向けに銀行口座を提供できるサービスを立ち上げ，最初の顧客としてShopifyを獲得している[17]。

他にもこれら代表的な3社と類似した業者は存在する。支払い処理自体はコモディティ化しており，顧客からより多くの収入を引き出すには顧客の事業予算に深く食い込まなければならない。そして支払い処理での強みを活かす上で，顧客の販売活動に関するデータの把握が土台になる。

2．事業向け支払いサービスと消費者向け支払いサービスの融合

支払いファシリテータが顧客から獲得するデータは基本的にC2B部分である。事業活動に関する支払いには当然B2Bもあり，この部分が欠落していると事業の全体像を把握することはできない。B2Bでは長らく小切手の比重が大きく，それが財務管理効率化の障害となってきた。しかし，個人向け金融で生じたデジタル化の波は，事業向け金融の世界にも浸透し始めている。

上述のようにPFMと支払いを統合したサービスが個人に広がった。利用者の多くはX世代やミレニアルと呼ばれる層であり，2010年代の末には労働力人口と中小事業の創業でかなりの割合を占めるようになった。彼らは仕事においても私生活で利用するアプリと同様の使い勝手を求め，支払いは簡単かつ迅速であることを期待する。中小事業で納入業者への支払いにZelle，Cash App，Venmoなどを利用することが多いのは，その反映である。

2010年代の後半には，NorthOneやNovoなどデジタル体験を求める起業家

や小規模事業向けに特化したネオバンクも現れた。それらは来店無しに口座を開設でき，基本手数料が低いことに加え，銀行アプリに会計，Eコマース，支払いなどの外部ソフトを統合しやすくしている。これにより販売や仕入れに関する支払いが会計に反映され，資金繰りや特定の経費について問題があるとそれを早期に発見できる。経費項目について簡単に検索できる Digits というソフトも登場しており，口座情報の多様な分析が可能になっている。

　財務のデジタル化によって事業活動の把握が容易になると，小規模事業向けの事業カードが出てきた。小規模事業主はこれまで事業主個人のカードを事業目的に利用せざるを得なかったが，Brex などの業者が顧客の会計記録にアクセスすることで，事業自体の信用力に応じた事業カードを発行し始めた。事業向けネオバンクでも事業カードを発行するところがある。これは小規模事業向けの与信審査の変化を反映している。

　小規模事業の効率的な事業評価は困難であるのに対して，事業主個人のFICO が代理指標としてそれなりに機能した。そこで大手銀行は小規模事業を個人の延長に位置づけた。しかし利用できるデータは増えた。会計，請求書，支払いファシリテータに開設した口座情報，出荷・配送情報など，今や多くを統合できるようになった。PayPal や Square も事業の売上データを利用した運転資金貸出を始めたが，利用データは売上だけとは限らない。事業向けネオバンクも，顧客が自社の事業活動に対する洞察力を高めるほど，顧客の信用力に対する評価能力を高めていることになる。

　注意すべきは，支払いファシリテータにせよネオバンクにせよ，単独でサービスを実現できている訳では無いことである。特に事業向けネオバンクは人気の外部ソフトを容易に統合できることが1つの売りになっている。それは人気ソフト側が関連する機能を統合して顧客向けにサービスを提供することも可能であることを意味する。

　実際，会計ソフト QuickBooks を保有する Intuit は，Check で顧客企業の料金徴収を支援し，貸出業者との提携で QuickBooks からローン申請ができるようにし，Green Dot との提携で小切手口座を提供している。この口座をその他機能と連動させることで，Intuit の顧客は，受取資金の即時口座入金，請求書支払いのスケジュール化と自動照合，先行き資金需要予測などのサービスを一

通り利用できる。

　その一方で，QuickBooks の支払い機能を支える Bill.com は，デジタル請求書サービスを他社ブランド向けに供給しており，JPMC や Wells Fargo もそれを自社サービスとして顧客に提供している。このように特定分野における技術力を，巨大な販路を持つ大手銀行や Intuit などとの連携を通じて，幅広い利用者に届けようとする会社もある。

　小規模事業に個人と同様のデジタル体験を提供する事業向けネオバンク，多角化により独自の顧客開拓を目ざすノンバンク，特定技術を他社ブランドで拡販するソフト会社とその機能を取り入れて顧客のニーズに対応する銀行など，多様なプレーヤー間の相互作用を通じて，デジタル技術による支払いと財務管理の統合が広がった。つまり，個人か事業か判然としない領域を越えて B2B がデジタル化され始めたのである[18]。そして，その中には C2B だけでなく，事業から個人に向けた支払いも包摂されるようになっている。

　事業による支出には権限の管理が不可欠になる。近年は事業カードで，従業員がいつ，どこで，どれだけ支出できるのかを管理し，支出の結果を会計ソフトと連動させる技術が利用されている。これが可能になると，カード支給を従業員に限る必要は無い。例えば Marqeta は DoorDash の配達員向けカード発行を支援している。配達員は注文があった料理を店舗でカードを使って購入するが，その際に購入品と金額が顧客の注文と一致した場合のみ支出が承認される。

　カード発行は1回のみ利用できる仮想カードとして相手のスマホに送ることもできる。そうすると面接を受ける人間への交通費支給などにカードを利用できるようになる。もちろん確定した金額の単純な支給であれば P2P でも構わない。いずれにせよ相手の銀行口座番号といった情報を支給側は知る必要が無い。もちろん，それらが利用可能なのは，モバイル・ウォレット，P2P などの非接触支払いが個人の間ですでに普及しているからである。

第4節　金融インフラの進化

1．財務デジタル化と支払い高速化の相互作用

　デジタル技術による支払いと家計・財務管理の統合は，与信サービスの発達も手伝って，個人および事業の資金繰り問題緩和に貢献することが期待される。しかし，支出と収入のタイミングを調整することができれば，借入に頼る必要性が低下するかもしれない。タイミング調整には支払い処理にかかる時間の短縮，あるいは少なくとも正確な時間の把握が必要である。実のところ家計・財務管理のデジタル化は，支払い処理の高速化と並行して進んできた。

　アメリカでは他の主要国にかなり遅れて，2017年にThe Clearing House (TCH)[19] がリアルタイム支払いシステムのRTP稼働を開始した。当初は有用性を疑問視する声もあったが，大手銀行が請求書サービスでの活用を始めた。このサービスは，企業の発行する電子請求書を銀行が口座保有者に提示し，その口座保有者が資金に余裕があるタイミングを選択して期日に間に合うように24時間いつでも支払いができるようにするものである。企業はこれによって発行請求書と受取金額の自動照合が可能になり，結果としてキャッシュフロー把握の正確さが高まった。

　消費者口座への入金に即時移転が利用されることもある。例えばJPMCはフィンテック企業が顧客に残高を銀行口座へ即時移転できるようにした。またPNCは給与前貸しにRTPを利用している。これらのサービスにより，消費者は超過引出を回避したり，請求書の期限を守るのが容易になる。さらなる応用例には，U.S. Bankがオンライン自動車販売仲介業者と提携し，買い手のローン契約が即時に売り手の口座に入金される仕組みを導入したことが挙げられる。これにより売り手であるディーラーは販売後にすぐ資金を獲得し，次の仕入れに入ることができる。

　支払い側と受け取り側の両方がZelleを利用していると，簡単に即時の口座移転を実行できる。Zelleの主な用途は個人による駆け込みでの家賃支払いであるが，上述のように小規模事業による仕入れや手当の支給での活用も多い。Zelleの銀行間決済はACH経由であったが，2021年にはRTPが利用できるよ

うになった。同時に，上記の請求書サービスを提供する銀行は，それを Zelle に埋め込むことができるようになった。

　B2B の取引では，資金の到着を確認するのに時間がかかると，企業にはその前に商品を発送しなければならないリスクが生じる。しかし，即時の資金移転を口座への到着と同時に把握できれば，企業の内部システムを通じて発送を自動化するといった対応も可能になる。資金移動の速度が上がれば，それだけ資金管理に余裕が生じるだけでなく，事業の効率性を高めることができる。

　支払いサービス向上による事業効率の改善は，国際取引にも波及しつつある。国際支払いでは支払いがどこを経由して最終的な相手に到達するか分からず，資金移動にかかる時間の不確実性が大きい。国際的に KYC・AML 規制が強まっており，各国の銀行が規制当局から巨額の制裁金を科されるのを恐れて，疑いのある取引を止めてしまうかもしれない。それが商品や原料の荷動きにも影響する。新興国では特にそのリスクが大きく，大手多国籍企業でその問題とは無関係と思っていたところでも，生産に不可欠な資材が調達できなくなるといった事態に直面しかねない。

　2010 年台後半には新興国通貨の下落によってそうした問題が顕在化した。1つの対応策として，企業は納入業者の資金逼迫を緩和するため供給網金融を積極的に利用するようになった[20]。銀行は顧客企業と直接取引のないところにまで対象を広げることで，顧客に対するサービスを強化するとともに，新規取引先の開拓を進めた。Citi の場合は，貸出でのデータ分析を顧客企業による納入業者や販売業者のリスク評価にも役立てようとしている。銀行の与信審査が企業間取引のリスク評価に応用されるという，興味深い例である。

　しかし国際支払い問題への直接的な対応にはやはり支払い過程の可視化と高速化が必要である。小口の送金では Ripple のように分散台帳を利用したサービスが，コルレス網を迂回した資金移転でそれなりの成功を収めている。大口取引ではまだ目立った例はないが，銀行間の国際通信網である Swift が，RTP などの各国高速支払いシステムを接続するための実験を行っている。これが実現すれば，国境をまたぐ銀行口座間の直接移転が可能になる。

　Swift はこれまでも AML 対応などの法令遵守ツールを加盟銀行に提供しており，2018 年には Swift 経由の支払いを全て追跡可能にした。銀行間の即時

移転は実現していなくても，これにより少なくとも送金利用企業はどこで支払いが止まっているのか把握し，追加資料を銀行に提出するなど必要な対策をとることができる。取引相手の認証効率化に加えて，支払い過程の追跡ができることは，支払いに必要な時間の短縮につながる。こうした土台があって初めて，即時の資金移転が有効になる。

現在，Swift は国際間の小口送金にも取り組んでいる。Ripple などへの対抗という面に加え，E コマースの国際化が加速し，多通貨での高速資金移転に対する需要が高まっているからである。この分野には，これまで紹介してきた支払い関連企業のほとんどが関心を示しており，すでに激しい競争が生じている。当然，既存のプレーヤーも傍観してはいられない。

2．カード勢力の金融オープン化への対応

支払いと家計・財務管理の統合が有用であるには，利用者が複数の口座を一覧できなければならない。口座情報の収集サービスは，銀行などがオンライン・チャネルを整備し始めたころから，アグリゲータと呼ばれる業者が提供していた。ネオバンクを初めとする新興フィンテックが簇生すると，そのサービスへの需要が急増した。

アグリゲータは口座情報の収集に，口座保有者のログイン情報を利用して情報を取得する手法を利用していた。しかし 2010 年代の半ば以降，大手銀行がそのアクセスをブロックし，API 接続を推進するようになった。これにより銀行は顧客の口座情報にアクセス可能な相手とデータの範囲を管理できるようになった。現在は API 接続が普及しており，銀行が顧客による外部口座のデータ取り込みに利用するだけで無く，Bill.com など特定の機能を銀行商品に組み込むために外部の API を利用することも多い。

問題は API の個別性が高いことに加え，接続目的と方向の多様性を考えると，適切な相手を見つけ出すだけでも容易ではないことである。そこで大手のアグリゲータが API 接続のハブとしての役割を果たすようになってきた。代表格は多くのフィンテックが利用する Plaid である。長らく銀行と対立関係にあったが，近年は銀行を顧客と見なすようになっており，2020 年には Plaid Exchange を立ち上げて，銀行が独自の API によって Plaid を利用するフィン

テックにアクセスできるようにした。

銀行にとって，Plaid 利用は便利ではあるものの，外部との接続で依存関係に陥る恐れがある。2020 年に Fidelity Investments がスピンオフしたデータ共有部門の Akoya への新規出資者に大手銀行や TCH が名を連ねている一因には，Plaid による独占への懸念があると考えられる。

しかしカード通信網は銀行以上に Plaid に対する脅威を感じていることであろう。Stripe が ACH 支払いの受け入れに対応しているのは，Plaid の認証技術を利用したものである。また Plaid は欧州でも多くの銀行接続を持ち，B2B での銀行口座間の直接移転を支援している。利用企業はカード支払いの受け入れよりも手数料負担を大幅に抑制できる。つまり Plaid はカード通信網を不要にする潜在力を持つ。

Visa は 2020 年に Plaid 買収で合意していた。それを司法省に差し止められ，裁判の長期化を懸念して断念したが，翌年には米当局の介入が及びにくい欧州で Tink 買収に合意した。一方，Mastercard は Visa による Plaid 買収合意から間もなくして，Plaid に次ぐ大手の Finicity 買収を発表した。このように両社はカードが利用されなくなるリスクに備え，オープン金融のハブを巡る競争に直接乗り出している。アグリゲータ買収はその一環である。

Visa は 2017 年からカード口座間の直接送金手段である Visa Direct を提供し始めた。2018 年には Earthport 買収により，Visa Direct を国際送金に利用できるようにした[21]。また 2022 年には Finastra との提携で銀行口座間移転が，Thunes との提携でウォレット間の資金移転が，Visa Direct のレール経由で実現するようになった。B2B では 2019 年から Currencycloud との提携で国際銀行間の直接資金移転サービス B2B Connect の提供を開始している[22]。

Mastercard も 2015 年から Mastercard Send として Visa Direct と同様の機能を提供しており，米市場から対象地域を広げてきた。また B2B では，RTP などの技術を基盤に国際銀行間の直接資金移転サービス Track BPS を開始し，2021 年に Barclays が大手銀行で初めてそのサービスを顧客向けに提供し始めた。

このように，両社とも小売り店舗での支払いだけでなく，B2B から事業による個人向け支出に至るまで幅広い支払いの領域を国際的に手掛けるように

なっている。その目標は，カードに限らず，多種多様な支払いネットワークを相互に接続し，そのハブとして機能することである。その点で両社はSwiftと直接の競合関係にある。

カード通信網に事業範囲の拡大を迫る圧力は，カード取引の処理業者にも及んでいる。2019年にはFISによるWorldpay買収[23]と， FiservによるFirst Data買収の合意があった。この2件はともに銀行を含む金融機関向けシステム提供業者と，加盟店取引処理業者の合併である。FISは2021年にRealNetを立ち上げ，国際送金に最適なレールを選択するシステム開発に乗り出した。その中にWorldpayの小売り関係を組み込むことを狙っている。Fiservも2020年に多チャンネル小売り向けにB2Bを含む多様な支払いの受け入れを世界規模で可能にするCarat部門を立ち上げた。やはりC2BとB2Bの融合という環境への適応を目指しているのであろう。

さらにFiservやFISは既存金融機関と新興フィンテックをつなぐ活動もしている。小規模な銀行はフィンテックの機能を自行システムに取り込もうとしても，デューデリジェンスから接続構築まで負担が大きい。それをFiservなどが支援している。Finastraの例では，銀行が必要な機能を検索し，それをすぐに実行できるようにするアプリを立ち上げた。FISの場合は逆に，フィンテックが銀行免許の必要なサービスを手掛けるために提携銀行を検索する支援をしている。こうした活動はアグリゲータと競合している。

カード通信網にせよ取引処理会社にせよ，支払いサービス分野での競争激化に対応して新たな活動に乗り出したが，その土台を利用して既存の金融機関や新興フィンテックが新たなサービスを手掛けられるようになる。生態系の進化は，こうした連続的な過程なのである。

第5節　大手銀行の事業モデル改革

1. 主取引口座を巡る競争と財産管理業務

PFMや支払い関連で多様な機能が登場し，既存の金融機関でもそれらを取り入れることが容易になる環境に，大手銀行はどのように適応しているのであろうか。

クレジットカードが全国展開の突破口になった時代とは異なり，州際業務規制の撤廃もあって，JPMCとBofAは全国的な支店網を持つようになった。しかし，2000年代末以降にスマホが普及し始めると，大手はこぞってモバイル銀行業に乗り出した。2000年代初頭に棚上げされたP2Pは，モバイル銀行業の一部となって復活した。その際に，BofA，JPMC，Wells Fargoが共同戦線を主導し，サービスがZelleに統一されたことは上述のとおりである。

また，現在はApple PayやPayPalが，Eコマースと実店舗に加え，P2Pにも対応するようになっており，大手各社はEWS経由でPazeというウォレットを立ち上げて共同戦線でその脅威に対抗し始めた。それと平行して大手はZelleの小売り利用を議論するようになった。これにはカード発行銀行として突出するJPMCの慎重姿勢と，それを追いかけるBofAやWells Fargoの積極姿勢という対立もあるが，大手銀行が交換手数料を失いかねない措置を自発的に検討すること自体が画期的である。

大手各社が狙っているのは顧客との包括的な取引獲得であり，かつてのようにクレジットカードを単独の商品として販売するだけではその目的を果たせない。顧客の日常に食い込むには，PFMと一体化した支払いサービスを提供する必要があり，そのためには小売りでの支払いだけでなく，繰り返しの請求書支払いやP2P支払い，さらには給与などの受け取りを捕捉しなければならない。そして，それらの操作の多くがモバイル端末で実行されるなら，モバイル銀行業を中心的なチャネルに位置づけざるを得ない。

それでは，多額の投資によって新たなチャネルを構築し，重要な収入源を犠牲にしてまで顧客との多面的な取引関係を結べたとして，大手はそのどこから新たな収入を獲得しようとしているのであろうか。小売り，請求書発行業者，給与支給側から細かく手数料を徴収することも重要であろうが，個人向けという点で大手各社が最も重視するのは富裕層向けの財産管理であると考えられる。

金融危機前からMerrill LynchやSmith Barney（当時Citi傘下）などの大手総合証券は，ネット証券との差別化のために財産管理会社としての性格をアピールし，資産100万ドル以上の富裕層に特化していた。危機後は，他の業態がマス富裕層の領域に侵攻を強めたことで，MerrillやSmith Barneyを吸収

した Morgan Stanley は資産 500 万ドル以上の顧客に集中するようになった。Smith Barney を手放した Citi は，資産 2,500 万ドル以上の顧客に特化し，その活動を投資銀行部門に移した。

しかし 2010 年代末までに安価な ETF を利用したポートフォリオ構築が普及し，かつては一部の富裕層にしか利用できなかった直接インデックスや代替資産投資[24]が低価格化すると，各社は超富裕層向けプライベートバンク（PB）からマス層向けリテール業務までを連続的なサービスとして位置づけるようになった。富裕層の世代交代が迫り，次世代の投資家がモバイルの PFM やロボ助言に慣れ親しんでいることも，大手に財産管理業務のチャネル再編を迫る要因となっている。

投資管理とリテール銀行業務であれば，その両方でモバイル，支店，ATM といったチャネル構成を活用し，顧客の日常取引から得られるデータをサービス向上に役立てることができる。

Merrill は 1999 年にネット取引への対応を開始し，BofA との統合後にそれを Merrill Edge として BofA のサービスと統合した。Merrill Edge は 1% の手数料で助言口座を提供し，当時まだオンライン財産管理を持たなかった Morgan Stanley などに先行していたが，2016 年には手数料 0.45% のロボ助言を投入した[25]。さらに 2020 年には BofA が Life Plan を開始した。これは顧客が住宅購入や学費貯蓄など独自に目標を設定し，アプリが顧客の行動特性に応じて目標の達成方法を助言するサービスである。以上のオンライン顧客が資産を蓄積すると，Merrill の FA[26]に紹介される。つまり，BofA は顧客の資産残高に応じてモバイル，コールセンター，支店，専属 FA での対応を使い分けている。

JPMC も，JPM の PB と Chase の支店対応でその中間が抜けていた状況を，2016 年に JPM Private Client Direct で穴埋めした[27]。そして 2019 年にはロボ助言[28]を開始した後に，PB を含めて資産 2500 万ドル以下の顧客対応を集約する新部門を設置した。このチャネル編成は BofA とほぼ同じである。ただし，JPMC は自社 FA の数が Merrill より数千人少ない。一方，JPMC は投資商品の製造部門に当たる資産管理業務を持つ。そのため，ETF に加え，ポートフォリオ評価サービスや直接インデックスを提供するなど，外部の助言業者

向け支援も手掛けている。

　BofA にせよ JPMC にせよ，金融危機後はモバイルを主力チャネルに位置づける中で支店を閉鎖，売却してきたが，富裕層の動きに追随し，2010 年代後半には新市場や一度撤退した州の大都市部に支店を新設するようになった。支店を訪問する顧客の方がデジタルサービスを契約しやすいことも，複数のチャネルを併用する理由になっている。そして多チャネルに渡る顧客との関係が強まれば，安価な預金が集まってくる。両社ともに金利上昇局面でも預金金利をほとんど引き上げておらず，その低コスト資金源が技術開発やマーケティングの費用負担を容易にするだけでなく，豊富な顧客データをもたらす。

　このように大手のリテール銀行業務は財産管理業務と相乗効果を持つ。さらに，リテール銀行業務は，財産管理業務を通じて，トレーディング，投資銀行業務といったいわゆるウォール街業務との連携関係を強めている。

　Citi も両社に対抗すべく，投資銀行部門に置いていた PB 業務をマス富裕層向けの Citigold，マス層向けの Citi Priority と統合して新たな財産管理部門を創設した。しかし同社には Merrill のような FA 部隊も，BofA や Chase のような支店網もない。そこでデジタル専業銀行を打ち出し，ロボ助言から BNPLまでをその中に詰め込んだ。また実現はしなかったが，Google Pay への小切手口座提供に合意するなど，外部チャネル利用に積極的である。

　Goldman Sachs ですら，一時は Apple との提携や PFM アプリ買収を利用してリテール銀行業務とマス富裕層向け財産管理に乗り出した。この取り組みは失敗に終わり，収益上の打撃が大きかったことに加え，内部に深刻な摩擦を生み出したことから，近い将来に同社が再びリテールに乗り出す可能性は低い。それでも，着想自体はそれほど悪くなかったのかもしれない。

2．財務サービスと加盟店業務の統合

　大手で小規模事業向け業務を個人向けリテールと同じ部門に置くところは無くなったが，カードではほとんどの場合，消費者の支払いと事業の受け取りが対になっている。早い時期にその両面展開を目指したのは JPMC であった。既述のように同社は Visa との契約で仮想通信網 ChaseNet を構築し，加盟店に独自のサービスを提供している。こうしたカードの位置づけの高さが Zelle

の小売り利用をためらわせる一因になっている可能性もあるが，独自のカード取引処理サービスは加盟店との包括的な関係の一部である。

そして 2019 年には加盟店処理を担当する部門を，大手企業向け財務サービスを手掛ける部門と統合し，Payments 部門を新設した。目標は小規模な小売りでも世界中で複数のプラットフォームに参加し，それぞれの国において異なる通貨で表示された種々の支払い手段を受け入れられるようにすることである。JPMC は 2012 年から投資銀行部門の地方案件特化グループで中小企業向け営業を強化しており，その対象に小規模な小売りも含まれるようになった訳である。つまり事業向けサービスでも，大手企業向け投資銀行業務と，かつてはリテール部門に含まれていた小規模事業向け取引が連携するようになっている。

BofA は 2009 年に企業向けサービスの単一ポータル CashPro Online を立ち上げ，そこに随時新たな機能を追加してきた。2020 年には Swift の支払い追跡機能を組み込み，2021 年には全顧客に AI を利用したキャッシュフロー予測機能の提供を開始した。同社は金融危機後に財務サービスを投資銀行と並ぶ企業取引の核に位置づけ，一時は対象を限定して取引関係の深化に集中したが，2015 年には中小企業向け銀行業をグローバル銀行部門に移し，新規顧客獲得も重視するようになった。そして，2019 年には加盟店業務で First Data との合弁を終了し，単独の事業に切り替えた。世界的企業向け財務サービスから小売りのカード受け入れまでが同じ部門に入ったことになる。

国際的な財務サービスに限定すれば，Citi が最大手であり，JPMC や BofA はローカルな存在と言っても過言ではない。Swift の支払い追跡機能は 2018 年に他社に先駆けて導入し，同年に AI 利用の請求書と受取勘定の自動照合サービスを立ち上げた。そして 2019 年に B2B 支払い事業に小売り向けの支払い受け入れサービスを追加した。これは E コマースの売り手と買い手に世界で単一の支払いゲートウェイ提供を目指したもので，カード，ウォレットに加え，リアルタイム銀行口座間資金移転にも対応している。ただし，Citi は国内外で加盟店事業を売却しており，このサービスでは Mastercard の支払いゲートウェイと，Global Payments や PPRO などの支払い処理業者との協力関係を利用している。

大手銀行が中小企業との取引を重視するようになった背景には，かつては家族経営が多かった中小事業が，買収ファンドからの投資を受けて，M&Aや株式公開に積極的になり，投資銀行業務での魅力が高まったことがある。また，上述のように供給網金融の対象拡大が大手企業顧客向けのサービスにもなることに加え，Eコマースを筆頭に創業当初から国際活動に乗り出す事業者が増加しており，多通貨の取り扱いで国際業務における強みを発揮できる。

しかし，財産管理業務から見た小規模事業取引の魅力も忘れてはならない。家族経営では事業主を財産管理の顧客に獲得する機会がある。事業承継の支援をすれば，次世代の顧客獲得につながる可能性もある。一方，従業員であっても，買収ファンドが投資先に株式報酬を持ち込むことも多く，その企業が成長すれば魅力的な潜在顧客が数多く誕生する。

個人向けリテールや小規模事業取引は，それぞれ単体で評価すると，大手銀行の収益性基準には達しない可能性が高い。他の業務との相乗効果を実現できて始めて意味を持つのであろう。大手銀行に注目すれば，金融危機後における進化は，1990年代にアンバンドリングした事業を，競争の中でどのように再結合するか試行錯誤してきた過程であったと見ることができる。

おわりに

クレジットカード業務を梃子として全国展開を推進した大手銀行は，消費者と小売りを結びつけるカード通信網，カード業務効率化を支える処理業者との，対立を内包する緩やかな協調関係を構築することになった。そこからこぼれ落ちたニーズに対応すべく誕生した各種サービスは，利用者による支払いと家計・財務管理の統合を容易にし，関連する機能の実現に向けて金融業界における企業間関係を変質させることになった。新たなサービスの登場に対応して既存のインフラが進化し，そのインフラを利用してさらに新たなサービスが登場する実態は，まさに生態系の進化と呼べるものである。

この過程で大手銀行は異業態とだけでなく相互にも競争している。特に大手の中でも独自の資源では最上位の銀行に対抗できないところは，提携などを通じた外部機能の利用に積極的になる。これが異業態による金融サービス参入を

促進する面もある。支払いサービスを巡る生態系の進化は，単に利用者のニーズに反応した受動的なものではない。それ自体が経済全体の地殻変動を引き起こす1つの震源なのである。

　以上の話に「貨幣」は登場しない。しかし，支払いにおいて認証が不可欠であること，支払いと与信が表裏一体の関係であること，そしてそれらを独自の方法で組み合わせた各種のネットワークが競争しながらも相互に補完し合い，実現可能な取引の範囲を広げてきた現実を踏まえれば，「貨幣」ではなく，信用を支える仕組みの動態にこそ注目すべきことが理解されるであろう。

註
1　本章の内容は，基本的に参考文献リストにある一連の拙稿を要約し，再構成したものである。それらで引用した資料を，ここで逐一紹介することはできないため，詳しくはリストにある拙稿を参照されたい。リストの拙稿で引用していない資料のみ，注に資料名を明記する。
2　汎用カードとは，加盟店であればどこででも利用できるカードのことである。回転信用枠がついていると，毎月の期限で支払いが不足した分は自動的に翌月に持ち越される。その持ち越し分が消費者による回転信用枠の引き出し，つまり借入ということになる。
3　銀行カードでは，小売りはカード受け入れのために加盟店銀行と契約する必要がある。加盟店銀行は小売りのカード売上から手数料を差し引いて，代金を小売りの口座に入金する。この手数料を小売り割引（merchant discount）と呼ぶ。加盟店銀行は差し引いた手数料の中から，カード発行銀行に交換手数料（interchange fee）を，Visa などの通信網にアセスメント手数料（assessment fee）を支払う。交換手数料とアセスメント手数料は通信網が設定する。CRS によると典型的な料率は小売り割引で1-3%，交換手数料の例では 2.3% + 10 セント，アセスメント手数料は 0.1-0.2% となっている。Congressional Research Service, *Merchant Discount, Interchange, and Other Transaction Fees in the Retail Electronic Payment System*, August 6, 2021. ここでの交換手数料はあくまで例であり，Visa と Mastercard がそれぞれ詳細な料金表を公表しているので，具体的な数値についてはそれらを参照されたい。
4　First Data がこの合弁に移管した顧客口座は，JPMC との合弁解消によって引き取った顧客口座であった。"Acquiring Deal with BofA Lets First Data Renew Its Alliance Model," Digital Transactions, June 29, 2009.
5　PIN は personal identification number の略で，日本で言う暗証番号である。以前はサイン・デビットを利用するとクレジットカードと同じように伝票への署名を求められ，PIN デビット利用の際は PIN 入力が求められたため，このように呼ばれている。現在はクレジットカードでも IC チップ付きのカードを端末に差し込んで PIN 入力を求められる場合があるため，適切な呼び方ではないが，両者を区別する適切な呼び方がないため，ここでは従来の呼び方をそのまま利用する。
6　和解に応じて Visa が 2003 年8月から適用すると発表した交換手数料は 10 セント + 0.77% で，50 ドルの買い物なら 48.5 セントになる。同年に PIN デビットの最高が Interlink の 45 セント，それに次ぐ NYCE は 40 セントであった。またクレジットとデビットの受け入れ分離とは，小売りがどちらか一方のみを受け入れることができるということである。ちなみに Interlink は Visa の PIN デビット網である。NYCE は 2001 年に First Data が支配権を獲得した。しかし，2003 年に First Data が当時最大の PIN デビット網 Star を持つ Concord EFS 買収に乗り出すと，司法省が差し止めに動き，First Data は NYCE 処分

158 第5章 アメリカにおけるリテール金融サービス生態系の進化と大手銀行の事業モデル

で合併を認めさせた。この際，Metavante が NYCE を獲得した。その後 2009 年に FIS（Fidelity National Information Services）が Metavante を買収している。

7 基本は 21 セント＋0.05％で，発行銀行が適切な詐欺防止策を講じていれば 1 セント上乗せされる。

8 FRB は 2021 年にデビット回送規則修正案を公表し，2022 年には最終規則を決定した。交換手数料上限については 2023 年に 14.4 セント＋0.04％（詐欺防止調整 1.3 セント）を提案している。Federal Register, Debit Card Interchange Fees and Routing: A Proposed Rule by the Federal Reserve System on November 14, 2023.

9 マイクロ・デポジットとは，顧客が PayPal 口座に紐付けた銀行口座に，PayPal が 1 ドル未満の金額を 2 回入金し，顧客がその金額を PayPal サイトに入力することで，口座の存在を確認する方法である。

10 PayPal はプレミアム口座と事業口座の顧客に，支払い側が PayPal に銀行口座をつないでいる場合，クレジットカードでの支払いを拒否できるようにしていた。しかし，このサービスは 2005 年に終了した。その後も PayPal と合意が成立するまで Visa と Mastercard は PayPal を非難し続けていたが，この時すでに PayPal 利用のさらなる拡大にはクレジットカードとの協力が必要になっていたと考えられる。

11 EWS は加盟銀行間で顧客口座の活動状況に関する情報を共有し，詐欺防止に利用するために設立された組織である。

12 Dave は月 1 ドルの会費を徴収しているのに加え，無料の資金援助に対して顧客が自主的にチップを支払う。Brigit は月額 9.99 ドルの手数料で ID 盗難保護や信用履歴構築などの機能を提供している。

13 ダービン修正によってデビットカードの交換手数料に上限が課されたのは連結資産 100 億ドル以上の銀行だけであり，デビットカードを顧客に提供するフィンテックはその基準に満たない銀行を提携先とすることで，高めの交換手数料をその銀行と分け合っている。

14 Steinberger, Samuel (2018), "Qapital Launches Investment Platform, Building on Banking," WealthManagement.com, November 13.

15 註 3 にあるように，通常はカード受け入れのために小売りは加盟店銀行と契約し，その銀行にカード受け入れ用の専用口座を開設するが，支払いファシリテータは自ら記録上の小売りとなって，小売りが直接加盟店銀行と契約せずにすむようにしている。

16 社名は 2021 年に Block になったが，支払い処理事業のブランド名は Square のままである。

17 Shopify は Amazon に対抗するオンラインのマーケットプレイスである。Stripe のサービスにより，Shopify はマーケットの売り手に銀行口座を提供し，売り手はその口座で売上代金の即時受取と経費支出が可能になる。

18 ただし，皮肉なことに小切手を会計システムに取り込む技術が発達したことで，小切手からデジタルの支払い手段への移行が進みにくくなっているようである。"B2B Payments: 40% Are Made With Paper Checks," PYMNTS, March 15, 2022.

19 TCH はニューヨークの小切手交換所組合を前身とし，大手銀行が共同所有する支払いシステムの運営組織である。

20 供給網金融とは，企業が銀行とプログラムを設定し，当該企業への納入業者に銀行が代金を支払い，後に当該企業が銀行に代金を支払う仕組みである。納入業者は早期に代金を回収できる。スポンサー企業は支払いを先延ばしし，それを負債としてではなく，支払勘定として記録できる。そして銀行は実質的にスポンサー企業の信用リスクに基づく貸出ができる。

21 Earthport は，2014 年から Ripple と提携して分散台帳を利用したリアルタイム国際送金を開発し，2016 年にその分散台帳へのゲートウェイ・サービスを開始した。これにより金融機関は単一

のAPIでRippleの分散台帳にアクセスできるようになった。

22 Currencycloudは，2018年に仮想国際銀行口座番号を使って，ドルとユーロの国際送金を国内送金と同じように実行できるサービスを開始した。2021年にVisaはCurrencycloud買収で合意している。

23 2023年2月にFISはWorldpayの分離を決めた。支払い業界の競合他社が活発にM&Aを繰り返しているのに，投資適格を維持するためにFISが十分な資金をWorldpayによる他社買収に利用できないというのが理由であった。当時は金利上昇でフィンテック評価額が下落しており，買収には好機と考えられた。Adams, John (2023), "FIS split said to give Worldpay more freedom to buy other firms," *American Banker*, February 13. しかしFISは，当初Worldpayを上場する予定であったが，年内には過半を投資会社のGTCRに売却するものの，非公開のまま持ち分を維持すると決定した。Adams, John (2023), "Why FIS changed its Worldpay spinoff plan," *American Banker*, July 6.

24 直接インデックスとは，銘柄構成を特別仕様にすることである。ポートフォリオに含まれる値下がりした銘柄を処分して，類似銘柄に入れ替えれば，節税効果が得られるメリットがある。代替資産とは伝統的な上場株式や債券以外の資産で，主にはヘッジファンド，買収ファンドやベンチャーファンド，不動産などを指す。

25 Merrill Edgeの1%手数料口座は最低残高が2万5,000ドルであり，0.45%のロボ限定助言は最低残高が5,000ドルである。

26 FA (financial advisor) は，コミッション商品を扱うことができないRIA (registered investment advisor) と，顧客に投資関連の助言を行うブローカー・ディーラーの両方を含む用語である。

27 これに伴い，JPMのPBは最低残高が500万ドルから1,000万ドルに引き上げられ，JPM Private Client Directが資産200〜1,000万ドル，Chase Private Clientが資産25〜200万ドルを担当することになった。

28 ロボ助言のブランドはJPMorgan Automated Investingであったが，これは2023年12月にサービス終了予定が発表された。終了時に残っている残高は自動的にJPMorgan Self-Directed Investingに移管されるとのことである。これはブローカー口座であり，助言手数料も最低残高もない。Mack, Justin L. (2023), "JPMorgan shuttering robo-advisor citing low profits," *American Banker*, December 13.

参考文献

神野光指郎（2021）「米大手投資銀行の業務展開（3）—JPMorgan Chase（下）」大阪市立大学経営学会『経営研究』第72巻第1号，221-282頁。

神野光指郎（2022）「米大手投資銀行の業務展開（4）—Citigroup（下—前編）」大阪公立大学経営学会『経営研究』第73巻第3号，85-133頁。

神野光指郎（2023）「米大手投資銀行の業務展開（4）—Citigroup（下—後編）」大阪公立大学経営学会『経営研究』第73巻第4号，111-162頁。

神野光指郎（2023）「米大手投資銀行の業務展開（5）—Bank of America（中）」大阪公立大学経営学会『経営研究』第74巻第3号，97-133頁。

神野光指郎（2024）「米大手投資銀行の業務展開（5）—Bank of America（下）」大阪公立大学経営学会『経営研究』第74巻第4号，81-122頁。

第6章

インドにおける決済手段のデジタル化

西尾 圭一郎

はじめに

インドでは2010年代後半以降，決済手段に関する様々な変化が見られるようになった。そのきっかけの1つは2016年11月に打ち出された高額紙幣の廃止である。高額紙幣の廃止自体はブラックマネーなどへの対処を目的として行われたが，日々の決済手段の主要なものが一時的に利用できなくなる，という経験は世界的にも大きな衝撃をもたらした。

それと並行して，インドではフィンテック企業の躍進が見られた。PayTMなどの決済系のフィンテック企業の登場は，既存の決済システムの担い手にも影響を与えた。また，中央銀行であるインド準備銀行（RBI：Reserve Bank of India）とインド銀行協会のイニシアティブで設立されたインド決済公社（NPCI：National Payments Corporation of India）による決済手段の提供も社会に変化をもたらした。こうした近年のインドにおける決済手段を取り巻く変化は，経済と貨幣の関係性を考える上で重要な情報を含んでいる。未だ変化の途上にあるこうした動きから断定的なことをいうことは難しいだろうが，その変化を整理することで得られるものもあろう。本章ではそうした問題意識から，近年のインドにおける決済手段のデジタル化について整理し，変化の方向性を見ることを目的としている。

第1節　インドにおける決済をめぐる環境変化とキャッシュレス化　　161

第1節　インドにおける決済をめぐる環境変化とキャッシュレス化

　インドにおける決済手段のデジタル化を追うにあたり，まずは2016年の高額紙幣の廃止から，決済を巡る環境変化について整理しておこう。2016年11月8日，モディ首相によって流通していた高額紙幣である500ルピー札と1000ルピー札の廃止が宣言された（代わりに新しい500ルピー紙幣と2000ルピー紙幣の発行についても発表された）。これは，テロや麻薬取引などに流れるブラックマネーや脱税などによる不正蓄財への対策として発せられた宣言であったが，流通貨幣総額の約85％を占める紙幣の急な利用停止と銀行への回収，他の紙幣での引き出しに関する制限などから，インド経済は大混乱に陥った[1]。その一方で，高額紙幣の廃止はキャッシュレス化の進展や，決済を取り扱うフィンテック企業の成長のきっかけの1つとなった。ここではまず，インドにおける高額紙幣廃止の影響を通貨量の変化からみてみよう。表6-1は2010年から2023年の各3月時点におけるインドのM2，M3そして流通紙幣量を示したものである。インドではM1＝通貨＋要求払い預金，M2＝M1＋

表6-1　インドにおけるマネーストック指標

	単位：10億ルピー			変化率		
	M2	M3	流通紙幣量	M2	M3	流通紙幣量
2010	14,943	56,027	7,883	18.2%	16.8%	15.7%
2011	16,406	64,995	9,369	9.8%	16.0%	18.9%
2012	17,384	73,578	10,538	6.0%	13.2%	12.5%
2013	19,000	83,820	11,756	9.3%	13.9%	11.6%
2014	20,971	94,973	12,837	10.4%	13.3%	9.2%
2015	23,391	105,456	14,289	11.5%	11.0%	11.3%
2016	26,641	116,176	16,416	13.9%	10.2%	14.9%
2017	27,740	127,919	13,102	4.1%	10.1%	-20.2%
2018	33,765	139,626	18,037	21.7%	9.2%	37.7%
2019	38,511	154,321	21,109	14.1%	10.5%	17.0%
2020	42,769	168,000	24,210	11.1%	8.9%	14.7%
2021	49,643	188,446	28,269	16.1%	12.2%	16.8%
2022	54,956	204,937	31,057	10.7%	8.8%	9.9%
2023	58,751	223,438	33,482	6.9%	9.0%	7.8%

出所）RBI, *RBI Bulletin*, various issues より作成。

162 第6章 インドにおける決済手段のデジタル化

郵便局の貯蓄性預金，M3＝M1＋銀行の定期性預金，となっている。したがって，インド経済において重要な指標は定期性預金までを含む M3 となり，RBI の統計でもマネーストックという場合は M3 が示されている[2]。2016 年 11 月に高額紙幣の廃止が行われたことにより，2017 年 3 月時点での流通紙幣量は前年と比べて約 2 兆 7000 億ルピー，率にして約 2 割減少している。しかし通貨量，特に M3 に関して言えば，前後の時期と比して増加率が減少したということはなく，その混乱が小売りでの現金決済に集中していたということが想定できる。

　実際，2016 年 11 月の高額紙幣の廃止は小口決済のキャッシュレス化を促進したという研究も多々みられる[3]。キャッシュレス化というと，日本ではクレジットカードの利用が大半を占めるが，インドにおいてはそうではない。店頭での利用に関して言えば，発行枚数，取引回数の面ではデビットカードの方がクレジットカードに対して優越している状況である。それは表 6-2 を見るとわかる。

　表 6-2 は指定商業銀行のみではあるが，クレジットカードおよびデビットカードの発行・利用に関する変化を示すデータである。ここから具体的にクレジットカード，デビットカードの相対的地位の違いと，利用規模およびその変化についても見てみよう。クレジットカードに関しては 2015 年 3 月に約 2110 万枚の発行だったのが 2016 年に約 2450 万枚，2980 万枚，3750 万枚と増えていった。2015 年 3 月から 2016 年 3 月にかけての増加率は約 16％であるが，次の 2017 年にかけては約 22％，2018 年にかけては 26％と，高額紙幣の廃止以降の増加率の方が 5％ 以上大きかった。その後，コロナウイルス感染症拡大の時期からは増加率を落とし，2022 年 3 月から 2023 年 3 月にかけては約 16％の伸びに落ち着いている。そして店頭での利用状況の方が高額紙幣の廃止の影響がより明確である。2015 年 3 月には約 5700 万件，金額にして約 1800 億ルピーの利用があったのが，2016 年 3 月には約 7200 万件，約 2300 億ルピーとなり，高額紙幣の廃止の次の 2017 年 3 月には約 1 億 1000 万件，約 3300 億ルピーの利用，2018 年には約 1 億 3000 万件，約 4400 億ルピーの利用となった。高額紙幣の廃止の前には 1 年で約 1500 万件，約 500 億ルピーの増加を見せていたのが，高額紙幣の廃止後には利用件数も利用金額も，1 年での増加はより大き

第1節 インドにおける決済をめぐる環境変化とキャッシュレス化　163

くなっている。

　デビットカードについても高額紙幣の廃止の影響は感じられる。発行件数については，2015年3月には約5億5千枚だったものが2016年3月には約6億6千枚，2017年には約7億7千枚，2018年には約8億6千枚と毎年1億枚のペースで増加していた。ただし，増加枚数が同じ程度ということは，発行ペースが落ちているということである。また，コロナ期の2020年には約8億3千枚へと減少するなどしており，クレジットカードと異なって増減が見られた。取引件数については，2015年に約7600万件，額にして約1100億ルピーだったのが2016年には約1億1000万件と約1300億ルピー，2017年には約2億7000万件と約3600億ルピー，2018年には約3億2000万件と約4200億ル

表 6-2　銀行によって発行されたクレジットカードおよびデビットカードの利用状況

	クレジットカード				
	発行枚数	取引件数		取引量（100万ルピー）	
		ATM	店頭	ATM	店頭
2015 年 3 月	21,110,653	437,278	56,906,942	2,344	178,988
2016 年 3 月	24,505,219	612,531	72,220,394	2,803	226,943
2017 年 3 月	29,842,235	489,248	107,610,258	2,291	333,905
2018 年 3 月	37,484,955	785,732	127,292,249	3,693	443,081
2019 年 3 月	47,088,647	862,737	162,411,418	3,983	576,638
2020 年 3 月	57,745,105	755,039	164,669,913	3,604	506,965
2021 年 3 月	62,049,087	592,315	188,726,583	3,066	723,188
2022 年 3 月	73,627,330	679,817	113,433,127	3,437	387,769
2023 年 3 月	85,303,238	826,490	140,459,965	4,015	509,202

	デビットカード				
	発行枚数	取引件数		取引量（100万ルピー）	
		ATM	店頭	ATM	店頭
2015 年 3 月	553,451,553	624,205,135	76,105,726	1,987,480	108,283
2016 年 3 月	661,824,092	731,722,405	112,868,336	2,245,822	134,632
2017 年 3 月	771,649,172	710,108,656	271,172,292	2,259,457	356,991
2018 年 3 月	861,076,200	774,943,830	318,899,139	2,663,502	418,567
2019 年 3 月	905,813,162	891,423,739	407,565,680	2,889,992	530,111
2020 年 3 月	828,561,639	541,624,607	363,203,523	2,480,966	476,462
2021 年 3 月	898,201,796	601,188,008	377,433,789	2,846,355	668,193
2022 年 3 月	917,665,707	592,787,053	207,845,477	2,858,926	407,700
2023 年 3 月	961,258,764	587,888,749	165,234,771	2,849,490	352,222

　出所）RBI, Bankwise ATM/POS/Card Statistics（https://rbi.org.in/scripts/ATM View.aspx），various issues より作成。

ピー，2019 年には約 4 億 1000 万件と約 5300 億ルピーとなっており，高額紙幣の廃止の影響を最も受けているであろう 2017 年 3 月時点では件数，額ともに 2.5 倍近くにまで伸びていることがわかる。クレジットカード，デビットカードいずれにしても高額紙幣の廃止によって，キャッシュレス化が進み，その影響を受けたことがわかる。

　ただしコロナ後の利用状況については，クレジットカードとデビットカードには違いがみられる。クレジットカードについては，発行件数は 2019 年の 4700 万枚から 2023 年の 8500 万枚へとコロナ期を経てなお，増加傾向が続いている。利用に関しては，コロナの時期にこそ停滞ないし減少が見られ，2022 年には店頭での利用件数が 1 億 1000 万件，取引額が 3 億 9000 万ルピーへと減少したものの，2023 年には 1 億 4000 万件，5 億ルピーと 2 〜 30％ の増加がみられた。

　一方，デビットカードはコロナ期以後は減少傾向が続いている。2019 年には約 4 億 1000 万件と約 5300 億ルピーであったものが 2020 年には件数が 3 億 6000 万，取引額が約 4800 億ルピーへと前年を下回り，2021 年には約 3 億 8000 万件と約 6700 億ルピーと再び増加が見られたが，2022 年には 2 億 1000 万件と 4100 億ルピー，2023 年には 1 億 7000 万件と 3500 億ルピーというように早いペースでの減少が続いている。

　これは，クレジットカードとデビットカードの性質の違いによる決済手段のデジタル化の影響であろう。デジタル決済ツールの 1 つである PayTM は，2016 年には 1 億 7700 億のユーザー[4]と 20 億回の取引[5]が行われていた。こうしたフィンテック企業によるデジタル決済の成長もこの時期の大きな変化の 1 つである。デビットカードは銀行預金の振替のツールであるため，このようにデジタルによって他の決済手段ないし振替手段が出てきた際には，そこと競合し，乗り換えが生じうる。それに対してクレジットカードは与信を与えるキャッシュレス決済手段であり，経済成長と中産階級の増加によって利用が増えていくと考えられる。したがって，コロナ後に景気が回復することで利用が増えるクレジットカードと，コロナ期を経てデジタライゼーションが進んだ決済手段との競争が生じ利用が減るデビットカード，という違いが生じたのであろう。

第2節　フィンテック企業の興隆と決済のデジタル化

　前節ではインドにおける高額紙幣廃止の影響について，通貨量とクレジットカード，デビットカードの利用状況から整理した。そこでは，高額紙幣廃止の影響がリテール決済の場面において影響をしている可能性が示唆された。それと同時に，インドにおける決済のデジタル化からデビットカードが影響を受けている可能性も垣間見えた。そこで次に高額紙幣の廃止前後のインドにおけるフィンテック企業の興隆と決済のデジタル化いう観点からリテール決済の状況変化をみてみよう。

　まずはこの時期にフィンテック企業が興隆してきた背景を整理しよう。フィンテックという言葉が登場するのは2000年代半ばであり，フィンテック企業が急成長し始めるのは高額紙幣の廃止の時期より早い。2010年代に入ると，世界的にフィンテック企業への資金流入が急増している。図6-1のCBInsightsによる各種レポートからその変遷を追うと2010年代中頃から急激に増加していることがわかる[6]。

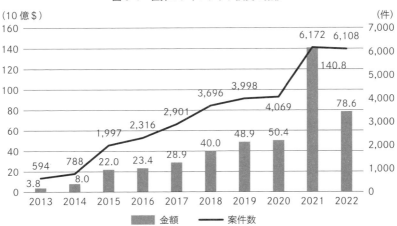

図 6-1　世界のフィンテック投資の推移

出所）CBInsights, "State of Fintech" および "The pulse of fintech", various issues より作成。

166　第6章　インドにおける決済手段のデジタル化

　折しも2010年代に入ると，インドではフィンテック企業が興隆してくる土台が整備されるようになる。インドにおいてフィンテック企業が興隆し，成長することができた主な政策として挙げられるのは（1）デジタル・インディアに代表されるIT政策，（2）行政の非効率化を防ぎ，金融業においてはKYCのコストを大幅に削減することを可能とした生体認証可能な国民IDシステムであるアーダール（AADHAAR），（3）金融包摂を推進し，貧困問題の解消に資するための国民皆口座（PMJDY：Pradhan Mantri Jan Dhan Yojana）の導入である[7]。

　デジタル・インディアは，インド政府がインド社会の知識経済化，デジタル化を推進するための基盤的政策として2014年8月に策定したプログラムであり行政サービスの電子化による効率化・透明化，ビジネス環境の改善などが目指された。その取り組みによって，インドにおけるネットワーク環境の整備，とりわけモバイル通信網の整備が進み，2014年度には3億件だったインターネット加入者数は，2017年度には約5億にまで増加するなどの環境整備が進んだ[8]。そして2010年より登録の始まった生体認証可能な国民IDシステムであるアーダールはデジタル・インディア政策と結びつき，インディア・スタックというオープンAPI群を通じたデジタルプラットフォームの活用によるデジタルエコノミーの進展にもつながった。こうした土台をもとに，2014年に簡易口座の開設を推進するPMJDYの導入による国民皆口座政策がとられたことによって，フィンテック企業興隆の土台が形成された。PMJDYは2011年にはわずか35.2％に過ぎなかった15歳以上の銀行口座保有率を2017年には79.9％にまで上昇させた取り組みである。そして，福祉制度における補助金受け取りの迅速化や不正を防止するために2013年1月から導入された補助金直接支払制度（Direct Benefit Transfer）[9]とも結びつき，2016年の高額紙幣の廃止を受けて，インドにおける銀行口座開設数が一気に増加した。こうした環境整備の結果，インドでは2010年代にフィンテック企業が興隆してくることになった[10]。

　その時期に興隆してきたフィンテック企業の1つにPayTMを運営するOne97 Communications（以下，One97）がある。PayTMはOne97によって2010年に設立されたブランドで，スマートフォン上のアプリで決済サービス

を提供している。PayTM は 2014 年にウォレットでの決済サービスを，2015年にインドにおいていち早く QR コード決済を提供しており[11]，高額紙幣の廃止を受けた 2017 年 1 月には 1 か月間で 2 億件の取引と 500 億ルピーの取引が行われた，とされている[12]。さらに One97 は 2017 年 1 月，RBI から決済銀行「Paytm Payment Banks」の認可を受け，その提供サービスの幅を拡大させた。また，資本関係としては 2015 年には中国のアントフィナンシャルから 5 億 7500 万ドルの出資を受け[13]，2017 年にはソフトバンクからも 14 億ドルの出資をの資金調達を実施し[14]，PayPay の決済システム構築への協力を行った[15]。2017 年時点ではデジタルウォレットの 68％のシェアを占めていると言われるほどになった[16]。

　経済のキャッシュレス化が進む状況で，かつフィンテック企業が興隆する状況において成長してきた PayTM は，中国におけるアントフィナンシャルやテンセントのように，インドの決済サービスにおいて覇権を取るかに思われた[17]。

　しかし，One97 は 2021 年 11 月 18 日にボンベイ証券取引所とナショナル証券取引所で新規株式公開（IPO）を実施し，11 月 26 日に上場来高値の 1782.6ルピーを付けた後はズルズルと株価を下げ，現在まで最高値の更新をすることが無いままとなっている（2024 年 3 月 27 日時点では 1 株 394.8 ルピーであった）。そして，2024 年 1 月 31 日には，One97 傘下の決済銀行である PayTM Payments Bank が RBI によってモバイルウォレット事業や他の活動の停止命令が出され，経営的には厳しい状況に追い込まれた。もちろん，他のフィンテック企業もそうであるように，ベンチャー企業は成長期待によって株価を形成し，実際の企業業績は赤字であることが珍しくない。しかし，時流に乗った決済手段の提供を行っていた PayTM がなぜこのような状況に追い込まれたのだろうか。

　ここで PayTM の事業基盤であるリテール決済におけるデジタル決済手段の利用状況について概観するため，2016−17 年度以降のインドにおけるリテール決済で用いられるツールの取引量と取引回数の推移について示した表 6-3 をみてみよう。2016−17 年度[18]時点では，PayTM が当初メインで提供してきたデジタル決済手段であるウォレットの取引回数は，クレジットカードよりは

多かったものの，デビットカードに比べると 2/3 ほどであった。そして取引額はクレジットカード，デビットカードよりも大幅に少なかった。しかし，高額紙幣の廃止を経験した後の 2017−18 年度時点では，ウォレットは取引額こそ両カードより少ないものの，取引回数はデビットカードに追いつき，2019−20 年度には追い抜いている。しかし，そこで強力なライバルが登場することになる。NPCI によって提供される「統合決済インターフェース（UPI：United Payments Interface)」である。UPI の説明は次節に行うが，2016 年から提供されており，2017−18 年度までは決済額，回数ともにカードやウォレットの後塵を拝していたが，2018−19 年度に両者を追い越すと，2019−20 年度にはクレジットカードの約 4 倍近い規模に拡大し，2020−23 年度にはクレジットカードの 10 倍近くまで取引額を拡大させている。もちろんウォレットの規模も追い抜いている。ここからデジタル化が急速に普及していった裏で，ウォ

表 6-3　決済システムを利用したリテール決済手段の決済量と取引回数

	決済額（単位：億ルピー）						
	2016–17	2017–18	2018–19	2019–20	2020–21	2021–22	2022–23
UPI	70	1,098	8,770	21,317	41,037	84,159	139,149
クレジットカード	3,284	4,590	6,034	5,684	6,304	9,716	14,323
デビットカード	3,299	4,601	5,935	6,246	6,614	7,302	7,200
ウォレット	532	1,087	1,833	1,824	1,521	2,202	2,219

	取引回数（単位：100 万回）						
	2016–17	2017–18	2018–19	2019–20	2020–21	2021–22	2022–23
UPI	18	905	5,392	12,519	22,331	45,956	83,714
クレジットカード	1,087	1,405	1,763	1,641	1,764	2,240	2,915
デビットカード	2,399	3,343	4,414	3,899	4,015	3,938	3,418
ウォレット	1,630	3,026	4,141	4,247	3,999	5,301	5,911

注 1 ）2019 年以前と 2020 年以降でデータの様式が変わっているため不連続である可能性が高い（2019−20 のデータは様式の異なるものを 2020 年以降の形式に合わせて集計している）。とりわけクレジットカードおよびデビットカードの利用については，2019−20 以前については PoS ベースのもののみを記載しているが，2020−21 以降にはそれ以前にはない「その他」項目があるという違いがある。

注 2 ）UPI については 2019 − 20 以前は NPCI の "UPI Product Statistics" より集計したものであり，2020−21 以降は RBI の "Payment System Indicators" より抽出したものである。

出所）RBI, "Payment System Indicators", various issues および NPCI, "UPI Product Statistics" より作成。

レットと UPI の競争，すなわち民間事業者の提供するサービスと公的部門から提供されるサービスの競争が生じていたことがわかる。

そうした状況であったことを踏まえて，PayTM の経営状況について表6-4 にある連結での損益からみてみよう。上場した年の 2016−17 年度は営業収益が 61 億ルピー，営業外収益が 17 億ルピー，総収益が 78 億ルピーであり，それに対して総費用が 196 億ルピーであり，90 億ルピーの赤字となっていた。その後，2017−18 年度には営業収益は 305 億ルピーと 5 倍になり，総収益が 331 億ルピーとなったが総費用も 486 億ルピーへと拡大し，結果的に赤字額は 160 億ルピーと拡大した。2018−19 年度に総収益は 358 億ルピーと若干増加しただけであるのに対し，総費用は 773 億ルピーと大幅に増加し，422 億ルピーの赤字となっていた。その後は費用の抑制によって赤字の減少を実現した。2021−22 年度以降は収益を伸ばしたものの費用も嵩み，2023 年 3 月期時点でも黒字化できていない。

営業利益の内訳を示す表6-5 をみると決済サービスからの収益自体は 2020−21 年度には 198 億ルピー，2021−22 年度には 342 億ルピー，2022−23 年度には 485 億ルピーへと 2 年の間に 2.5 倍に増加している。ただし，決済サービスが事業収益に占める重要性は年々低下していることもわかる。Annual

表6-4　One97 Communications の損益（連結）

（単位：億ルピー）

	（年度）	2016-17	2017-18	2018-19	2019-20	2020-21	2021-22	2022-23
収入	営業収益	61	305	323	328	280	497	799
	営業外収益	17	26	35	26	38	29	41
	総収益	78	331	358	354	319	526	840
費用	決済手数料	–	–	–	227	192	275	296
	マーケティング費用	–	–	–	140	53	86	108
	従業員福利厚生費	32	61	86	112	118	243	378
	IT 関連支出	–	–	–	36	35	50	69
	減価償却費	4	8	10	17	18	25	49
	金融費用	0	2	2	5	3	4	2
	その他費用	196	415	676	77	59	77	112
	総費用	196	486	773	614	478	760	1,013
当期純損益		-90	-160	-422	-294	-170	-240	-178

出所）One97 Communications, *Annual report*, various issues より作成。

170 第6章 インドにおける決済手段のデジタル化

表6-5 One97 Communications の営業利益の内訳（連結）

（単位：億ルピー）

（年度）	2020−21	2021−22	2022−23
営業利益	280	497	799
決済・金融サービス	211	386	639
リテール決済サービス	97	153	211
企業向け決済サービス	101	189	274
金融サービス等	13	44	154
商業・クラウドサービス	69	111	152
商業	25	37	62
クラウド	45	73	91

出所）One97 Communications, *Annual report*, various issues より作成。

Report の記述から PayTM のセグメント別の収益を見ると，2020−21年度の段階では決済サービスが収益の71％を占めていたのに対して，2022−23年度には収益の62％にまで比率を落としている。それに対して2020−21年度には収益のわずか5％でしかなかった金融サービスが2022−23年度には収益の19％にまでその比率を高めている[19]。これは PayTM が決済から金融サービスへと収益源の舵を切っていることを示している。

　その要因の1つが UPI の浸透である。PayTM の決済ビジネスは，顧客をウォレットに囲い込み，経済圏を作ることによってネットワーク効果を高め，取引量を拡大させるというモデルである。これは，日本でのコード決済事業者のビジネスモデルに近い。加盟店にはウォレットを利用した取引手数料が課される。それのみでなく，ウォレットから銀行口座への資金移動へも手数料が課せられており，銀行口座への移動手数料の方が高いという形になっている[20]。それに対して UPI は公的に提供される決済システムであり，その利用手数料は基本的に無料であった[21]。高速なシステムでオープンに利用でき，銀行口座とダイレクトに結びついたシステムが基本的に無料で利用できるようになったことにより，PayTM のウォレットは競争相手が現金やデビットカードからUPI ベースの支払い手段へと変わってしまったのである。その結果，PayTMは独自のサービスのみにこだわるのではなく，2017年には UPI ベースのサービスを導入することとなった[22]。

ただし，このことをもって企業としての PayTM，あるいは決済ツールとしての PayTM が終わったと結論づけるわけではない。PayTM は UPI が普及していく中，自らも UPI ベースの決済ツールを提供し，ビジネスモデルの中核に決済サービスを据えている。上述した通り，収益源としての決済の比率は低下しているものの，決済サービスを取り込んだデジタルプラットフォーム企業として変革しつつある。2022 年には，インド政府が主導してスタートさせたインド国内の統合型 E コマースのネットワークである ONDC（Open Network for Digital Commerce）に参加するなど[23]，その決済システムを活用する展開を模索している。そして現在では UPI ベースでの決済件数はフォンペ，グーグルペイに次ぐ 3 位のシェアを占めている[24]。

とはいえ，決済手段に焦点を当てて考えた場合，決済企業が独自に提供するウォレットサービスは，NPCI の提供する UPI と競合し，そことの競争の中で利用が伸び悩むという表 6-2 に見られるような状況に陥っていることは見て取れた。

第 3 節　公的部門による決済手段のデジタル化

インドでは，キャッシュレス化の進展の中で，公的部門からもキャッシュレス化，決済のデジタル化への取り組みがなされてきた。それが NPCI による決済サービスの提供である。このことは前節で示した PayTM の経営状況に影響を与えた例のように，民間事業者やそこから発生するサービスに影響を与えるため，決済システムを理解する上で重要なファクターとなっている。そこで本節では NPCI とその提供サービスに焦点を当てる。

まず，NPCI とその提供するサービスの特徴を整理しよう[25]。NPCI は RBI とインド銀行協会が主導し，2007 年の決済システム法に基づいて設立された非営利組織である。インドステイト銀行，パンジャブ・ナショナル銀行，カナラ銀行，バローダ銀行，ユニオン・バンク・オブ・インディア，インド銀行，ICICI 銀行，HDFC 銀行，シティバンク N.A.，HSBC が主な出資者となっている。2010 年には ATM ネットワークの最大手である NFS（National Financial Switch），モバイルやインターネットを含む様々なチャネルから

アクセス可能な銀行口座間即時電子送金サービスである IMPS（Immediate Payment Service），アーダール認証を使うことで店舗に設置された PoS やマイクロ ATM から支払いや銀行預金の引き出し等を行える AePS（Aadhaar Enabled Payment System）といったツールを提供している。2012 年にはクレジットカード決済システムである RuPay と金融機関，企業，政府等の銀行間大口取引の精算システムである NACH（National Automated Clearing House）を，そして 2016 年には複数の銀行口座を単一のモバイルアプリケーションで統合し，容易に銀行口座間の支払を可能とする UPI と，UPI を用いた取引を簡易に利用できるように開発されたアプリケーションである BHIM（Bharat Interface for Money）を提供するようになった。これによってインド国民の多くは携帯電話番号やバーチャルアドレスを用いて簡単に銀行間送金ができるようになった。その後も RuPay カードの発行，UPI や BHIM のアップデートなどを行い，インドのデジタル決済を根底から支える組織として活動している。

　とりわけ重要なのは UPI である。UPI はスマートフォンを通じ，リアルタイムに銀行口座間の送金を可能にする仕組みである。利用者は設定された UPI の ID（abc@xxx という形式）ないしは携帯電話番号などの自身で選択した UPI ナンバーを用いて送金を行うため，カード番号，口座番号，名前などを入力する必要がなく，簡易に利用でき，セキュリティも高い仕組みである[26]。UPI の仕組みは銀行口座から一旦独自のウォレットに資金をプールする PayTM などの仕組みとは異なり，銀行口座間の直接の資金移動であり，利用可能性がウォレットとは大きく異なっている。従来，PayTM や Mobikwik などが提供するウォレットは，そのサービスプロバイダと契約している加盟店でしか利用できなかった。現在，RBI の指針によってウォレットを提供する企業は，相互乗り入れが可能なように変わってきているものの[27]，銀行口座間の直接資金移動の利便性にはかなうものではない。また，UPI の取引限度額は 1 回当たり 10 万ルピーまでとなっており（2024 年 4 月時点の為替レートでは約 18 万円程度），証券取引等に利用する場合はさらに高額の上限が設定されているなど，リテールの小口取引には十分は金額が利用できる。そして UPI は顧客の送金手数料および加盟店手数料が原則無料となっている。これは PayTM や

クレジットカードなどの既存の決済ツールとの大きな違いである。

このように利用の簡便さ，スムーズさ，信頼度の高さ，そして加盟店手数料が不要ということからその利用が増加し，他の競合する決済手段からの移行にもつながった[28]。現在，リテールのキャッシュレス決済の中で最も取引額が大きいのが UPI であり，その額は他のツールやウォレットと比較しても圧倒的に大きくなっている。

その大きさおよび成長速度について，前出の表 6-3 を再度見てみよう。導入直後の 2016－17 年度こそ決済額，取引回数のどちらも少ないものの，次の2017－18 年度には早くも決済額ではウォレットを上回り，取引回数でもウォレットの 1/3，クレジットカードの 2/3 にまで拡大している。そして 2018－19年度になると決済額，取引回数のいずれもクレジットカード，デビットカード，ウォレットを上回る規模となった。そして 2019－20 年度には決済額でクレジットカードの 4 倍，ウォレットの 11 倍，取引回数ではクレジットカードの 8 倍，ウォレットの 3 倍となっている。その後も取引規模は拡大を続け，2017－18 年度と 2022－23 年度を比較すると決済額は 5 年で 127 倍に，取引回数は 5 年で 92 倍に拡大しているのである。

その結果として，現在のインドでは UPI を軸に決済システムが形成され，それに基づいた経済活動が広がり，それがさらに決済システムを規定するという構造になっている。

上述したように，UPI は銀行口座間の資金移動を，簡易に，低コストで行うことを可能にした。そして UPI が基本的な決済システムを提供し，それを上部構造として，その下部にそれを利用する決済プラットフォームがユーザーのインターフェースとして機能する。そして現在，PayTM，BHIM，Mobikwik，Amazon Pay，Oxigen，ICICI ポケット，PhonePe，Jio Money，Google Pay，HDFC Payzapp などの UPI を使う複数の決済ツールが存在し，競争を繰り広げるという状況にある。逆に言えば，当初の PayTM のようにUPI ベースではない独自のシステム（それは勝ち残れば強力な収益源となる）を開発，提供し，上部構造で競争しようとした場合，国家をバックボーンに置いた相手とのコスト競争となってしまう。このことは，競争原理上は好ましくない状況であろう。結果として，決済ツールとしては UPI の利用が抜きん出

ていることからもその影響はうかがえる。

しかしながら，決済システムというサービスの性質を考えた場合，国家がその安定に乗り出すことは理解もできる。決済ツールを巡って行き過ぎた競争が生じたり，その結果として倒産する決済企業が出てくるであるとか，寡占，独占などの結果，利用者に不利益が生じるであるとか，あるいはそうした企業の背景で大元の決済システムを支えている銀行経営に影響を及ぼすなどが生じることなどは，望ましいことではない[29]。そうした考え方を詰めていくと，中央銀行デジタル通貨（CBDC）の議論が出てくるのであろう。

インドにおいても他の中央銀行同様，決済のデジタル化が進む中で RBI（2022c）など公的にも CBDC の研究は行われてきたが，2022 年末にはホールセールおよびリテールの CBDC の試験運用も開始し[30]，2023 年 3 月時点ではホールセールが 1 億 690 万ルピー，リテールで約 5700 万ルピーが流通する状況となっていた[31]。このように，インドでは NPCI による決済システムの提供，その改善と並行して，CBDC の可能性も検討されており，国家と貨幣の関係性は非常に密接な状況にあると言える。

本節でみてきた UPI の普及や CBDC であるデジタルルピーの試験運用は，デジタル次元でリテール決済が定着しつつあるという社会環境を背景とした変化であり，決済システムを公共財として政府による介入を必要と考えるインドで生じた現象である。もちろん，リテール決済のデジタル化はインドに限らない。しかし決済のデジタル化が慣行として定着する国において，インドと同じような現象が生じるとは限らず，決済システムのあり様は広く社会構造，国家の方策等とあわせて考える必要があるだろう。

おわりに

ここまで見てきたことを整理すると，2000 年代に入りインドは経済発展の方策として，経済のデジタル化が進められ，世界的なベンチャー投資のブームと結びつきフィンテック企業の興隆が生じた。そして，経済の効率化と併せて貧困層への金融包摂の取り組みがなされてきた。スマートフォンを使ったデジタル決済なども徐々に普及していった。その状況下において高額紙幣の廃止，

UPI に代表されるような NPCI による決済システムの利便性向上が行われた。

　インドにおけるこうした変化はどのような可能性をもたらすのであろうか。システムの効率性という意味でも画期的である UPI は，現在では周辺国との国際送金にまで利用が広がっている。2023 年 2 月 21 日にはシンガポールの PayNow との相互接続が行われ，即時の国際送金が可能になったことがわが国でも報じられた[32]。2024 年 2 月 12 日にはスリランカとモーリシャスでも UPI を使用したクロスボーダー決済ができるようになったと報じられている[33]。また 2024 年 3 月 8 日にはネパールの FonePay を通じて，UPI によるクロスボーダー決済が可能になった[34]。現在ではシンガポール，スリランカ，モーリシャス，ネパール，UAE での利用が可能になっている[35]。

　このことは国内の決済，資金移動が電子化された状況が普遍化しつつあることと，それを踏まえて近隣諸国内での越境 EC での国際決済や国際的な労働移動に伴う国際資金移動においてもデジタル化が進んでいく可能性を秘めているということである。もちろん国家を超えた資金移動に関しては，国内の決済手段のデジタル化とは全く同じに考えることはできない。その一方，経済のシームレス化や域内統合などが進んで行くようであれば，決済ツールの統合もまた，あり得る可能性である。こうした実体経済における経済慣行の収斂は，金融システムのあり方，通貨システムのあり方にも影響を及ぼしうる[36]。そしてそれは UPI というシステムが銀行口座を直接結びつけるという，比較的既存のシステムをベースとしつつ，速度面，コスト面でも効率的なツールであるということが大きい。こうした状況がインドを中心に生じつつあるといえよう。

　また，コロナ禍を経てインド国内においてもそうした経済的変化を感じさせる出来事が生じている。直近の 2023 年 5 月には，2016 年の際を彷彿とさせるような，高額紙幣（2000 ルピー）の廃止が再び発表された。ただし，これは 2016 年の頃のようなブラックマネー等への対策とは異なり，2000 ルピー札の流通が減少していることなどが背景として指摘されている[37]。もちろん，2016 年の高額紙幣の廃止と，その 7 年後の 2023 年の間では高額紙幣を流通から引き上げる要因も状況も異なっている。この間に決済システムの電子化が進んだことは，かつて社会で大きな混乱が生じた高額紙幣の廃止を混乱なく可能にした要因の 1 つであると考えられる。

176　第6章　インドにおける決済手段のデジタル化

　インドで生じた決済のデジタル化は通貨・金融システムの慣行を短期間で変えた。歴史上では，新たなツールの登場が既存のシステムを変化させるということは，しばしば生じてきた。ただし，現在生じている電子化による変化は，従来の社会変化より速度が速い。そのため，歴史的には時間をかけて試行錯誤や失敗を繰り返しつつ最適化されていった社会変化が短期間で生じている。それがどのような意味を持つのだろうか。変化の最中に居る我々は，変化に対応していきつつ，そうした視点も持ち続ける必要があるだろう。

註

1　佐藤（2017），佐藤他（2020）など，当時のインパクトを伝える報告は多数ある。

2　RBI の *RBI Bulletin* での項目として，Money Stock Measures という項目の中に M1，M2，M3 とその内訳が示されており，その次の項目として Sources of Money Stock（M3）が設けられている。なお，独立後のマネーストック統計の集計方法等の変化については絵所（1998）に示されているため参照されたい。

3　Bhagat（2020），Kumar and Chaubey（2017），Vikas and Kumar（2018）など。

4　Mobile World Live, "Paytm mobile wallet transactions hit 1 billion in 2016". (https://www.mobileworldlive.com/money/news-money/paytm-mobile-wallet-transactions-hit-1b-in-2016/, 最終閲覧日：2024年3月22日)

5　The Economic Times BrandEquity.com, "Paytm set to cross two billion transactions by end of 2016". (https://brandequity.economictimes.indiatimes.com/news/business-of-brands/paytm-set-to-cross-two-billion-transactions-by-end-of-2016/55887066, 最終閲覧日：2024年3月22日)

6　もっとも，CBInsights 社のレポートは掲載ごとに修正をしているせいか，過去のデータにおいても様々な数値が示されるため，あくまでも参考程度という認識で変遷の推移の方向性を見る必要がある。

7　こうした環境整備の詳細と影響等については西尾・佐藤（2020）で整理している。

8　Telecom Regulatory Authority of India, *TRAI Annual Report*, various issues.

9　Government of India, Direct Benefit Transfer Mission, "About Us". (https://dbtbharat.gov.in/static-page-content/spagecont?id=1, 最終閲覧日：2024年3月27日)

10　RBI（2017）ではインドメディアの情報として，インドにおけるフィンテック企業が 2013 − 14 年にかけて 282％の成長を見せており，2015 年には 4 億 5000 万ドルの市場規模となり，2017 年時点では 400 企業が存在するとして，その成長の大きさをしめしている（RBI 2017, p. 17）。

11　PayTM, "How we revolutionised QR and took UPI to every nook & corner of India". (https://paytm.com/blog/investor-relations/paytm-revolutionised-qr-and-took-upi/, 最終閲覧日：2024年3月27日)

12　The Economic Times, "Paytm clocks Rs 5,000 crore worth transactions in January". (https://economictimes.indiatimes.com/small-biz/startups/paytm-clocks-rs-5000-crore-worth-transactions-in-january/articleshow/57172200.cms, 最終閲覧日：2024年3月22日)

13　The Economic Times, "How startups have successfully established their own rules of hiring, rewarding & retaining talent". (https://economictimes.indiatimes.com/small-biz/startups/how-startups-have-successfully-established-their-own-rules-of-hiring-rewarding-retaining-talent/

articleshow/46568231.cms，最終閲覧日：2024 年 3 月 27 日）ただし，2023 年には全株を売却している。

14 Bloomberg, "Paytm Raises \$1.4 Billion From SoftBank to Expand User Base". (https://www.bloomberg.com/news/articles/2017-05-18/paytm-raises-1-4-billion-from-softbank-to-expand-user-base，最終閲覧日：2024 年 3 月 27 日）

15 ヤフー「ソフトバンクとヤフーの合弁会社が，インドの Paytm と連携し，バーコードを使った新たなスマホ決済サービス「PayPay」を今秋提供開始」(https://about.yahoo.co.jp/pr/release/2018/07/27a/，最終閲覧日：2024 年 3 月 27 日）。

16 Bhattacharyya, Anushree "Paytm hogs market share at 68% vs rival Freecharge at 11.4%, Airtel Money at 5.4%", financial express. (https://www.financialexpress.com/business/industry-paytm-hogs-market-share-at-68-vs-rival-freecharge-at-11-4-airtel-money-at-5-4-726968/)

17 PayTM がインドにおいて最も利用されているデジタル決済ツールであることは，Tiwari and Singh（2019）などの研究からも示されている。

18 インドの財政年度は 4 月–3 月となっており，年度表記として 2016–17 のような形で示されることも多いため，ここでは Annual Report 等の表示形式をそのまま採用している。

19 One 97 Communications（2023），p. 14.

20 2024 年 4 月 18 日時点の PayTM のウェブサイトによる価格設定だが，「PayTM ウォレットから銀行口座への送金には 3%の手数料がかかる」(PayTM "About Paytm Wallet", https://paytm.com/offer/kyc/about-paytm-wallet）といった記述があり，PayTM のビジネス向けサイトでは，オンラインと店頭利用とで異なるものの Wallet の手数料は 1.25–1.99％となっている（PayTM for Business, "Pricing", https://business.paytm.com/pricing）。

21 ただし，2023 年 3 月には，プリペイド決済の商取引におけるインターチェンジフィーの導入が行われた。導入時には各紙で話題になり，PayTM もウェブサイトで「一般消費者に手数料がかかるわけではない」という旨の解説をしたり (PayTM, "Paytm QR and Paytm UPI Are Free: Understanding The Latest NPCI Circular On Wallet Interoperability With UPI" (https://paytm.com/blog/payments/upi/paytm-qr-and-paytm-upi-are-free-understanding-the-latest-npci-circular-on-wallet-interoperability-with-upi/)，公式に情報発信をしたり (NPCI "UPI is free, fast, secure and seamless", https://www.npci.org.in/PDF/npci/press-releases/2023/UPI-is-free-fast-secure-and-seamless-Every-month-over-8-billion-transactions-are-processed-free-for-customers-and-merchants-using-bank-accounts.pdf) するほどの混乱が生じた。

22 The Indian Express, "Paytm now has BHIM UPI: Here's how users, merchants can enable it". (https://indianexpress.com/article/technology/social/paytm-now-has-bhim-upi-heres-how-users-merchants-can-enable-it-4926419/)

23 Jaspreet Kaur, "Paytm Mall Becomes The First App To Go Live On ONDC's Soft Launch", in Inc42. (https://inc42.com/buzz/paytm-mall-becomes-the-first-app-to-go-live-on-ondcs-soft-launch/)

24 NPCI, "UPI Ecosystem Statistics" によると，2024 年 3 月の UPI 利用件数 1 位は約 65 億件の PhonePe（金額は約 10 兆ルピー），2 位は Google Pay で約 51 億件（金額は約 7 兆ルピー），PayTM はそれに次ぐ 3 位で約 12 億件（金額は約 1 兆ルピー）という状況であった。もっとも上位 3 社で 9 割以上のシェアを占めている状況ではある。

25 以下の整理は NPCI ウェブサイトに基づいている。

26 UPI の仕組みについては NPCI ウェブサイトを参照。日本語文献としては宗像・上原（2021），岩崎（2023）が比較的わかりやすい。

178　第6章　インドにおける決済手段のデジタル化

27　RBI "Master Directions on Prepaid Payment Instruments (PPIs) (Updated as on February 23, 2024)". (https://www.rbi.org.in/Scripts/BS_ViewMasDirections.aspx?id=12156)

28　ただし，特定の取引であったり一定規模以上の取引であれば，インターチェンジフィーを取れるなど，個人は保護しつつ UPI の利用をのあり方を変えるようにはなりつつある（NPCI, AeSP Circulars, NPCI/2023-24/AESP/079, https://www.npci.org.in/PDF/AePS/circular/2023-24/Circular-79-Revision-in-Interchange-fees-for-AePS-Fund-Transfer-services.pdf および The Economic Times "Which UPI payments will attract interchange fee? Will you have to bear the cost?" https://economictimes.indiatimes.com/wealth/spend/upi-merchant-transactions-ppi-which-upi-payments-will-attract-interchange-fee-will-you-have-to-bear-the-cost/articleshow/99087712.cms）．

29　もっとも，UPI ベースの決済であっても，アプリを通じた決済では PhonePe と Google Pay が全体の8割を占める状況にあるため寡占の弊害に関しては注意が必要ではある。

30　RBI（2022a）および RBI（2022b）の通達を参照。

31　RBI（2023a），p. 183.

32　「シンガポールとインド，携帯電話で即時送金」日本経済新聞 2023 年2月21日。

33　JETRO「インドの電子決済システム（UPI），スリランカとモーリシャスでも利用可能に」ビジネス短信（https://www.jetro.go.jp/biznews/2024/02/38d4760d04e75ca5.html）。

34　NPCI, "UPI is Now Accepted in Nepal". (https://www.npci.org.in/PDF/npci/press-releases/2024/NIPL-Press-Release-UPI-is-Now-Accepted-in-Nepal.pdf)

35　NPCI, "NPCI International – Partnerships". (https://www.npci.org.in/who-we-are/group-companies/npci-international/partnerships)

36　こうした決済手段の国境をまたいだ相互接続についてはわが国でも注目され始めている（日本デイリー通信社 2023 など参照）。

37　RBI（2023b）を参照。

参考文献

Bhagat, Dhruvi (2020), "Digital Payments System in India and Its Scope in The Post-Pandemic Era", *International Journal of Innovative Research in Technology*, Vol. 7, Issue 6, pp. 228-240.

H2 Ventures and KPMG (2020), "2019 The Fintech 100: Leading Global Fintech Innovators". (https://assets.kpmg.com/content/dam/kpmg/ch/pdf/fintech100-report-2019-en.pdf)

Kumar, Piyush and Dhani Shanker Chaubey (2017), "Demonetisation and its impact on adoption of digital payment: Opportunities, Issues, Challenges", Abhinav National Monthly Refereed Journal of Research in Commerce and Management, Vol. 6, Issue 6, pp. 1-14.

One 97 Communications (2023), *PayTM Annual report FY'23*. (https://paytm.com/document/ir/annual-reports/Paytm_Annual_Report_2023.pdf)

RBI (2017), "Report of the Working Group on Fintech and Digital Banking". (https://rbidocs.rbi.org.in/rdocs/PublicationReport/Pdfs/WGFR68AA1890 D7334D8 F8F72CC2399A27F4A.PDF)

RBI (2022a), "Operationalisation of Central Bank Digital Currency-Wholesale (e₹-W) Pilot", Press Release: 2022-2023/1118. (https://rbidocs.rbi.org.in/rdocs/PressRelease/PDFs/PR1118C23107 FC27274302AF1A499D03B0E6BC.PDF)

RBI (2022b), "Operationalisation of Central Bank Digital Currency-Retail (e₹-R) Pilot", Press Release: 2022-2023/1275. (https://rbidocs.rbi.org.in/rdocs/PressRelease/PDFs/PR12755768C8 8D86624673A14B2C7F5CF68908.PDF)

RBI (2022c), "Concept Note on Central Bank Digital Currency". (https://rbidocs.rbi.org.in/

rdocs//PublicationReport/Pdfs/CONCEPTNOTEACB531172E0B4DFC9A6E506C2C24FFB6.
PDF)

RBI (2023a), Reserve Bank of India Annual Report 2022-23, Reserve Bank of India.

RBI (2023b), "₹2000 Denomination Banknotes-Withdrawal from Circulation; Will continue as Legal Tender", Press Release: 2023-2024/257. (https://rbidocs.rbi.org.in/rdocs/PressRelease/PDFs/PR257180523ALL%20BANKS64E5FDBEBAE14112A3ACE71F04AE5E2F.PDF)

Tiwari, Neelu and Naveen Kumar Singh (2019), "Factor Affecting Consumer Satisfaction in Cashless Payment Systems in India with Respect to Paytm and BHIM", *International Journal of Recent Technology and Engineering*, pp. 10-15.

Vikas, Daravath and A. Arun Kumar (2018), "What Indians Think About Paytm", *The Scientific World Journal*, Vol. 110, pp. 184-196.

岩崎薫里（2023）「インドにおける金融のデジタル化―豊かさの実現に向けて―」『環太平洋ビジネス情報 RIM』Vol. 23, No. 88, 49-78 頁。

絵所秀紀（1998）「インド型金融システムの形成と構造」Discussion paper, 一橋大学経済研究所。

佐藤隆広・中溝和弥・田中鉄也・堀本武功（2020）「ナレンドラ・モディ政権下のインド」『南アジア研究』第 30 号, 107-113 頁。

佐藤創（2017）「インドにおける高額紙幣の切り替えについて（1）」IDE-JETRO『世界を見る目』（http://hdl.handle.net/2344/00049521）。

西尾圭一郎・佐藤隆広（2020）「インドにおけるフィンテックの展開：フィンテックがアンバンドリングを通じて銀行業に与える影響の考察」『大銀協フォーラム研究助成論文集』第 24 号。

日本デイリー通信社（2023）「『アジア諸国での金融デジタル化及び電子決済サービスの動向と, 我が国との国際協調の展望に関する委託調査』報告書」（https://www.fsa.go.jp/common/about/research/20230428/report.pdf）。

宗像藍子・上原正詩（2021）「シリーズ『デジタル通貨と競争政策』【中】インド, 預金通貨の決済インフラ『UPI』整備―電子マネー圧倒も, グーグルなど米系寡占招く」JCER 中国・アジアウォッチ（https://www.jcer.or.jp/research-report/20210426.html）。

謝　辞

　本稿は JSPS 科研費（課題番号 22K01674）および野村マネジメント・スクールの研究助成を受けた研究成果の一部である。記して謝意を表したい。

あとがき

　イネス（Alfred Mitchell-Innes）の2つの論文を巻頭（第1章，第2章）に置き，編著刊行を神野光指郎さんと話しあったのは，昨年の春であったろうか。イネスの論文は数年前に筆者が訳出していたこともあり，レイ（L. R. Wray）の編著[1]に倣ってのことである。そして，同年8月に大阪で開催された信用理論研究学会関西部会に誘われた折，本書への執筆を依頼していた西尾圭一郎さんや橋本理博さんらとも話し合い，論文提出を今年3月末とした。

　私が「マルクス・ケインズ・イネス—貨幣とは何か？—」（第3章）を論じ，橋本さんは「アムステルダム銀行バンク・マネーの不変性とアジオの安定性」（第4章）を，神野さんは「アメリカにおけるリテール金融サービス生態系の進化と大手銀行の事業モデル」（第5章）を，西尾さんは「インドのおける決済手段のデジタル化」（第6章）を執筆していただいた。国際通貨については，執筆予定者が体調を崩され辞退されたため，神野さんに序文「貨幣論から金融システム論へ」で言及していただいた。

　ともあれ，勢いのある若い研究者らと共に，本書を刊行することが出来，誠に幸運に思う。多忙な中，寄稿していただいた執筆者に心より御礼申し上げます。有り難いことに，今回も文眞堂に出版をお引き受けいただいた。前野弘太さんには深く感謝いたしております。

　イネス（Alfred Mitchell-Innes）の経歴は，レイとベル（Stephanie Bell）が上記で紹介してくれている。それによると，イネス家は12世紀，スコットランドの男爵の家系で，1767年に領地を the Earl of Fife に売却し，イングランドに移住したとのことである。彼は父 Alexander の末の息子として1864年に生まれ，1950年に亡くなっている。祖父 William は Royal Bank of Scotland の cashier（1808-27年）で，後に重役になっている。Alfred は外交官の職に就くまで，学校教育を受けておらず，私的に教育された。外交官のキャリアーはカイロ（1891年）に始まり，シャムの Financial Advisor（1896年），エジ

プトの Under-Secretary of State（1899 年），ワシントンでの Councillor of the British Embassy（1908−13 年）を経て，1919 年の退職まではウルグアイの Minister Plenipotentiary to the President（1913−19 年）であった。退職後は，イングランド，ベッドフォードの Town Council で地元の政治に関わっていた（1921−31，1934−47 年）。彼の唯一の著書は監獄と刑罰を主題とする 2 編の論説を含む *Martyrdom in Our Times*（1932 年）で，趣味は，ゴルフ，釣り，狩猟，乗馬であったとのことである。彼が貨幣についての論文を執筆した経緯をレイラが説明を加えているが，残念ながら，私にはよく理解できないでいる。

　さて，私は本書でほぼ研究を終えることになろうが，永きにわたって貨幣論研究に携わることになったのは，思い返せば，その端緒は院生時代に抱いた 2 つの小さな疑問にある。1 つは，17 世紀イングランドでの摩損鋳貨流通下において，物価・地金価格・為替相場が長期間，鋳貨の摩損率と大きく乖離していた事態を，マルクス『経済学批判』では説明できていないのではないかとの疑問である[2]。いま 1 つは，当時の常識では信用貨幣や信用創造は銀行券の発行において理解されていたが，イギリス産業革命期，工業地方銀行ほど非発券銀行が多く，また銀行信用は発券に依拠しておらず，発券業務は本来の銀行業務に属さないとの議会報告書での証言からも，貨幣・信用論の常識は誤りではないのかという疑問である[3]。言い換えると，信用創造は発券においてではなく，預金通貨によって行われており，信用貨幣は銀行券ではなく，預金通貨においてこそ理解されねばならないのではないかという疑問である。そして，そのように考えるならば，信用貨幣や信用創造は，中世ヴェネチアやブルージュの両替商，初期預金銀行にも見出されるのであって，「従来の生産様式が運動する狭隘な基礎のもとでは，信用も信用貨幣も発展しない」とするマルクスの認識はまったくの誤解であるのは明らかであった。ドゥ・ルーヴァーの『為替手形発達史』（1953 年，拙訳 2024 年，文眞堂刊）が展開した為替金融契約と初期預金銀行の結合による中世貨幣市場論に接し，意を強くしたことを思い出す。

　同様に，資本市場のイノヴェーションの起源も C. J. Zuijderduijn が描くように中世の公債 renten にあった[4]。D. C. ノースによれば，「これらイノヴェー

ションのすべての起源は，遥か遠い昔にあった。その大部分は中世イタリア都市国家またはムスリム，あるいはビザンチンからの借りものであり，その後の発展の過程で念入りに仕上げられたのである。」[5]

こうした事実を背景に，イギリス近代初期の『商人必携』において説明されている中世から近代初期のイマジナリー・マネーを預金通貨に結び付けることによって，尺度機能を果たしていたのは，交換・支払手段であるリアル・マネーではなく，それと分断された計算貨幣であるイマジナリー・マネーであるという事実に行き当たった。かくて，P. スプフォードが指摘しているように，「19 世紀ロンドンの金融技術の起源の多くは，アムステルダムを通じてヴェネチアに，さらには中世後期，ルネサンスの北イタリアにまで辿ることができる」[6] というに止まらない。信用貨幣である預金通貨とイマジナリー・マネーとの関連は，今日の不換通貨体制（fiduciary currency system）の理解にも繋がってくる。すなわち，「計算単位と交換手段が明白に分断されていた前近代の貨幣制度」は，現代の通貨体制とも理論的には通底しており，貨幣と国家の関連が問われる。

L. ファンタッチも，中世貨幣制度について以下のように論じている。「貨幣標準とは価値の尺度である。価値の尺度とは，あらゆる他のものが交換され，同等のものとして交換されるために，その価値が固定される何かである。ルネサンス期，小額面硬貨はその金属内容にかかわらず，計算貨幣と固定した関係をもつ傾向にあった。この意味で，小額面硬貨は計算貨幣と合体させられていたと言い得るであろう。他方，大額面硬貨は金属内容が相対的に安定的であったことから，計算貨幣から見るとその価値は変動していた。このことから，幾分，紋切り型であるが，ルネサンス期の標準の二面的構造を描写してみよう。すなわち，一方では，計算貨幣と小額面硬貨との間の関係は市民レベルの法で固定され，他方，大額面硬貨と金属との関係は，国際決済の観点から安定していた。しかし，どちらの側でも単位と金属の固定した関係は見られず，そうした固定した関係は，後にユニークで，国内的，国際的な金本位制として広がったに過ぎない。」「ルネサンス期の貨幣制度では，あらゆる実体的な貨幣は，ただ計算貨幣との関係においてのみ存在していた。計算貨幣はあらゆる債務と契約が建値される尺度であった。実際の貨幣は，計算貨幣で建値された債務や

あとがき　183

契約の法的な支払手段であった。」[7] かくて，貴金属貨幣が価値尺度機能を果たし，信用貨幣を金属貨幣の代替物と見るメタリズムは破綻しており，近代的貨幣・信用制度論の常識も崩壊し，貨幣論研究への長きに亘った障害がやっと取り除かれることになった。

　貨幣論は複雑怪奇で，答えなど見つかるはずがないのであって，まともな研究者が選ぶテーマではないと永く揶揄されてきたが，1982 年にケインズの「古代通貨草稿」が公刊されたことを契機に，イネスの論文やクナップの『貨幣国定学説』（原書，1905 年，宮田喜代蔵訳，岩波書店，1922 年）が 100 年振りに読まれるようになり，1980 年代から 90 年代にかけて，ハイゾーン＆シュタイガーやレイ等が主導した「貨幣論ルネサンス」が到来した[8]。

　とは言え，他方では，神野さんが本書の序文「貨幣論から金融システム論へ」で主張されたように，「貨幣論は不要」との理解も広く受け容れられている。わが国では貨幣論の議論は極めて低調であった。金融システムそれ自体が貨幣機能を果たしているのであるから，貨幣論それ自体は不要で，それを包摂する「金融システム論」こそ考察されるべき対象であるというのである。

　「貨幣と呼ぶものを定義してみると，それは債権債務を記録し，その名義を変更するための仕組みにおいて利用される『何か』である。」支払決済の「仕組みが『何か』を貨幣に転用するとの見方を採れば，貨幣論は不要になる。」「支払において認証が不可欠であること，支払と与信が表裏一体の関係であること，そしてそれらを独自の方法で組み合わせた各種のネットワークが競争しながら相互に補完し合い，実現可能な取引の範囲を広げてきた現実を踏まえれば，『貨幣』ではなく，信用を支える仕組みの動態にこそ注目すべきことが理解されよう。」[9] では，「何か」とは何なのか。

　元イングランド銀行総裁 M. キングも，「近年，多くの経済学者は『貨幣』という言葉を使おうとはしなくなっている。」「経済学が洗練されていくに従って，貨幣について語られることがすくなくなっていったというのは，驚くしかない」と指摘している[10]。

　「貨幣論は不要である」との神野さんの主張の背景には，「銀行の特殊性」に対する独自の解釈があるように思われる。「従来から銀行信用の役割に注目する議論はあったが，それらの論者は銀行だけが与信と決済の両方を手掛けると

して銀行の特殊性を過大評価する傾向がある。しかし，信用と支払とはもともと表裏一体のものである。」「銀行が介在しなくとも，受取りに対する支払の先行は至る所で生じ得る。」「銀行を特別視する論者」は，「マーケット拡大を銀行による過剰な信用創造の結果と見なす。」「マーケットは銀行が介在しなくても取引に関連する債権債務が発生と消滅を繰り返している」[11] と強調される。

　しかしながら，銀行と関係しない債権債務の存在そのこと自体は当たり前のことであって，「銀行の特殊性」の議論と何ら関係がないのではなかろうか。古い話であるが，アムステルダム銀行の与信が制限されていたなかで，1763年，1772−3年にアムステルダムでマーチャント・バンカーによる引受信用の過大な供給で信用制度崩壊の危機を生んだシャドー・バンク恐慌が発生している。

　「銀行の特殊性」とは，両替業務から発展した預金銀行の当座性預金債務が決済機能を持つことによって，預金債務が通貨機能を果たし，信用貨幣と見なされ，またそのことによって，銀行の一覧払債務が貸付けられ，信用創造が行なわれることにある。一言で言えば，中央銀行を含め，銀行は「貨幣を創造する」ということである[12]。「企業間信用を含む他の信用取引でも銀行信用を代替する可能性を持っている」とか，「債権債務が双方向なら差額のみの支払」ですむといった事柄は，「銀行の特殊性」を否定することでもない。われわれは（信用）貨幣を「支払決済システム」として理解してきたのは，その基礎にある商業銀行の預金債務が決済機能を持つことから，貸付により一覧払債務である（信用）「貨幣が創造される」からである。それ故に，様々な金融取引が参入し，支払決済システムを形成・拡大させて来たのである。「銀行が介在しない信用取引の存在」といった事態それ自体は昔から普通に見られたことであり，なんら銀行の特殊性を批判するものでもない。

　かつて問題を提起し，未だ私には理解が届かない論点でもあるが，これほどまでに金融がグローバルに展開されているにもかかわらず，今日なお各国間に為替相場が存在し，何故に，各国通貨が国境を跨ぐには，為替取引に媒介されねばならないのか。各国計算貨幣や為替相場とは何なのか。貨幣論として答えられねばならないのではなかろうか。資本と労働の移動が大きく規制されていた近代以前には，国内においてすら通貨流通は分断されており，国内通貨間で

相場が建てられていた。今日なお国家間の資本と労働の移動が国内におけるほどには自由ではなく，各国通貨間の為替相場は無くなりそうにない。さらにそれに合わせて，「貨幣の世界システム」のハイラーキーな階層構造も厳然と構築されている。

　最近の急激な円安の進行や，膨大な国債残高の累積にもかかわらず，国債市場は安定しており，揺らぐこともなく，急激な悪性インフレも見られない事実はどう説明しうるのか。金融システム論だけではなく，貨幣論においても解明されねばならない論点をも多く含むのではなかろうか。さらに，新通貨学派らが批判する「信用市場における金融権力」や，途上国と先進国間に見られる「信用と金融市場における権力の非対称性」といった事態は，貨幣と国家の観点からも論じられねばならないのではなかろうか[13]。本書が，「金融システム論」に止まらず，「貨幣論」を巡る議論の広がりの一助になることを願う。

2024 年 5 月 16 日

楊枝 嗣朗

註

1　Wray, L. Randall (2004) (ed.), *Credit and State Theories of Money, The Contributions of A. Mitchell-Innes*.

2　この疑問には以下の拙稿で答えることになるが，長い時間を要した。拙稿「1696 年の銀貨大改鋳と抽象的計算貨幣としてのポンド」(『佐賀大学経済論集』第 30 巻 1・2 合併号，1997 年，拙著『歴史の中の貨幣』(文眞堂，2012 年)，前編「近代初期イングランド通貨論争―リアル・マネーとイマジナリー・マネー」参照。

3　楊枝嗣朗 (1972)「イギリス地方銀行の発券業務の衰退について―1826 年法と発券集中―」大阪市立大学『経営研究』119 号参照。

4　Zuijderduijn, C. J. (2009), *Medieval Capital Markets: Markets for Renten, State Formation and Private Investment in Holland 1300-1550* 参照。

5　North, D. C. (1991), "Institutions, Transaction Costs, and the Rise of Merchant Empires", in James D. Tracy (ed.), *The Political Economy of Merchant Empires*, p. 27.

6　Spufford, Peter (2014), "The Provision of Stable Moneys by Florence and Venice, and North Italian Financial Innovations in the Renaissance Period", in P. Bernholz and R. Vaubel (eds.), *Explaining Monetary and Financial Innovation: A Historical Analysis*, p. 249.

7　Fantacci, Luca (2008), "The Dual Currency System of Renaissance Europe", *Financial History Review*, Vol. 15-1, pp. 57, 58, 71.

8　Heinsohn, G. and O. Steiger (1983), "Private Property, Debts, and Interest or: The Origin of Money and the Rise and Fall of Monetary Economics", *STUDI ECONOMICI*, Nuova Serie / Universita di Napoli, No. 21, Ibid. (1984), "Marx and Keynes: Private Property and Money", *Economies et Sociétés*, Vol. 18, Wray, L. R. (1990), *Money and Credit in Capitalist Economies* 参

照。

9 神野，本書 i, iii 頁。

10 M. キング著／遠藤真美訳（2017）『錬金術の終わり—貨幣・銀行・世界経済の将来—』日本経済新聞社，102-3 頁。

11 神野，本書 iv, 157 頁。

12 楊枝（1983）「銀行信用論—方法と展開—」『佐賀大学経済論集』第 16 巻 3 号参照。以下の議論も説得的であろう。Mueller, Reinhold C. (1997), *The Venetian Money Market: Banks, Panics, and the Public Debt, 1200–1500*, Part 1, 1, "From Moneychanging to Deposit Banking". イングランド銀行の論者らの議論も参考になる。「しかし，現実の世界では，銀行の基軸的機能は，ファイナンスの供給であり，すなわち，貸付を通じた新しい貨幣購買力の創造である。……とりわけ，強調すべき点は，銀行が非銀行の顧客 X に新しく貸し付ける時には何時でも，銀行はバランスシートの資産（貸方）側に顧客 X の名前において，新しい貸付記入をして，同時にバランスシートの負債（借方）側に顧客 X の名前において新しい同額の預金記入を創造する。それゆえ，銀行は貸付という行為において自ら自身でファンディングを行い，預金を創造するのである。……銀行の一覧払預金は，あらゆる現代経済の主要な交換手段である。別言すれば，貨幣である。」(Jakab, Zoltan and Michael Kumhof, "Bankers are not intermediaries of loanable funds and why this matters", *Bank of England, Working Paper*, No. 529, 2015, p. 3, 下線は引用者)「銀行が貸付をなす時には，何時でも銀行は同時に借り手の銀行にそれに見合った預金を創造し，そのことによって新たな貨幣を創造するのである。」("Money Creation in the Modern Economy", by Michael Mcleay, Amar Radia and Ryland Thomas of the Bank's Monetary Analysis Directorate, *Quarterly Bulletin*, 2014, Q1, p. 14, 下線は引用者) M. ウルフも次のように言う。「追加的貨幣は，貸付の副産物である。銀行を特殊なものにしているのは，彼等の債務が貨幣であるからである」(Wolf, Martin, "Fear of hyperinflation is a delusion of the ignorant", *Financial Times*, April 11, 2014)。それゆえにウルフは，2007，2008 年の金融恐慌に直面して，銀行業を「金融の最終破壊兵器（financial doomsday machine）」とみなし「民間銀行から貨幣創造のパワーを剥ぎ取れ」と主張したのである。Wolf, M., "The challenge of halting the financial doomsday machine", *Financial Times*, April 21, 2010, id., "Strip private banks of their power to create money", *Financial Times*, April 25, 2014.

13 Zarlenga, S. and R. Poteat (2016), "The Nature of Money in Modern Economy", *JKAU: Islamic Econ*, Vol. 29, No. 2, July, Heintz, J. and R. Balakrishnan (2012), "Debt, Power, and Crisis: Social Stratification and the Inequitable Governance of Financial Markets", *American Quarterly*, Vol. 64-3, および，拙著（2022）『貨幣と国家』文眞堂，第 6 章（註 25）参照。

索　引

事　項

【アルファベット】

ACH　138
Akoya　150
Amazon　136
American Express　133
―― Pay　139
B2B Connect　150
BankAmericard　133
Bank of America　132
Bank One　133
Barclays　150
Bill.com　146
BNPL　140
Braintree　139
Brex　145
Brigit　141
Carat　151
Cash App　143
CashPro Online　155
Chase　133
ChaseNet　154
Chase Paymentech　134
Check　145
Chime　140
Citi　133
Citigold　154
Citi Merchant Services　134
Citi Priority　154
Currencycloud　150
Cushion　140
Dave　141

Digit　141
Digits　145
Diners Club　132
DoorDash　146
Early Warning Services　139
Earthport　150
FICO　133
Fidelity Investments　150
Finastra　150
Finicity　142
First Data　133
First USA　133
FIS　151
Fiserv　151
Global Payments　155
Goldman Sachs　154
Google Pay　139
Green Dot　141
Honor all cards　136
Interbank Card　133
Intuit　145
JPMorgan Chase　133
JPM Private Client Direct　153
Kroger　136
KYC　166
Life Plan　153
Marqeta　146
Mastercard　133
―― Send　150
MBNA　133
Merrill Edge　153
Merrill Lynch　152
MoneyLion　141
Morgan Stanley　153
Moven　141

188　索　引

National Bancard　133
National Processing Corp.　134
NorthOne　144
Novo　144
NPCI　171
Oportun　142
Payments　155
PayPal　138
PayTM　160
Paze　152
PFM　141
Plaid　142
PNC　147
PPRO　155
Qapital　142
QuickBooks　145
RealNet　151
Ripple　148
Rocket　142
RTP　147
RuPay　172
Safe-to-Spend　141
Shopify　144
Simple　140
Smith Barney　152
Square　143
Stripe　144
Swift　148
The Clearing House　147
Thunes　150
Tink　150
Track BPS　150
Truebill　141
U.S. Bank　147
Varo　140
Venmo　139
Visa　133
──── Direct　150
VisaNet　137
Walmart　136
Wealthfront　142
Wells Fargo　139

Worldpay　151
Zelle　139
Zettle　143

【ア行】

アジオ　110
預り証　109, 120
アーダール　166
アムステルダム銀行　107, 109
イマジナリー・マネー　79, 87, 112, 182
インディア・スタック　166
インド決済公社　160
インド準備銀行　160
ウォレット　167
越境 EC　175
オランダ東インド会社　113, 124

【カ行】

外国為替相場　100
価値の金属標準　4, 8, 93
貨幣金属説　44
貨幣国定学説　88
貨幣の信用理論　44, 55, 59, 61, 72, 88, 98
貨幣の世界システム　86
貨幣標準の抽象性　52
貨幣論ルネサンス　183
カルロスグルデン　111
観念的な貨幣　59
キャッシュレス化　161
供給網金融　148
銀行貨幣　73, 92, 97
銀行券　181
銀行の特殊性　184
金属標準の理論　59
金属本位制　8
金融革命　84
金融包摂　166
金融抑圧　85
グーグルペイ　171
グルデン・カレント　109
グルデン・バンコ　109
計算貨幣　89, 96, 99

契約書字板　25
決済プラットフォーム　173
交換手段　1, 18
国際送金　175
国民皆口座　166
ゴースト・マネー　102
古代通貨草稿　79, 86
国家貨幣　92, 97

【サ行】

債務ファンディング　56
産業資本　80
支払決済システム　184
重量貨幣　117
商業資本　80
商業信用　81
新通貨学派　185
信用貨幣　181
信用創造　181
出納業者　112-113
スペイン・ダラー　16
政府貨幣　73

【タ行】

ダービン修正条項　135
タリー　23, 26, 93
中央銀行デジタル通貨（CBDC）　174
抽象的標準の理論　52
超過引出手数料　140
デジタル・インディア　166
デジタル決済　164
デジタルルピー　174
ドゥカート　116
統合決済インターフェース（UPI）　168
投資社会　87

【ナ行】

内国為替相場　100

【ハ行】

パタゴン　114
バビロニア　89

バンク・マネー　109
ハンムラビ法典　89
引受信用　83, 86, 111, 126
フィンテック　161
フォンペ　171
２つの貨幣標準　72

【マ行】

マイクロ・デポジット　138
マーチャント・バンカー　111, 126

【ヤ行】

預金通貨　181

【ラ行】

リアル・マネー　87, 182
利子生み資本　80
リテール決済　167
流通貨幣　117
レイクスダールデル　112
レイデル　116
レーヴェンダールデル　112

人　名

【ア行】

アリストテレス　2
泉谷勝美　88
板倉譲治　91
イネス　92, 98, 180
インガム　104
ウィーザーズ　78
ヴォッシュ　85
ウルフ　186
エリザベス一世　106
大久保圭子　84
大塚久雄　82, 102
大友敏明　101
オルスム　13

【カ行】

神野光指郎　183
カーリー　84
川合一郎　83
キング　183
クイン　123
クナップ　92
黒田明伸　79
ケインズ　79, 91
ゴッシェン　78
コピーターズ　101

【サ行】

坂本優一郎　87
ジェヴォンズ　59
シャルル5世　14
シュタイガー　183
スタナップ　106
ステュアート　45, 59, 110, 118, 125-126
スプフォード　182
スミス　2, 18, 110, 122, 125

【タ行】

立川潔　103
ツーク　40
デサン　80, 105
デヒン　121, 123
デ・ピント　103
テーミン　85
スミス　79
ドゥ・ルーヴァー　81

【ナ行】

那須正彦　101
ノース　181

【ハ行】

ハイゾーン　183

橋本理博　82, 102
ハドソン, M.　105
ハドソン, P.　82
ハミルトン　16
ファンタッチ　99, 182
ファン・ディレン　123
フェヴィヤー　106
ブリュア　84
ブローデル　99
フーンゼン　120
ボアギユベール　45, 59
ポスタン　84
ホーマー　2, 89
ポランニー　90

【マ行】

マクロード　59
マコーレー　55
正木八郎　101
マーシャル　46
マルクス　79
マレー　82, 102
マン　45
ミロウスキー　84
向井公敏　103

【ヤ行】

横山昭雄　91
吉川光治　107

【ラ行】

ル・ブラン　9
レイ　180
レンジャー　90
ロック　79, 104
ロバーズ　106, 123

■執筆者紹介

楊枝 嗣朗（ようじ・しろう）　　　　　編者，第1・2章訳，第3章，あとがき

1943年生まれ。
大阪市立大学大学院修士課程修了
佐賀大学名誉教授

著書：『歴史の中の貨幣―貨幣とは何か―』（文眞堂，2012年），『貨幣と国家―資本主義的信用貨幣制
　　　度の生成と展開―』（文眞堂，2022年）
翻訳：『為替手形発達史―14世紀〜18世紀―』（R.ドゥ・ルーヴァー著，文眞堂，2024年）

橋本 理博（はしもと・まさひろ）　　　　　　　　　　　　　　　第4章

1981年生まれ。
名古屋大学大学院経済学研究科博士後期課程修了
愛知学院大学商学部准教授

論文：「アムステルダム銀行におけるマーチャント・バンカーの決済傾向―ホープ商会の事例」（『経済
　　　科学』第61巻第3号，2013年，35-52頁）
　　　「金融史研究におけるアムステルダム銀行の位置」（『名古屋学院大学論集（社会科学篇）』第55
　　　巻第2号，2018年，83-95頁）

神野 光指郎（かみの・みつしろう）　　　　　　　　　　編者，序，第5章

1969年生まれ。
大阪市立大学経営学研究科後期博士課程単位取得退学
大阪公立大学商学部／大学院経営学研究科教授

著書：『アメリカ金融仲介システムの動態』（文眞堂，2019年）

西尾 圭一郎（にしお・けいいちろう）　　　　　　　　　　　　　第6章

1978年生まれ。
大阪市立大学大学院経営学研究科後期博士課程修了
大阪公立大学商学部／大学院経営学研究科准教授

著書：『変わる時代の金融論』（共著，有斐閣，2023年）

貨幣とは何か？
——支払決済システムと金融仲介——

2024 年 9 月 6 日　第 1 版第 1 刷発行　　　　　　　　　検印省略

編著者　楊　枝　嗣　朗
　　　　神　野　光　指　郎

発行者　前　野　　　隆

発行所　株式会社　文　眞　堂
東京都新宿区早稲田鶴巻町 533
電　話 0 3（3 2 0 2）8 4 8 0
Ｆ Ａ Ｘ 0 3（3 2 0 3）2 6 3 8
http://www.bunshin-do.co.jp/
〒162-0041 振替00120-2-96437

印刷・モリモト印刷／製本・高地製本所
©2024
定価はカバー裏に表示してあります
ISBN978-4-8309-5263-0　C3033